AUSPEX

Regensburger Wortkunde

Günther Hoffmann
Klaus Karl
Harald Kloiber
Dr. Günther Wolf
Nicole Wunder

LATEIN-BUCH-VERLAG LAPPERSDORF
Inhaber: Klaus Karl

AUSPEX
Regensburger Wortkunde

Günther Hoffmann
Klaus Karl
Harald Kloiber
Dr. Günther Wolf
Nicole Wunder

Herausgeber: LATEIN-BUCH-VERLAG LAPPERSDORF, Inhaber: Klaus Karl
Gesamtherstellung: Vormals Manzsche Buchdruckerei und Verlag, Regensburg
ISBN: 978-3-938119-13-6

Vorwort

Mit AUSPEX legt das Team Auspicia eine Wortkunde vor, die auf die Bedürfnisse des heutigen Lektüreunterrichts zugeschnitten ist und sich an den Lehrplänen orientiert, die in Bayern, aber auch darüber hinaus derzeit gültig sind. Dazu waren lange Erhebungen nötig.

Das Team Auspicia hat in fast zweijähriger Arbeit die 18 wichtigsten Autoren untersucht, die in den Lehrplänen enthalten sind. Die Auswahl der Texte war dem Umfang nach der Bedeutung der einzelnen Schriftsteller angepasst; generell wurden größere zusammenhängende Passagen, nicht selten ganze Bücher herangezogen. Dabei wurden insgesamt 212.000 lateinische Lemmata erfasst. Die Wörter, die wenigstens 25 Mal vorkamen, ergaben den Grundwortschatz; er beträgt etwas über 1.200 Wörter.

Dieser Grundwortschatz erscheint im ersten Teil von Auspex. Er ist nach etymologischen Gesichtspunkten angeordnet. In vielen Fällen sind – in blauer Farbe drucktechnisch abgesetzt – dazu lateinische Wendungen bzw. Zitate beigefügt; einerseits soll dies eine Merkhilfe sein, andererseits aber auch ein Hinweis darauf, wie das betreffende Wort im Zusammenhang in gutem Deutsch wiedergegeben werden kann. In der dritten Spalte werden Fremdwörter, Lehnwörter und allgemeine Ausdrücke angegeben; sie können als Gedächtnisstütze dienen, vielleicht auch Anlass für Arbeitsaufträge sein, sie sollen aber vor allem den umfangreichen Einfluss des Lateinischen – in den romanischen Sprachen ist sein Fortleben ganz offensichtlich und wird hier nur selten berücksichtigt – besonders im Deutschen und Englischen vor Augen führen.

Der zweite Teil von Auspex enthält einen Autorenwortschatz, der alphabetisch angeordnet ist. Es sind dies die Wörter, die insgesamt weniger als 25 Mal gefunden wurden, aber bei den einzelnen Autoren wenigstens 5 Mal (zum Teil sogar noch weniger) verwendet waren. Die beigegebenen Wendungen sind hier wesentlich weniger, da es sich dabei nur um Übersetzungshilfen und Beispiele zum jeweiligen Autor handelt; deshalb sind sie durchwegs aus diesem Autor entnommen.

Dem Grundwortschatz geht voraus ein Abriss der lateinischen Wortbildungslehre mit jeweils kurzen Aufträgen zu Worterschließungen, dem Autorenwortschatz folgt eine Zusammenstellung der wichtigsten rhetorischen Stilmittel.
Für vielfältige wertvolle Hinweise und Ratschläge danken wir Herrn Dr. Wolfgang Flurl, München, der das Manuskript sehr sorgfältig und kritisch durchgesehen hat.
Wir hoffen und wünschen, dass mit Auspex der lateinische Wortschatz ordentlich wiederholt und gefestigt werden kann und dass diese Wortkunde für den Lektüreunterricht eine wertvolle Hilfe ist.

Lappersdorf, im Juni 2007 Team Auspicia

Die vorliegende Fassung ist ein im Wesentlichen unveränderter Nachdruck mit gleichen Seitenzahlen. Es wurden lediglich Versehen und Fehler bereinigt und an wenigen Stellen Ergänzungen vorgenommen.

Lappersdorf, im Juli 2008 Team Auspicia

Inhaltsverzeichnis

WORTBILDUNGSLEHRE

1. Fachbegriffe

Wie jedes Fachgebiet verwendet auch die Wortbildungslehre Fachausdrücke, die bestimmte Sachverhalte eindeutig beschreiben. Die wichtigsten davon sind:

	Begriff	Bedeutung	Beispiel
1.1	Assimilation	Konsonantenangleichung	adferre > *afferre*
1.2	Deminutiv	Verkleinerung	*puer* Knabe > *puerulus* Knäblein
1.3	Kompositum	zusammengesetztes Wort, bes. bei Verben	*ad-ire* hinzu-treten
1.4	Monophthongierung	Abschwächung des Diphthongs zu einem Einzelvokal	claudere > *includere*
1.5	Präfix	Vorsilbe	*ad-ire* hinzu-treten, *in-iustus* un-gerecht
1.6	Suffix	Erweiterung am Wortende, Endsilbe	*-(b)ilis*: Möglichkeit, Fähigkeit zu: *fac-ilis* mach-bar
1.7	Wortfamilie	Wörter, die zum selben Wortstamm gehören	*noscere, notus, ignotus, nobilis, nota* – kennen lernen, bekannt, unbekannt, kennenswert (adelig), Kennzeichen
1.8	Wortfeld	Wörter, die von der Bedeutung her zusammengehören	*quies, otiosus, otium, pax, qiescere, se recreare, securus* – Stille, müßig, Freizeit, Friede, ausruhen, sich erholen, sorglos

Wie im Deutschen werden auch im Lateinischen Wörter dadurch gebildet, dass eigenständige Wörter zusammengesetzt werden (was im Lateinischen jedoch nur selten vorkommt) oder dass Wortwurzeln oder Grundwörter durch Präfixe oder Suffixe erweitert werden. Der Vokal der Wortwurzel kann sich dabei abschwächen (z.B. *sedere – possidere*) oder schwinden (z.B. *perrexi – pergere*); Diphthonge können monophthongieren (*claudere – includere*). Beim Zusammentreffen von Konsonanten kann es zu Angleichungen (z.B *sub-cedere > succedere*) kommen.

Wörter, die von derselben Wurzel bzw. von demselben Grundwort abgeleitet werden, bilden eine Wortfamilie.

Grundwort	führen	ducere	Grundwort
Erweiterung durch Präfix	vor-führen	pro-ducere	Erweiterung durch Präfix
Ableitung durch Suffix	Führ-er	duc-tor	Ableitung durch Suffix
Zusammensetzung	Wasser-leitung	aquae-ductus	im Lat. selten

2. Ableitungen (Suffixbildungen)

Substantiva

2.1 **-ia, -iae; -ítia,-ítiae** — **Eigenschaft, Zustand**

sapiéntia,-ae — die Weisheit (Eigenschaft eines weisen Menschen; *sapiens,-ntis*)
miséria,-ae — das Unglück (Zustand eines armen Menschen; *miser,-a,-um*)
amicítia,-ae — die Freundschaft (Zustand unter Freunden; *amicus,-i*)
avarítia,-ae — der Geiz (Eigenschaft eines Geizhalses; *avarus,-a,-um*)

Erschließe: *diligéntia – ferócia – frequéntia – poténtia – moléstia – adulescéntia – vigilántia – in-sánia – supérbia – concórdia – fallácia – durítia – laetítia – malítia – mollítia – saevítia – stultítia – tristítia*

2.2 **-tas, -tátis; -tus, -tútis** — **Eigenschaft, Zustand, Stellung**

píetas,-tátis — die Frömmigkeit (Eigenschaft eines Frommen; *pius,-a,-um*)
paupértas,-tátis — die Armut (Zustand eines Armen; *pauper,-eris*)
senéctus,-tútis — das Greisenalter (Zustand bzw. Alterstufe eines alten Mannes; *senex, senis*)
vírtus,-tútis — die Tüchtigkeit, die Tapferkeit; die Tugend (grundlegende Eigenschaft eines Mannes; *vir, viri*)

Erschließe: *intégritas – secúritas – brévitas – familiáritas – vetústas – grávitas – vánitas – humánitas – opportúnitas – felicitas – aequitas – iuvéntus – sérvitus*

2.3 **-túdo, -túdinis** — **Eigenschaft, Zustand**

fortitúdo,-inis — die Tapferkeit (Eigenschaft eines Tapferen; *fortis,-e*)
solitúdo,-inis — die Einsamkeit (Zustand eines Einsamen; *solus, -a,-um*)

Erschließe: *longitúdo – turpitúdo – altitúdo – beatitúdo – similitúdo – latitúdo – amplitúdo – aegritúdo – pulchritúdo*

2.4 **-tor, -tóris** — **(oft berufsmäßig) handelnde Person**

orátor,-óris — der Redner (Person, die eine Rede hält; *orare, oratio,-onis*)
imperátor,-óris — der Befehlshaber, der Feldherr (Person, die regelmäßig und berufsmäßig Befehle gibt; *imperare*)

Erschließe: *narrátor – peccátor – cántor – débitor – audítor – émptor – léctor – creátor – génitor – succéssor,-óris (< succed-tor) – próditor – cónditor*

2.5 **-átus, -us** — **Tätigkeitsbereich, Amt; Gruppe**

consulátus,-us — das Konsulat (Tätigkeitsbereich und Amt des Konsuls; *consul,-is*)
equitátus,-us — die Reiterei (Gruppe der Reiter; *eques,-itis*)

Erschließe: *peditátus – tribunátus – pontificátus – comitátus – senatus – magistratus*

2.6 **-or,-óris** — **Handlung des zugrunde liegenden Verbums als Zustand oder als Verhalten bzw. Ergebnis**

érror,-óris — das Irren, der Irrtum (Zustand und Verhalten des Irrenden; *errare*)
ámor,-óris — die Liebe (Verhalten oder Ergebnis des Liebenden; *amare*)

Erschließe: *ardor – sonor – fragor – timor*

2.7	**-ium, -ii**	**Handlung, Ergebnis der Handlung**
	incéndium,-i	der Brand (Handlung und Ergebnis des Anzündens; *incendere*)
	desidérium,-i	die Sehnsucht, die Geliebte (Handlung und Gegenstand des Sehnens; *desiderare*)

Erschließe: *collóquium – arbítrium – aedifícium – exercítium – servítium – exítium – indícium – gáudium – ódium*

2.8	**-(t)io, -(t)iónis**	**Tätigkeit und (meist) Ergebnis der Tätigkeit**
	cogitátio,-ónis	das Denken, der Gedanke (Tätigkeit und Ergebnis des Denkens; *cogitare*)
	oblívio,-ónis	das Vergessen, die Vergessenheit (Tätigkeit und Ergebnis des Vergessens; *oblivísci*)

Erschließe: *quáestio – admonítio – offénsio (< offend-tio) – persuásio – conféssio – exstínctio – petítio – proféctio – mánsio – imitátio – de-finítio*

2.9	**-tus,-us**	**Handlung und Ergebnis der Handlung**
	cántus,-us	der Gesang (Handlung und Ergebnis des Singens; *canere*)
	éxitus,-us	das (Her-)Ausgehen, der Ausgang (Handlung und Ergebnis des (Her-)Ausgehens, auch übertr.; *exire*)

Erschließe: *ornátus – réditus – flétus – contémptus – ráptus – cúltus – mótus – hábitus*

2.10	**-(t)úra, -(t)úrae**	**Vorgang und Ergebnis der Handlung, bzw. Amt**
	natúra,-ae	die Geburt, das Wesen (Vorgang und Ergebnis des Entstehens; *nasci*)
	figúra,-ae	die Gestalt (Ergebnis des Formens; *fingere*)

Erschließe: *cultúra – praetúra – quaestúra – coniectúra – scriptúra – iactúra – sepultúra – dictatúra*

2.11	**-men, -minis**	**(Handlung und) Ergebnis der Handlung**
	flúmen,-minis	der Fluss (Handlung und Ergebnis des Fließens; *fluere*)
	cármen,-minis	das Lied, das Gedicht (Ergebnis des Singens; *canere*)

Erschließe: *ágmen – hortámen – tégmen – medicámen – lúmen – certámen*

2.12	**-méntum, -ménti**	**Mittel, bzw. auch Ergebnis der Handlung mit diesem Mittel**
	impediméntum,-i	das Hindernis (*impedire*)
	fruméntum,-i	das Getreide (eigentl. Genussmittel; *frui*)

Erschließe: *muniméntum – delectaméntum, – hortaméntum, – fragméntum – augméntum – experiméntum – aliméntum – documéntum – monuméntum*

2.13	**-bulum, -culum, -crum / -i**	**Mittel, Ort**
	latíbulum,-i	das Versteck (Ort des Verborgenseins; *latēre*)
	spectáculum,-i	das Theater, das Schauspiel (ursprünglich nur Ort des Zuschauens; *spectare*)
	sepúlcrum,-i	das Grab (Ort des Begrabens; *sepelire*)

Erschließe: *gubernáculum – vehículum – currículum – vocábulum – stábulum – oráculum – póculum*

2.14	**-(c)ulus, -olus, -éllus / -a, -um**	**Verkleinerung (und manchmal Abwertung) (Deminutivbildung, vgl. -chen, -lein)**
	homúnculus,-i	das Menschlein, der Schwächling (Deminutiv zu *homo,-inis*)
	filíolus,-i	das Söhnchen (< *filius,-i*)
	castéllum,-i	das (kleine) Lager (< *castra,-orum*)

Erschließe: *puérulus – navícula – adulescéntulus – libéllus – corpúsculum – filíola – flósculum – opúsculum – régulus – hórtulus – avúnculus*

Adjektiva

2.15	**-idus, -ida -idum**	**Eigenschaft**
	cúpidus,-a,-um	begierig (immer begehrend; *cupere*)
	lúcidus,-a,-um	hell (immer leuchtend; *lucēre:* leuchten, *lux, lucis:* Licht)

Erschließe: *rápidus – válidus – flóridus – frígidus – tímidus – vívidus*

2.16	**-uus, -ua, -uum**	**Eigenschaft, Ergebnis**
	praecípuus,-a,-um	vorzüglich (ergibt sich aus dem Zuerst-Nehmen, dem Vorziehen; *praecipere:* als erstes nehmen)
	assíduus,-a,-um	beständig, beharrlich (Ergebnis des ständigen Dabeisitzens; *as-sidēre:* [ständig] dabeisitzen)

Erschließe: *vácuus – mútuus – pro-míscuus – conspícuus – perspícuus – (in-)divíduus – contínuus – ingénuus*

2.17	**-áris, -ális, -ílis / -e**	**Zugehörigkeit**
	familiáris,-e	befreundet (zur Familie gehörig; *familia,-ae*)
	mortális,-e	sterblich (zum Tod gehörig, dem Tod geweiht; *mors,-tis*)
	hostílis,-e	feindlich (dem Feind gehörig); *hostis, -is:* der Feind)

Erschließe: *consuláris – fidélis – populáris – servílis – puerílis – virílis – senílis – naturális – salutáris – regális – annális – civílis*

2.18	**-eus,- ea, -eum**	**Stoff, Materie, Farbe**
	áureus,-a,-um	golden (von goldener Farbe oder aus Gold; *aurum,-i*)
	sanguíneus,-a,-um	blutig, blutrot (aus Blut bestehend oder von blutroter Farbe; *sanguis,-inis*)
	cróceus,-a,-um	safranfarben, gelb (*crocus,-i:* die Safranfarbe)

Erschließe: *marmóreus – sáxeus – argénteus – férreus – aéneus – ígneus – lígneus – lapídeus*

2.19	**-ósus, -ósa, -ósum**	**Fülle, „reich an ..., voll von ..."**
	periculósus,-a,-um	gefährlich (voller Gefahren; *periculum,-i*)
	studiósus,-a,-um	eifrig (voller Eifer; *studium,-i*)

Erschließe: *copiósus – odiósus – lacrimósus – seditiósus – famósus – animósus – bellicósus – negotiósus – vitiósus – invidiósus – pretiósus – otiósus – gloriósus – studiósus*

2.20	**-ívus, -íva, -ívum**	**Eigenschaft, Ergebnis**
	captívus,-a,-um	(kriegs-)gefangen (Ergebnis der Gefangennahme; *capere*)
	statívus,-a,-um	feststehend (*stare*)

Erschließe: *fugitívus – furtívus – natívus – successívus – votívus – deliberatívus*

2.21	**-tus, -ta, -tum**	**Ausstattung, „ausgestattet mit"**
	iústus,-a,-um	gerecht (mit Recht ausgestattet; *ius, iuris*)
	honéstus,-a,-um	ehrenvoll (mit Ehre ausgestattet; *honos,-oris*)
	moléstus,-a,-um	lästig, beschwerlich (mit einer Last verbunden; *moles,-is:* die Last)

Erschließe: *dentátus – robústus – fortunátus – funéstus – aurátus – vetústus – barbátus – modéstus*

2.22	**-(ár)ius, -(t)icus / -a, -um**	**Herkunft, Zugehörigkeit**
	régius,-a,-um	königlich (vom König kommend oder zum König gehörend; *rex, regis*)
	contrárius,-a,-um	entgegengesetzt (*contra*)
	públicus,-a,-um	öffentlich (zum Volk gehörend; *populus,-i*)
	rústicus, -a, -um	ländlich (zum Land gehörend; *rus*)

Erschließe: *pátrius – adversárius – voluntárius – módicus – béllicus – oratórius – doméstícus – senatórius – Socrátici (-orum) – navis onerária*

2.23	**-ánus, -énus, -ínus / -a, -um**	**Herkunft (Ort), Zugehörigkeit; Merkmal**
	humánus,-a,-um	menschlich, gebildet (zum Menschen gehörend, Merkmal des Menschen; *homo,-inis*)
	terrénus,-a,-um	irdisch, irden (*terra,-ae*)
	divínus,-a,-um	göttlich (Gott gehörig, von Gott abstammend; *divus,-i = deus,-i*)

Erschließe: *urbánus – montánus – marínus – oppidánus – silvánus – aliénus – vicínus – mundánus – Constantinopolitánus –Byzantínus*

2.24	**-(b)ilis, -(b)ile**	**Möglichkeit, Würdigkeit, Fähigkeit (die Handlung des zugrunde liegenden Verbs auszuführen)**
	frágilis,-e	zerbrechlich (Fähigkeit zu zerbrechen oder Möglichkeit zerbrochen zu werden; *frangere*)
	credíbilis,-e	glaubwürdig (Möglichkeit geglaubt zu werden, Würdigkeit des Vertrauens; *credere*)

Erschließe: *ágilis – portábilis – optábilis – terríbilis, – (in)numerábilis – móbilis – stábilis – útilis – dócilis – nóbilis – fácilis*

2.25	**-ax, -ácis**	**(starke) Neigung**
	áudax,-ácis	(toll-)kühn (Neigung zum Wagnis; *audere*)
	méndax,-ácis	lügnerisch (Neigung zum Lügen; *mentiri*)

Erschließe: *rápax – fállax – lóquax – púgnax – fúgax – émax – pértinax – séquax – efficax – capax*

Verben

2.26	**-áre, ári** / **-íre**	**Tätigkeit der Person („... sein"), Handlung**
	iudicáre	urteilen (als Richter handeln; *iudex,-icis*)
	vocáre	rufen (mit Hilfe der Stimme handeln; *vox, vocis*)
	servíre	dienen (als Sklave tätig sein; *servus,-i*)
	muníre	befestigen (eine Mauer bauen; *moenia,-ium*)

Erschließe: *testári – militáre – dominári – equitáre – exsuláre – belláre – pacáre – leváre – insaníre – saevíre – mollíre – leníre*

2.27	**-scere**	**Anfang, Eintritt einer Handlung (*verba incohativa*)**
	nóscere	kennen lernen (Beginn einer Bekanntschaft; *notus,-a,-um)*
	inveteráscere	alt werden (*vetus,-eris*)

Erschließe: *per-crebréscere – con-cupíscere – in-gravéscere – ad-vesperáscit – ex-ardéscere – con-valéscere – con-senéscere – ex-timéscere – ob-dormíscere – quiéscere – profícisci – irásci*

2.28	**-(i)táre (-ri), -sáre (-ri)**	**Intensivierung oder (dauernde) Wiederholung der Handlung (*verba intensiva, verba iterativa*)**
	incursáre	angreifen (intensives Anrennen an die gegnerische Front; *incurrere*)
	iactáre	werfen, schleudern (heftig und wiederholt; *iácere*)
	ventitáre	wieder, regelmäßig kommen (*venire*)

Erschließe: *noscitáre – cantáre – consultáre – dictáre – ductáre – cursáre – pulsáre – pressáre – captáre – raptáre – (con-)sectári – clamitáre – gestáre – versáre – rogitáre*

3. Zusammensetzungen (Komposita)

Bei Zusammensetzungen (sowohl mit Präfixen als auch mit ganzen Wörtern) kommt es an den Wortfugen häufig zu Anpassungen. Meist gleicht sich der Konsonant der Vorsilbe an den folgenden an (Assimilation). Im Folgenden werden jeweils die häufigsten Assimilationen der Präfixe und ihre Erscheinungsformen aufgeführt.

Zusammensetzung mit Präfixen (besonders bei Verben)

3.1	**ā-..., ab-..., abs-...**	**ab-..., weg-..., fort-...**
	ab-ésse	abwesend sein (fort sein)
	a-mens,-ntis	töricht, wahnsinnig (der Verstand ist weg)
	abs-tinére	sich fernhalten

Erschließe: *avéhere – absterrére – abstráhere – ábdere – abrúmpere*

3.2	**ad-..., ac-..., af-..., ag-..., al-..., an-..., ap-..., ar-..., a(s)- ..., at-...**	**(her)an-..., hin(zu)- ..., herbei-...** (manchmal nur Verstärkung des Verbs)
	ad-vocáre	herbeirufen
	af-férre	(hin-)zufügen
	as-sentíri	zustimmen, beistimmen
	a(d)-spícere	anschauen
	at-tribúere	zuteilen (Verstärkung)

Erschließe: *attráhere – adígere – affígere – ássequi – aggérere – adaequáre – álloqui – annéctere – apportáre – arrípere – affínis(,-e)*

3.3	**amb-..., am-..., an...**	**herum-..., ringsum-..., zu beiden Seiten**
	amb-íre	herumgehen, umwerben
	am-pléctì	umfassen (vgl. *complecti*)

Erschließe: *ambúrere – am-putáre – anquírere – anceps (, -cípitis)*

3.4	**ante-...**	**voran-..., vor-...**
	ante-pónere	voranstellen, vorziehen
	ante-cédere	vorangehen

Erschließe: *anteíre – anteférre – antégredi – antemíttere – anteveníre – antecéssor*

3.5	**circum-...**	**um-..., herum-...**
	circúm-dare	umgeben, umzingeln
	circu(m)-íre	herumgehen, umzingeln

Erschließe: *circumférre – circumflúere – circumfúndere – circumspícere – circumstáre – circumcursáre – Circumpadáni,-orum (Padus:* der Po*) – circumveníre – circúmvehi*

3.6	**com-..., con-..., col-..., cor-..., co-...**	**zusammen-...** (oft nur Verstärkung des Verbs)
	com-pónere	zusammenstellen, ordnen
	con-férre	zusammentragen, vergleichen
	col-lígere	sammeln
	cor-ripere	zusammenraffen
	co-hibere	festhalten

Erschließe: *commemoráre – conquírere – confúndere – compéllere – corrúere – communicáre – conclamáre – cohortári – cólloqui*

3.7	**dē-...**	**herab-..., ab-..., weg-..., über-...** (manchmal nur Verstärkung des Verbs)
	de-scéndere	herabsteigen
	de-monstráre	(genau) zeigen

Erschließe: *decúrrere – defléctere – demovére – deportáre – desístere – defraudáre – démens (,-ntis) – desínere – dédere – decédere*

3.8	**dis-..., dif-..., dir-..., dī-...**	**auseinander-..., „nicht“** (Gegensatz)
	dis-cédere	auseinander gehen, weggehen
	di-míttere	entlassen (auseinander schicken)
	dir-ímere	trennen (auseinander nehmen)
	dif-fícilis,-e	schwierig (nicht leicht)

Erschließe: *dispérgere – distribúere – diffídere – distáre – dilábi – dirúmpere – difflúere – diripere – díscors (, -cordis) – dissimilis (, -e)*

3.9	**ex-..., ē-..., ef-...**	**aus-..., heraus-..., hinaus-..., weg-...** (manchmal nur Verstärkung des Verbs)
	ef-férre	hinaustragen, bestatten
	e-vértere	umstürzen, zerstören (aus der Verankerung herausdrehen)
	ex-ígere	hinaus-, wegtreiben; einfordern; vollenden
	ex-audíre	erhören (völlig hören)
	ex-ímius,-a,-um	ausnehmend, außerordentlich (*emere*)

Erschließe: *erípere – erúmpere – excólere – enuntiáre – edícere – exprímere – excogitáre – extiméscere – extorquēre – evenire – éxpers (,- pertis)*

3.10	**in-..., il-..., im-..., ir-...**	**(hin)ein-..., (hin)auf-..., an-...**
	il-lúdere	verspotten (an, mit jem. sein Spiel treiben)
	im-míttere	hineinschicken
	im-pónere	hineinstellen, (hin)aufsetzen, auferlegen
	ir-rúere	hineinstürzen

Erschließe: *inclúdere – inténdere – imprímere – incúrrere – infígere – inflúere – impulsáre – insídiae (, -arum) – illustráre – irridére – indícere – inférre – invidére*

3.11	**inter-...**	**(da)zwischen-..., unter-...**
	inter-ésse	dabei sein, teilnehmen (unter den Teilnehmern sein)
	inter-dícere	untersagen (dazwischenreden)

Erschließe: *intermíttere – interícere – interrúmpere – interpónere – intercédere – interpelláre – interclúdere – intervenire – interrégnum (, -i)*

3.12	**ob-..., oc-..., of-..., op-...**	**entgegen-..., gegen(über)-...**
	ob-íre	entgegengehen, aufsuchen
	oc-cúrrere	entgegenlaufen, begegnen
	of-férre	anbieten (entgegen bringen)
	op-portúnus,-a,-um	günstig (Seemannssprache: dem Hafen entgegen; *portus,-us*)

Erschließe: *obésse – obsidére – obícere – obníti – obstáre – occaecáre (caecus:* blind*) – óbviam – obvértere – officere – occídere (2)– oppónere*

3.13	**per-...**	**(hin)durch-...; bis zum Ende;** bei Adj.: **sehr** (oft nur Verstärkung des Verbs, vgl. durch und durch)
	per-ágere	durchführen, vollenden
	per-énnis,-e	dauernd (das ganze Jahr hindurch)

Erschließe: *perfúgere – perpéti – pervértere – percípere – percútere – pernoctáre – pertiméscere – perfígere – permovére – pérdiu – permágnus(, -a, -um) – permúlti*

3.14	**prae-...**	**voran-..., vorher-..., vor-...;** bei Adj.: **sehr** (manchmal nur Verstärkung)
	prae-fícere	voranstellen, an die Spitze stellen
	prae-cípere	vorschreiben (vorwegnehmen)
	praé-ceps,-cipitis	kopfüber (mit dem Kopf voran; *caput,-itis*)
	praé-gravis,-e	sehr schwer, sehr drückend

Erschließe: *praedícere – praecídere – praecúrrere – praeocupáre – praeférre – praemíttere – prǽgredi – praeparáre – praepónere – praecipitáre – praenómen (, -inis) – praeiudicium (, -i) – praeclarus (, -a, -um)*

3.15	**praeter-...**	**vorbei-..., vorüber-...**
	praeter-íre	vorbeigehen, übergehen
	praetérquam (quod)	abgesehen davon (dass) (vorbei an der Tatsache, dass)

Erschließe: *praeterágere – praeterlábi – praetérvehi – praetérgredi – praeternavigáre – praetervoláre – praeterflúere – praeterequitáre – praeter-ea*

3.16	**prō-... (prōd-...)**	**vor-..., hervor-..., vorwärts ..., vorher-...**
	prod-íre	vortreten, (öffentlich) auftreten
	pro-cédere	vorwärts gehen

Erschließe: *propónere – profúndere – profúgere – proícere – promovére – pronuntiáre – propéllere – prógredi – próavus(,-i) – procónsul(, -is)*

3.17	**re-... (red-...)**	**zurück-..., wi(e)der-...**
	re-cédere	zurückweichen
	réd-dere	zurückgeben, machen zu (in einem anderen Zustand zurückgeben)

Erschließe: *rescríbere – refícere – requírere – resonáre – re-sidére – resistere – restitúere – rédux (,- ducis)*

3.18	**sē-... (sed-...)**	**weg-..., ab-..., beiseite-...; ohne (bei Adj.)**
	se-clúdere	abschließen, absondern
	se-cúrus,-a,-um	sorglos, sicher (die Sorgen sind weg; *cura,-ae*)
	sed-ítio, -onis	Aufstand (beiseite treten; *sed-ire*)

Erschließe: *seiúngere – semovére – separáre – sepónere – selígere –segregáre – sedúcere – secérnere – secedere – secéssio (, -onis)*

3.19	**sub-..., suc-..., suf-..., sug-...,sup-..., sur-..., sus-...**	**(hin-, dar-)unter-..., von unten (hin)auf-...; unmittelbar ..., heimlich ..., zu Hilfe ...**
	sub-ícere	unterwerfen
	suc-cédere	nachfolgen, Nachfolger sein (von unten nachrücken)
	suf-fódere	untergraben, von unten durchbohren
	sug-gérere	(unmittelbar) zufügen

sup-pónere	darunter legen
sur-rípere	(heimlich) wegnehmen, entwenden
subveníre	zu Hilfe kommen

Erschließe: *súbdere – subdúcere – subleváre – submíttere – súbsequi – suffúndere – surrígere – subtráhere – supportáre – supprímere – suscitáre – súggredi – succurrere – súbdolus (, -a, -um) – succéssor (, -oris)*

3.20	**trān(s)-..., trā-...,**	**hinüber-..., über-..., durch-...**
	trans-férre	hinüberbringen
	trá-dere	überliefern
	tran-silíre	(hin-)überspringen, durcheilen

Erschließe: *traícere – transmíttere – transcéndere – transpónere – transportáre – transvéhere – transfígere – tradúcere – transmontánus(, -a, -um) – transitus(, -us)*

Verneinung

3.21	**in-..., il-..., im-..., ir-...**	**un-...** (Verneinung, Gegenteil bei Nomina)
	in-cértus,-a,-um	ungewiss (Gegenteil von *certus,-a,-um*)
	il-lícitus	unerlaubt (*in + licere*)
	im-mortális, -e	unsterblich (Gegenteil von *mortális,-e*)
	ir-rationális, -e	unvernünftig

Erschließe: *invíctus – ínscius – inaudítus – ímpotens (, -éntis) – ímprobus – impunítus (Adv.: impúne) – inéptus – infinítus – ínnocens(, -éntis) – illitterátus – irrevocábilis (, -e) – infámia (, -ae)*

Nominal- und sonstige Komposita

3.22	**Zusammenrückungen**	d. h. **Zusammensetzungen eigenständiger Wörter** (im Lateinischen selten)
	agri-cultúra,-ae	Acker-bau
	aquae-dúctus,-us	die Wasser-leitung

Erschließe: *verisímilis – senatusconsúltum – benedícere – iusiurándum – ludimagíster – legislátor – propémodum – quómodo – óbviam – caelícola – septémfluus Nilus*

3.23	**Komposita**	Durch **Verschmelzungen** und andere **Anpassungen** an der Wortfuge entwickelten sich die Zusammenrückungen zu **eigenständigen Komposita**.
	animadvértere	wahrnehmen (< *animum-ad-vertere:* den Geist, Sinn jemandem zu-wenden)
	magnópere	sehr (< *magno opere:* mit großer Arbeit)

Erschließe: *naufrágium (< navi-frágium) – magnánimus – omnípotens(, -ntis) – verídicus – tantópere – quódlibet*

3.24	**fácere**	Zahlreiche **Komposita** sind durch die Zusammensetzung mit ***facere*** „machen, tun“ und dessen Ableitungen entstanden:
	assue-fácere	gewöhnen (gewohnt machen; *assuetus,-a,um*)
	ópi-fex,-ficis	der Handwerker (der ein Werk macht; *opus,-eris*)
	bené-ficus,-a,-um	wohltätig (gut handelnd)
	arti-fícium,-i	das Kunstwerk (Ableitung von *ártifex,-icis*)

Erschließe: *timefácere – labefácere – maléficus (, -a, -um) – amplificáre – significáre – terríficus (, -a, -um) – satisfácere – patefácere – sacrificium (, -i)*

3.25	**-fer, -fera, -ferum**	Kompositagruppe „bringend, tragend“ (***ferre***)
	ópi-fer,-a,-um	Hilfe bringend (*ops,opis:* die Hilfe, Sg. zu *opes,-um*)
	lúci-fer,-a,-um	Licht bringend (*lux, lucis*)

Erschließe: *sígnifer – ígnifer – frúgifer – mórtifer – pestifer – nubifer*

GRUNDWORTSCHATZ

Nr.	lateinische Wörter	deutsche Bedeutung	LW, FW, and. Spr.
		A	
1.	**ā/ab/abs** + Abl. ab urbe venī́re ā púerīs abs tē laudā́rī ā fronte – ā tergō	von (– her, – an, – weg), (zeitl.) seit von der Stadt kommen von Kindheit an, seit der Kindheit von dir gelobt werden vorn – im Rücken, hinten	*ab-norm, ab-weichen,* *abs-tinent*
2.	**ā-..., ab-..., abs-... :** **in Zus. mit Verben** z.B.: ā-vértere ab-ī́re abs-tráhere	 ab-..., weg-..., fort-... abwenden weggehen, fortgehen wegziehen, fortschleppen	 *Aversion* *abstrakt*
3.	**ācer,** ācris, ācre áciēs, -ēī áciēs ánimī / mentis exércitum in áciem prō-dū́cere tríplicem áciem īnstrúere	spitz, scharf; heftig Schärfe; Kampflinie, Schlacht(ordnung) der Scharfsinn das Heer in Schlachtordnung vorführen, aufmarschieren lassen eine dreifache (drei Reihen tief gestaffelte) Schlachtordnung aufstellen	*akut*
4.	**ad** + Akk. ad aedem pūgna ad Cannās facta ad eam aetā́tem ad GXFpntōs hóminēs atque, ac aequē ac (atque) amī́cus (longē) áliter ac (atque)	zu, bei, an; bis (zu) zum Tempel, beim, am Tempel die Schlacht bei Cannae bis zu diesem (Zeit-)Alter, dieser Zeit an die, ungefähr 200 Menschen 1. und (dazu, auch); 2. (bei Vergleichen) wie, als in gleicher Weise wie der Freund (ganz) anders als	*Ad-häsion, ad-dieren*
5.	**ad-..., ac-..., af-..., a(s)-... :** **in Zus. mit Verben** z.B.: ac-cēdere	 (her)an-..., hin(zu)-..., herbei-... (seltener: Verstärkung d. Verbs) herantreten, heranrücken	
6.	**aedēs,** -is f. senā́tum in aedem Concórdiae convocā́re aedificā́re (aedíficō) aedifícium, -ī	Tempel; Pl.: Haus den Senat (zur Sitzung) in den Tempel der Concordia einberufen bauen Gebäude	 *e. edifice*

aestās, aestā́tis f.	Sommer	
médiā aestā́te	mitten im Sommer	
aedī́lis, -is m.	Ädil *(Magistrat für Bau- und Marktaufsicht sowie für Spiele)*	
7. **aequus,** -a, -um	gleich, eben; billig, gerecht	*Äquator, Ecuador, äquivalent, ad-äquat, eichen;* ***e.*** *equal*
aequō ánimō	mit Gleichmut, mit Gelassenheit	
locus aequus	ein ebener, günstiger Platz	
aequō plūs	mehr als billig; ungebührlich viel	
inī́quus, -a, -um	ungleich, uneben; ungerecht	
aequā́lis, -le	gleichaltrig; subst.: Zeitgenosse, Kamerad	*egal*
aequor, áequoris n.	(ebene) Fläche, Meer(esoberfläche)	
8. **āēr,** ā́ëris m.	Luft	*aero-dynamisch, Buenos Aires, Air Force, Mal-**aria**;* ***e.*** *air(port)*
per ā́ëra (= ā́ërem)	durch die Luft, Lüfte	
9. **aes,** aeris n.	Erz, Kupfer, Geld	*„ehern"*
simulā́crum ex aere factum	ein Götterbild aus Erz	
aes aliḗnum (Singl.) / ~ fácere	Schulden (Pl.!) / sich verschulden	
aestimā́re	(ein)schätzen, glauben, beurteilen	***e.*** *estimate*
māgnī, plūris, mínimī, níhilī aestimā́re	hoch, höher, sehr gering einschätzen, für nichts achten	
exīstimā́re	glauben, meinen, (ein)schätzen; halten für	
dóminum iūstum exīstimā́re	den Herrn für gerecht halten	
10. **aetās,** aetā́tis f.	Lebensalter, Zeit(alter)	***e.*** *age*
aetās i urea	das goldene Zeitalter	
aetérnus, -a, -um	immerwährend, ewig	
11. **ager,** agrī	Acker, Feld; Gebiet	*„Acker", Agrar-staat, -politik, Agrarier;* ***e.*** *agricultural*
agrum cólere	das Feld bestellen	
ager Rōmā́nus	das römische Gebiet	
ager pū́blicus	staatlicher Grundbesitz	
agrícola, -ae m.	Bauer	
peregrī́nus, -a, -um	fremd, ausländisch	*Pilger, Pelerine;* ***e.*** *peregrine*
12. **ágere,** agō, ēgī, āctum	tun, (be)treiben, (ver)handeln	*Agent(ur), Akt(i)en, Akteur, aktiv, Aktivität, Akt(ion), aktuell, re-agieren, Re-aktion, Re-aktor;* ***e.*** *action*
aetā́tem, vītam ágere	das Leben verbringen, leben	
dē condiciṓnibus / pāce cum hoste ágere	mit dem Feind über die Bedingungen / den Frieden verhandeln	
Age dīc!	Los! Sprich! Sag doch!	
dē mē āctum est	es ist um mich geschehen	
perágere (péragō)	durchführen, vollenden	
opus perágere	ein Werk vollenden	
exígere (éxigō)	hinaustreiben, (ein)fordern; vollenden	*exakt;* ***e.*** *exact(ness)*
rēgem exígere	den König vertreiben	
vectīgā́lia exígere	Steuern eintreiben	
aetā́te exā́ctā	am Ende des Lebens	
exíguus, -a, -um	klein, gering	***e.*** *exiguous*

redígere (rédigō)	zurücktreiben, in einen Zustand versetzen	*redigieren, Redaktion, Redakteur*
in potestā́tem suam redígere	in seine Gewalt bringen	
subígere (súbigō)	unterwerfen, (be)zwingen	
cṓgere, cōgō, coḗgī, coā́ctum	zusammenbringen, sammeln; (meist + Inf.) zwingen	
metū coā́ctus	aus Furcht	
cṓpiās in ūnum locum cṓgere	Truppen an einem Ort zusammenziehen	
Necessitā́te coā́ctus sum pācem fácere.	Durch die Notwendigkeit wurde ich gezwungen, Frieden zu schließen.	
cōgitā́re	(be)denken; beabsichtigen	*„Cogito, ergo sum."*
fugam cōgitā́re	an Flucht denken	
cōgitā́tiō, -ṓnis f.	Denken, Gedanke; Absicht	
dḗgere (nur Präsenst.)	verbringen, leben	
(vītam) dḗgere	das Leben verbringen, leben	
agitā́re	(be)treiben, verhandeln	*agitieren, Agitation*
sēcum agitā́re	(bei sich) überlegen	
agmen, ágminis n.	Schar; Heereszug	*Ex-amen*
agmen prīmum	Vorhut	
agmen novíssimum	Nachhut	
ígitur (Adv.)	also, folglich	
13. **āiō,** ais, ait, āiunt	sage ich, sagst du, …	
ut ait Cícerō	wie Cicero sagt, behauptet	
14. **álere,** alō, áluī, ál(i)tum	(er)nähren, fördern, erziehen	*Alimente, Alumne, Alete Ko-alition, ex-altiert;* **e.** *aliment*
altus, -a, -um	hoch, tief	*Alt(-Stimme)*
in altum prṓvehī	auf das hohe Meer hinausfahren, in See stechen	
altitū́dō, -inis f.	Höhe, Tiefe	**e.** *altitude*
adulḗscēns, -éntis m.	Jugendlicher, junger Mann; adj.: jung	
adulēscéntia, -ae	Jugend(zeit)	*Adoleszenz*
15. **-ālis (-ā́ris), -ēlis, -īlis als Suffix b. Adj.**	=> Eigenschaft; oft: -lich	
z.B.: famili-ā́ris, -re	vertraulich, freundschaftlich	
fid-ēlis, -le	(getreulich,) treu	
cīv-ī́lis, -le	bürgerlich	
16. **álius,** -a, -<u>ud</u>	ein anderer	*alias, Alibi;* **e.** *else*
álius – álius	der eine – der andere	
Ё lius áliō mōre vīvit.	Der eine lebt auf diese, der andere auf jene Weise; jeder lebt auf eine andere Art.	
aliḗnus, -a, -um	fremd, unpassend	**e.** *alien*
álter, -era, -erum	der eine / der andere (von beiden); subst.: der zweite, der Nächste	*altruistisch, Alternative, alter-nierend, sub-altern;* **e.** *alternate*

Audiā́tur et áltera pars!	Es soll auch der andere Teil, die andere Partei gehört werden!	
áliter (Adv.)	anders, sonst	
Áliter scrībō ac séntiō.	Ich schreibe anders als ich fühle.	
17. **amā́re**	lieben	*Amateur, Amanda*
amor, amṓris m.	Liebe	*Amor, amourös*
amor scelerā́tus habéndī	das verbrecherische Verlangen nach Besitz	
amī́cus, -ī / amī́ca, -ae	Freund / Freundin; adj.: befreundet	*„Amigo“*
amīcítia, -ae	Freundschaft	
inimī́cus, -ī	(persönl.) Feind; adj.: feindlich	***e.*** *enemy*
vir Rōmā́nīs inimīcíssimus	der ärgste Feind der Römer	
inimīcítiae, -ā́rum	Feindschaft	
inimīcítiās gérere, exercḗre cum áliquō	Feindschaft haben mit, in Feindschaft leben mit jem.	
18. **amb-... (am-...)**		
in Zus. mit Verben	herum-..., um(her)-...	
z.B.: amb-ī́re	(her)umgehen, umwerben	*Ambiente*
am-pléctī	umfassen	
19. **ambō,** -ae, -ō	beide (zusammen)	*ambi-valent*
20. **ambulā́re**	spazieren gehen	*ambulant, Ambulanz, Prä-ambel, Somn-ambule*
21. **amplus,** -a, -um	geräumig, groß; bedeutend	*Amplitude;* ***e.*** *ample*
ámplius (quam) centum hóminēs	mehr als 100 Menschen	
22. **an**	1. oder (in Alternativfragen) 2. oder etwa (in dir. Fragen) 3. ob (nicht) (in indir. Fragen nach Ausdrücken des Nichtwissens)	
(Utrum) herī in theā́trō fuistī an nōn (an in circō)?	Warst du gestern im Theater oder nicht (oder im Zirkus)?	
Quaerō ex tē, fuerísne in theā́trō necne [= an nōn] (an in circō).	Ich frage dich, ob du im Theater gewesen bist oder nicht (oder im Zirkus).	
An tū haec crēdis?	(Oder) Glaubst du das etwa?	
Dúbitō, an haec vēra sint.	Ich zweifle, ob das nicht wahr ist. / Vielleicht ist das wahr.	
23. **ánimus,** -ī	Seele, Geist; Mut; Gesinnung	*Animosität*
bonō ánimō esse	guten Mutes, zuversichtlich sein	
ánimum refícere, recreā́re	sich erholen	
ánimō dēfícere, cádere	den Mut sinken lassen, mutlos werden	
ánimōs hóminum ērígere	die (Herzen der) Menschen aufrichten	
Mihi in ánimō est / in ánimō hábeō profícīscī.	Ich habe im Sinn aufzubrechen.	
ánima, -ae	Atem, Seele; Leben	*(re)animieren*
ánimal, -mā́lis n.	Lebewesen, Tier	*animalisch;* ***e.*** *animal*
24. **annus,** -ī	Jahr	*Anno, Annalen, Annuität, Dez-ennium, Bi-ennale;* ***e.*** *anni-versary*
[per] multōs annōs	viele Jahre (lang) [hindurch]	
annō exeúnte / extrḗmō	am Ende des Jahres	

puer novem annṓrum	ein Knabe von neun Jahren, ein neunjähriger Junge	
quotánnīs (Adv.)	jährlich	
sollémnis, -ne	alljährlich, üblich; feierlich	*Missa sollemnis; **e.** solemn*
25. **ante**	1. Präp. + Akk.: vor 2. Adv. = ánteā: vorher	*ante Christum natum*
ante silvam / óculōs ante lūcem duṓbus annīs ante amī́cōs ante exspectā́re	vor dem Wald / vor den Augen vor Tagesanbruch zwei Jahre vorher die Freunde früher erwarten	
ántequam	ehe, bevor („eher als")	
ánteā (Adv.)	vorher, früher	
antī́quus, -a, -um	alt, altertümlich	*antik, Antike, Antiquität, antiquiert, antiquarisch, Antiquariat; **e.** antique, antiquity*
26. **ante-... :**		
in Zus. mit Verben	vor-..., voran-...	
z.B.: ante-pṓnere	voranstellen, vorziehen	
27. **aperī́re,** -iō, -uī, -tum	(er)öffnen, aufdecken	*Aperitif, Ouvertüre*
cōnsílium aperī́re	einen Plan aufdecken, enthüllen	
apértus, -a, -um	offen, offenkundig	*aper; (**fr.** ouvert); **e.** overt*
caelum apértum apértē loquī	wolkenloser, klarer Himmel offen, unverhüllt sprechen	
operī́re	be-, zudecken	
28. **aptus,** -a, -um	passend, geeignet	***e.** apt*
adipī́scī, -scor, adéptus sum	erlangen, erreichen	*adaptieren, Adapter, Adaption; **e.** to adapt*
apud + Akk.	(nahe) bei	
apud māiṓrēs nostrōs	bei unseren Vorfahren	
29. **aqua,** -ae	Wasser	*Aquarium, Aquarell, Aquädukt, Aqua-vit, Aachen*
30. **áquila,** -ae	Adler; Legionsadler	
31. **arbitrā́rī**	meinen, glauben	***e.** arbitrary*
32. **arbor,** árboris f.	Baum	
33. **arcḗre,** árceō, -uī, ---	abwehren, abhalten	
arx, arcis f.	Burg(berg)	
coercḗre	zügeln, in Schranken halten	
exercḗre	(aus)üben; plagen	*exerzieren, Exerzierplatz, Exerzitien; **e.** to exercise*
artem exercḗre Avārítia ánimōs hóminum exercḗbat.	eine Kunst ausüben Habsucht quälte, beherrschte die Menschen, ließ ... nicht zur Ruhe kommen.	
exércitus, -ūs	Heer	
34. **arcéssere,** -ō, -ī́vī, -ī́tum	herbeiholen; vor Gericht fordern	
māiestā́tis arcéssere amī́cum auxíliō arcéssere	wegen Majestätsbeleidigung vor Gericht fordern den Freund zu Hilfe holen	

35. **ārdḗre,** ā́rdeō, ārsī, ārsū́rus	brennen (intrans.), glühen	*e. ardent, arson*
amṓre, cupiditā́te ārdḗre	vor Liebe, Leidenschaft brennen	
āra, -ae	Altar („Brandstätte“)	
36. **arḗna** (harḗna), -ae	Sand; Kampfplatz	*„Arena“*
37. **argéntum,** -ī	Silber, Geld	*Argentinien*
38. **artus,** -a, -um	eng, beengt	
rēs in artō est	die Lage ist bedrohlich	
armā́re	bewaffnen, ausrüsten	*Armatur*
arma, -ṓrum	Waffen, Geräte	*Armee, Armada, „Alarm“, „Lärm“; e. arms, army, armament*
arma (dē)pṓnere	die Waffen niederlegen	
hostī arma īnférre	den Feind angreifen	
in armīs esse	unter Waffen stehen	
vī et armīs	mit Waffengewalt	
Inter arma silent lēgēs.	(Unter den Waffen) Im Krieg schweigen die Gesetze.	
ars, artis f.	Kunst, Fertigkeit; Eigenschaft	*Artist(ik); e./fr. art*
artēs līberā́lēs	die schönen, freien Künste	
malae artēs	üble Tricks; schlechte Eigenschaften	
ártifex, -tíficis m.	Künstler	
artifícium, -ī	Kunstwerk	*Artefakt, artifiziell; e. artificial*
39. **as,** assis m.	der As *(röm. Kupfermünze)*	
40. **ásper,** -era, -erum	rau, hart, schroff	
Per áspera ad astra!	„Auf rauer Bahn“, über Schwierigkeiten zu den Sternen!	
41. **at**	(je)doch, dagegen	
42. **āter,** -tra, -trum	schwarz, dunkel, düster	*„dies ater“*
43. **-ā́tus**		
als Suffix b. Subst.	=> Amt, Tätigkeitsbereich; Gruppe	
z.B.: cōnsul-ātus, -ūs	Amt des Konsuls, Konsulat	
equit-ātus, -ūs	Reiterei (Gruppe von Reitern)	
44. **audī́re**	hören	*Audi, Auditorium, Audienz; e. audience*
ab homínibus bene / male audī́re	bei den Leuten einen guten / schlechten Ruf haben, in gutem / schlechtem Ruf stehen	
exaudī́re	erhören	
oboedī́re	gehorchen	*e. obedient, obedience*
45. **augḗre,** áugeō, auxī, auctum	vermehren, fördern	*August(us), Augs-burg, Auktion(ator), Augment; e. to augment, augmentation*
auctor, auctṓris m.	Urheber, (Be-)Gründer; Gewährsmann, Verfasser	*Autor, autorisieren; e. author, to authorize*
patre auctṓre	auf Veranlassung des Vaters	
auctṓritās, -tā́tis f.	Ansehen, Einfluss, Macht	*Autorität, autoritär, e. authority*
auctōritā́tem māiṓrum sequī	dem maßgeblichen Beispiel der Vorfahren folgen	

	auxílium, -ī auxíliō arcéssere, míttere, venīre	Hilfe; Pl.: Hilfstruppen zu Hilfe rufen, schicken, kommen	*Auxiliar-; **e.** auxiliary*
46.	**aura,** -ae aura populāris	Luft(hauch), Gunst die Volksgunst	*Aura*
47.	**auris,** -is f. avō aurēs praebēre Id ad aurēs amīcī pervēnit.	Ohr dem Großvater Gehör schenken, zuhören Das kam dem Freund zu Ohren.	*Aurikel; **e.** ear*
48.	**aurum,** -ī áureus, -a, -um	Gold golden	*Aureole, El-dorado* *Aureus*
49.	**aut** aut – aut Aut prōdésse volunt aut dēlectāre poētae. (*Horaz*) autem	oder entweder – oder Die Dichter wollen entweder nützen oder erfreuen. aber	
50.	**autúmnus,** -ī extrēmō autúmnō	Herbst am Ende des Herbstes	***e.** autumn*
51.	**(avēre)** audēre, áudeō, ausus sum audācia, -ae audāx, audācis avārus, -a, -um laudis avārus avārítia, -ae	(begehren) wagen Wagemut, Kühnheit, Verwegenheit (toll)kühn, verwegen habgierig, geizig ruhmbegierig, ruhmsüchtig Habsucht, Geiz	***e.** audacious* ***e.** avaricious* ***e.** avarice*
52.	**avis,** -is f.	Vogel	*Au-spizien, Au-gur; **e.** aviation*
53.	**avus,** -ī	Großvater	*„Onkel"*
54.	**-āx** **als Suffix b. Adj.** z.B.: aud-āx, -ācis	=> (starke) Neigung wagemutig	

B

55.	**bárbarus,** -a, -um Kyminēs ferī ac bárbarī	ausländisch, fremd, unzivilisiert; subst.: Fremder, Barbar unzivilisierte wilde Menschen	*Barbar(a), barbarisch, Barbarei, „brav"*
56.	**bellum,** -ī bellum cīvīle, intestīnum bellum hostī indīcere bellum hóstibus īnférre bellum gérere bellum dūcere, tráhere bellum cōnfícere bellum compōnere	Krieg Bürgerkrieg dem Feind den Krieg erklären mit den Feinden Krieg anfangen Krieg führen den Krieg in die Länge ziehen, hinauszögern einen Krieg beenden (durch Kampf) den Krieg beenden, beilegen (durch Verhandlung)	*Re-bell(ion), re-bellieren*

57. **bḗstia,** -ae	(wildes) Tier	*Bestie, bestialisch, Biest;*
		e. *beast*
58. **bíbere,** -ō, bibī	trinken	
59. **bonus,** -a, -um	gut, tüchtig	*Bon(bon), Bonus, Bonität*
(Adv.: bene̅)		
bonum	Gutes, das Gut(e)	
summum bonum	das höchste Gut	
Cui bonō?	Wem zum Nutzen, wer hat den Nutzen davon?	
beā́tus, -a, -um	glücklich, begütert	*Beate*
beātṓrum ī́nsulae	die Insel der Seligen	
60. **bōs,** bovis m. / f.	Rind; Ochse, Kuh	***e.*** *beef(steak);* ***fr.*** *bœuf*
61. **brá(c)chium,** -ī	Arm	*brachial, Bratsche, „Brezel"*
62. **brevis,** -ve	kurz	*Brief, Brevier;* ***e.*** *brief, brevity*
brevī	in Kürze, bald	
Vīta nostra brevis est, brevī fīniḗtur. (*Carmina Burana*)	Unser Leben ist kurz, bald wird es beendet (werden).	
63. **-bulum, -culum, -crum**		
als Suffix b. Subst.	=> Mittel, Gerät, (seltener) Ort	
z.B.: vocā́-bulum	Benennung	*Vokabel*
vehí-culum	Fahrzeug	*Vehikel*
sepúl-crum	Grab(stätte)	

C

64. **cádere,** -ō, cécidī, cāsū́rus	fallen	*Kadaver, (De-)Kadenz, Chance, Kaskade*
nōn tōta cadet Trōia	nicht ganz Troja wird fallen	
accídere	zustoßen; sich ereignen	*akzidentiell;* ***e.*** *accident*
áccidit, ut + Konj.	es geschieht, ereignet sich, dass	
incídere	(hinein)fallen, in etwas geraten; sich ereignen	***e.*** *incident*
in morbum incídere	erkranken	
occídere	hinfallen; untergehen, umkommen	*Okzident;* ***e.*** *occident*
sōle occidénte	bei Sonnenuntergang	
Fortíssimus quisque in próeliō occíderat.	Gerade die Tapfersten waren im Kampf gefallen.	
cāsus, -ūs	Fall, Zufall	*„Kasus";* ***e.*** *case, casual*
cāsū	zufällig	
occā́sus, -ūs	Untergang (der Sonne)	
ā sōlis ortū ūsque ad occā́sum	von Sonnenaufgang bis zum Sonnenuntergang, von Osten bis Westen	
occā́siō, -ṓnis f.	Gelegenheit	***e.*** *occasion*
occāsiṓnem praetermíttere	eine Gelegenheit vorübergehen lassen	
occāsiṓne magistrātūs geréndī ūtī	die Gelegenheit, ein Amt zu bekleiden, nützen	

65. **caecus,** -a, -um saxa caeca	blind; unsichtbar die (unter der Meeresoberfläche) unsichtbaren Klippen	
66. **cáedere,** -ō, cecīdī, caesum árborēs, mātériam cáedere occīdere Cáesare occīsō caedēs, -is f.	fällen, niederschlagen Bäume, Bauholz fällen niederschlagen, töten nach der Ermordung Caesars Mord, Blutbad	*Zäsur, Zement, prä-zis(-ieren), Prä-zision* *Pesti-zid, Sui-zid;* ***e.*** *sui-cide*
67. **caelum,** -ī eōdem caelō fruī	Himmel; Wetter, Klima unter dem gleichen Himmel leben	
68. **calámitās,** -tātis f. clādēs, -is f. clādem accipere	Unglück, Missgeschick, Schaden Schaden, Niederlage eine Niederlage erleiden	*Kalamität;* ***e.*** *calamity*
69. **(calāre)** concílium, -ī diem concíliō cōnstitúere clāmāre clāmor, clamōris m. clāmōre sublātō clārus, -a, -um lūce clārius praeclārus, -a, -um classis, -is f. classem fácere / ōrnāre	(ausrufen) Versammlung einen Termin für die Versammlung festsetzen schreien, rufen Geschrei, Lärm nachdem sich Geschrei erhoben hatte hell, „klar"; berühmt sonnenklar glänzend, prächtig, vortrefflich Flotte; Abteilung eine Flotte bauen / ausrüsten	*(Kalender)* *Konzil* *re-, de-klamieren, Akklamation, Klamauk;* ***e.*** *clamo(u)r* *Klara, Klarinette, de-klarieren;* ***e.*** *clear* *Klasse, erst-klassig;* ***e.*** *class*
70. **campus,** -ī campus Mārtius	Ebene, Feld das Marsfeld	*kampieren, Camping, Kampanien, Kampagne, „Kampf";* ***e.*** *camp*
71. **(candēre)** accéndere, -ō, -céndi, -cēnsum ánimōs cīvium accéndere incéndere īrā / ódiō incēnsus incéndium, -ī	(glänzen, glühen) anzünden, erregen die (Herzen der) Bürger anfeuern anzünden, entflammen aus Zorn, zornentbrannt / aus Hass Brand, Feuer	
72. **cánere,** -ō, cécinī (cantātum) clārōrum virōrum facta cánere tubā cánere cantāre cantus, -ūs cantus cítharae carmen, cárminis n.	(be)singen; (ein Instrument) spielen, blasen die Taten berühmter Männer besingen (die) Trompete blasen (be)singen Gesang, Klang das Saitenspiel Lied, Gedicht	*Hahn, Chan-son(ette)* *Kantor(ei), Kantate, Ak-zent* ***e.*** *chant* *Carmen, Charme*
73. **canis,** -is m. / f.	Hund / Hündin	*Kanaille*

74. **cápere,** -iō, cēpī, captum	fassen, (ein)nehmen, fangen	*kapieren, kapern, Kapazität, „Kabel", Prin-zipat*
Gráecia capta ferum victṓrem cēpit. (*Horaz*)	Das eroberte Griechenland hat den wilden Sieger erobert.	
cōnsílium cápere	einen Plan fassen	
mente, ánimō capere	geistig erfassen, verstehen	
misericórdiā captus	aus Mitleid	
mente captus	verrückt	
accípere, -iō, -cḗpī, -céptum	annehmen, empfangen; vernehmen	*akzeptieren, akzeptabel; e. accept*
excípere	ausnehmen, eine Ausnahme machen; aufnehmen	*e. (to) except, exception*
cī́vibus excéptīs	mit Ausnahme der Bürger	
hospítiō excípere	gastfreundlich aufnehmen, beherbergen	
incípere (Perf. coepī)	anfangen, beginnen	
incípere ā deō	mit Gott beginnen	
Urbs occupā́rī coepta est.	Man begann, die Stadt zu besetzen.	
praecípere	vorschreiben; vorwegnehmen, vorher bekommen	*e. precept*
praecéptum, -ī	Weisung, Lehre, Vorschrift	
praecípuus, -a, -um	vorzüglich, hauptsächlich	
praecípuē	vor allem, besonders, in erster Linie	
recípere	zurücknehmen, aufnehmen	*Rezept, Rezeption; e. to receive, reception*
pedem, sē recípere	sich zurückziehen	
amī́cum tēctō / hospítiō recípere	den Freund in sein Haus aufnehmen / gastfreundlich aufnehmen, beherbergen	
vīrēs córporis recípere	die körperlichen Kräfte wiedere erlangen	
rem pū́blicam armīs recípere	den Staat mit Waffen erobern	
suscípere	auf sich nehmen, unternehmen	
negṓtium suscípere	eine Aufgabe übernehmen	
labṓrem, perī́culum sus-cípere	sich einer Mühe, Gefahr unterziehen	
captā́re	zu fassen suchen, ergreifen	*e. capture*
occupā́re	einnehmen, besetzen; beschäftigen	*Okkupation, okkupieren; e. occupy, occupation*
75. **caput,** cápitis n.	Kopf; Hauptsache, Hauptstadt	*Kapitel, Kapitän, Chef, Kapital(ismus), Kapital-verbrechen, Kapitol, Kap(stadt), Kapitälchen; e. capital, chapter, chief*
caput flū́minis	die Quelle, die Mündung eines Flusses	
cápitis perī́culum	Lebensgefahr	
cápitis (cápite) damnā́re	zum Tode verurteilen	
cápitis absólvere	von der Anklage auf Leben und Tod freisprechen	
caput tōtī́us orbis terrā́rum	die Hauptstadt der ganzen Welt	
praeceps, -cípitis	kopfüber, überstürzt; geneigt, abschüssig	
hostēs praecípitēs ágere	die Feinde in eiliger Flucht vor sich hertreiben	
homō in īram praeceps	ein zum Zorn neigender Mensch	
76. **carḗre,** cáreō, -uī + Abl.	nicht haben, entbehren	*Karenz(zeit)*
pecū́niā carḗre	Geld entbehren, kein Geld haben	
77. **cārus,** -a, -um	lieb, teuer, wert(voll)	*Caritas, karitativ; e. charity*

78. **castra,** -ṓrum castra (col)locā́re, pṓnere, fácere / mūnī́re castra movḗre	Lager ein Lager (auf)schlagen / ein festes Lager … aufbrechen, weitermarschieren	*Kastell, Kastilien; e. castle*
79. **causa,** -ae causam dī́cere indíctā causā eā (quā) dē causā, ob eam causam causā + vorausg. Gen. amīcṓrum causā meā (tuā, …) causā lūdṓrum spectandṓrum (suī servándī) causā proficī́scī accūsā́re scéleris accūsā́re cápitis accūsā́re	(Streit-)Sache, Prozess; Grund, Ursache einen Prozess führen, sich verteidigen ohne Gerichtsverfahren aus diesem Grund, deswegen – wegen, um – willen der Freunde wegen, um der Freunde willen meinetwegen (deinetwegen, ...) aufbrechen, um die Spiele anzuschauen (um sich zu retten) anklagen, beschuldigen wegen des Verbrechens anklagen auf Leben und Tod anklagen	*kausal, „Chose“; e. (be)cause* *Akkusativ; e. to accuse, accusation*
80. **cavēre,** cáveō, cāvī, cautum + Akk. Cavē canem! Cavent, nē cadant.	Acht geben, sich in Acht nehmen, sich hüten (vor) Hüte dich vor dem Hund! Sie geben Acht, dass sie nicht fallen; sie hüten sich zu fallen.	*Kaution; e. cautious, caution*
81. **cḗdere,** -ō, cessi, cessum cḗdere (ex) locō cḗdere patrī virtū́te accḗdere accḗdere ad rem pū́blicam hūc accḗdit, quod / ut… concḗdere Dux óppidum mīlítibus dīripiéndum concéssit. dēcḗdere ē (dē) vītā dēcḗdere discḗdere supérior (victor) discéssit excḗdere modum excḗdere incḗdere Cūra pátribus (patrēs) incéssit. prōcḗdere succḗdere Xerxēs Dārī́ō succéssit rēx. necésse (est) Hóminī necésse est morī (... est[, ut] homo moriā́tur).	gehen; weichen, nachgeben vom Platz, von der Stelle weichen dem Vater an Tüchtigkeit nachstehen, vom Vater an Tüchtigkeit übertroffen werden heranrücken, hinzukommen die politische Laufbahn einschlagen dazu kommt, dass ... weichen; zugestehen, erlauben Der Feldherr überließ den Soldaten die Stadt zur Plünderung. weggehen, sterben aus dem Leben scheiden, sterben auseinander gehen, weggehen er ging als Sieger (aus dem Kampf) hervor heraus-, hinausgehen, verlassen das Maß überschreiten einhergehen; befallen Sorge befiel die Väter, die Senatoren. (vorwärts)gehen, vorrücken heran-, nachrücken, Nachfolger sein Xerxes folgte Darius als König. (es ist) unausweichlich, notwendig Der Mensch muss sterben, stirbt zwangsläufig.	*inter-zedieren* *e. (to) cease* *konzedieren, Konzession, Konzessivsatz; e. concession* *Exzess* *Prozess(ion), das Procedere, Prozedur; e. (to) process, processor* *sukzessiv; e. to succeed, success*

	necessā́rius, -a, -um	notwendig; subst.: Verwandter	
	amīcī ac necessā́riī	Freunde und Verwandte	
	necéssitās, -tā́tis f.	Not(lage), Notwendigkeit	*Necessaire; e. necessary*
	necessitā́te coā́ctus	aus Not	
82.	**(cēlā́re)**	(verhehlen, verbergen)	
	color, colṓris m.	Farbe („Umhüllung)	*Kolorit, Color-Film, kolorieren; e. colo(u)r*
	clam (Adv.)	heimlich	*klamm-heimlich*
83.	**céler,** -leris, -lere	schnell	*Ak-zeleration*
	celéritās, -tā́tis f.	Schnelligkeit	*e. celerity*
	céleber, -bris, -bre	gefeiert; viel besucht, volkreich	*zelebrieren; e. celebrate*
84.	ex-**céllere**, -ō (nur Präsensst.)	hervorragen, sich auszeichnen	*Exzellenz; e. to excel, excellent*
	collis, -is m.	Hügel, Anhöhe	
85.	**cēnā́re**	speisen, essen	
	cēna, -ae	Essen, Mahl(zeit)	
86.	**cēnsḗre,** cḗnseō, -uī, cēnsum	(ab)schätzen, meinen, mustern; (+ AcI) beantragen	*Zensor, Zensur, zensieren; e. census*
	cápite cēnsī	die (nach Köpfen gezählte) unterste Bürgerklasse	
	Cḗterum cḗnseō Carthā́ginem esse dēléndam. (*Cato*)	Im Übrigen bin ich der Meinung, dass Karthago zerstört werden muss.	
	imperātōrī triúmphum cēnsḗre	dem Feldherrn einen Triumph zuerkennen	
87.	**centum**	hundert	*Zentner, (Euro)Cent, Zentimeter, Pro-zent; e. cent*
	centúriō, -ōnis	Hauptmann *(Führer einer Hundertschaft)*	
88.	**cérnere, -**ō (nur Präsensst.)	sehen, sichten, wahrnehmen	*Kon-zern*
	tum cérnerēs ...	damals hättest du, hätte man sehen, erkennen können ...	
	dēcérnere, -ō, dēcrḗvi, dēcrḗtum	entscheiden, beschließen	*Dezernent, Dekret*
	diem collóquiō dēcérnere	einen Termin für die Unterredung festlegen	
	discérnere	unterscheiden	*(in)diskret, (In-)Diskretion*
	haud facile discérnerēs	man hätte nicht leicht entscheiden können	
	certā́re	streiten, kämpfen, wetteifern	*Kon-zert*
	dē impériō certā́re	um die Herrschaft streiten	
	certā́men, -minis n.	Wettkampf, Streit	
	certus, -a, -um	entschieden, sicher, gewiss	*Zertifikat; e. certain*
	Amī́cus certus in rē incértā cérnitur. (*Cicero: Ennius*)	Einen zuverlässigen Freund erkennt man in der Gefahr.	
	avum certiṓrem fácere (dē ...)	den Großvater benachrichtigen (von ...), informieren (über ...)	
	certē, certō (Adv.)	gewiss, mit Sicherheit	
	incértus, -a, -um	ungewiss, unsicher	

89. **cḗterī,** -ae, -a	die Übrigen, das Übrige	*„et cetera"*
cḗterum (Adv.)	übrigens, doch	
90. **cibus,** -ī	Speise, Nahrung	*Cib-orium*
91. **(ciḗre)**	(in Bewegung setzen)	
citō (Adv.)	schnell, rasch	
(cítius, citíssimē)		
excitā́re	erregen, (auf)wecken, ermuntern	***e.** to excite*
incitā́re	antreiben, reizen, begeistern	***e.** to incite*
recitā́re	vorlesen, vortragen	*rezitieren, Rezitation; **e.** to recite*
92. **cíngere,** -ō, cīnxī, cīnctum	gürten, umgeben, um-„zingeln"	*Zingulum; **e.** precinct*
sē ferrō cíngere	sich mit dem Schwert gürten	
urbem móenibus cíngere	die Stadt mit Mauern umgeben	
93. **circus,** -ī	„Zirkus", Rennbahn	*zirzensisch, Zirkel, re-cherchieren, zirka, „ca.";*
circum, circā + Akk.	um – herum	***e.** circle, circum-stance*
circum, circā forum	um das Forum (herum)	
circā nōnam hōram	um die neunte Stunde	
círciter (Adv.)	ungefähr, etwa	
quī́ndecim círciter diēs	ungefähr 15 Tage	
94. **circum-... :**		
in Zus. mit Verben	um-..., herum-..., um – herum-...	
z.B.: circum-ī́re	um – herumgehen, umzingeln	
95. **cīvis,** -is m./f.	Bürger/in	*Zivi(list), Zivilisation*
Cīvis Rōmā́nus sum.	Ich bin römischer Bürger.	
cī́vitās, -tā́tis f.	Bürgerschaft, Staat; Bürgerrecht	***e.** city, citizen*
cīvitā́tem dare, dōnā́re / negā́re	das Bürgerrecht verleihen / verweigern	
cīvitā́te carḗre	das Bürgerrecht nicht haben	
óptimus status cīvitā́tis	die beste Staatsverfassung	
cīvī́lis, -le	bürgerlich	*zivil, Zivildienst; **e.** civil*
bellum cīvī́le	Bürgerkrieg	
96. **cláudere,** -ō, -sī, -sum	(ab-, ein-, ver-)schließen, versperren	*Klause(l), Klausur, Numerus clausus; Klo-sett, Kloster; in-clusiv; **e.** close(d), in-clude*
97. **coepísse** (Perf. zu incípere)	angefangen haben	
98. **cólere,** -ō, -uī, cultum	bebauen, pflegen, (ver)ehren	*kultivieren*
agrum cólere	das Feld bestellen	
bonōs mōrēs cólere	die guten Sitten pflegen, hochhalten	
deum cólere	Gott (ver)ehren	
incólere	bewohnen; siedeln	
íncola, -ae m.	Bewohner, Einwohner	
cultus, -ūs	Pflege, Verehrung; Ausstattung; Bildung, Lebensweise	*Agri-kultur, Kult(us), Kultur, kultiviert, multi-kulturell; **e.** culture*
cultus córporis	Körperpflege	
cultus vītae	Lebensgestaltung, Lebensstandard	
cultus atque hūmā́nitās	menschliche Kultur, Zivilisation	

colṓnus, -ī colṓnia, -ae	Siedler, Kolonist Ansiedlung, Kolonie	*kolonisieren, Clown* *„Köln“*
99. **co(m-, -n-, -l-, -r-)...:** **in Zus. mit Verben** **und Substantiven** z.B.: co-ī́re con-servus	 zusammen-... (oft nur Verstärkung d. Verbs) Mit-... zusammengehen, sich vereinen Mitsklave	
100. **cōnā́rī**	versuchen, unternehmen	*imperfectum de conatu*
101. **cōnsúlere,** cṓnsulō, cōnsúluī, -tum	1. + Akk.: um Rat fragen, sich beraten mit 2. + Dat.: sorgen für 3. + in + Akk. (+ Adv.): (...) vorgehen gegen	*konsultieren, Konsultation; e. to consult, consultation*
senā́tum cōnsúlere	den Senat befragen, um Rat fragen; sich mit dem Senat beraten	
salū́tī cī́vium cōnsúlere	für das Wohl der Bürger sorgen	
crūdḗliter in pīrā́tās cōnsúlere	grausam gegen die Seeräuber vorgehen	
cōnsúltum, -ī	Beschluss	
senā́tūs cōnsúltum	der Senatsbeschluss	
cōnsúltum fácere dē ...	einen Beschluss fassen über ...	
cṓnsul, -lis m.	Konsul	*„Konsul“*
cōnsul dēsīgnā́tus	ein designierter, für das nächste Jahr bereits gewählter Konsul	
cōnsul suffḗctus	nachgewählter Konsul	
Cn. Pompeiō (et) M. Crassō cōnsúlibus	unter dem Konsulat des Cn. Pompeius und des M. Crassus (zur Angabe der Jahreszahl: 70 bzw. 55 v.Chr.)	
cōnsulā́tus, -ūs	Konsulat	
cōnsulā́ris, -re	konsularisch, Konsul-; subst.: ehemaliger Konsul	*Konsular*
prōvíncia cōnsulā́ris	eine Provinz, die unter der Verwaltung eines ehemaligen Konsuls steht	
cōnsílium, -ī	Rat(sversammlung); Plan, Beschluss	
cōnsílium habḗre	eine Beratung, eine Sitzung abhalten	
cōnsílium bellī renovándī inī́re, cápere	den Plan, den Entschluss fassen, den Krieg zu erneuern	
dē summīs rēbus cōnsílium inī́re, cápere	über die wichtigsten Dinge einen Beschluss fassen	
hōc, eō cōnsíliō, ut ...	in der Absicht, dass ...	
inops cōnsíliī	ratlos	
102. **contrā**	1. Präp. + Akk.: gegen (feindl.), gegenüber; 2. Adv.: dagegen	*(Pro und) Contra, Kontrabass, Kontra-st, kontern; e. to counter, contra-diction*
contrā lēgem fácere	gegen das Gesetz handeln	
contrā Gálliam esse	Gallien gegenüber liegen	
contrā́rius, -a, -um	entgegengesetzt, feindlich	*konträr; e. contrary*

103.	**cor,** cordis n.	Herz	*Ak-kord, Re-kord(er), Coura-ge; **e.** cordial; **fr.** cœur*
	Ea rēs mihi māximē cordī est.	Dies liegt mir besonders am Herzen.	
	concórdia, -ae	Eintracht	*Concorde, Konkordat, Konkordanz; **e.** concord*
	discórdia, -ae	Zwietracht	*Diskordanz*
	misericórdia, -ae	Mitleid	
	misericórdiā (com)mṓtus	aus Mitleid	
104.	**cornū,** -ūs n.	„Horn"; Flügel (eines Heeres)	*Kornett(ist)*
105.	**corpus,** córporis n.	Körper; Leichnam	*Korpuskel, korpulent, Korpo-rati-on, „Corpus delicti"; **e.** corpse, corporal*
106.	**crḗscere,** -ō, crēvī, ---	wachsen, zunehmen	*(de)crescendo, kon-kret, kreieren, Kreatur, kreativ, Kreativität; **e.** to create, creation*
	creā́re	erschaffen, wählen	
	dolṓrem creā́re	Schmerz verursachen	
	óptimum cṓnsulem creā́re	den Besten zum Konsul wählen	
	crēber, -bra, -brum	häufig, zahlreich	
	crēbrō (Adv.)	häufig, oft	
107.	**crīmen,** crī́minis n.	Anklage, Vorwurf, (selten: Verbrechen)	*Kriminalfall, Krimi(nalro-man), Kriminalität, kriminell; **e.** crime, criminal*
	tibi crī́minī sum	mir wird von dir vorgeworfen	
	cī́vibus avārítiam crī́minī dare	den Bürgern Habgier zum Vorwurf machen	
	in crīmen prōditiṓnis vocā́rī, venī́re	wegen Verrats angeklagt werden	
108.	**crīnis,** -is m.	Haar	
109.	**crūdḗlis,** -le	roh, grausam	***e.** cruel*
	crūdḗlitās, -tā́tis f.	Grausamkeit	***e.** cruelty*
110.	**culpa,** -ae	Schuld	*„mea culpa"*
	esse in culpā	schuldbeladen sein	
111.	**cum**	1. Präp. + Abl.: (zusammen) mit 2. Subj. + Ind.: (dann, immer) <u>wenn</u>, (damals) <u>als</u>, ~ (plötzlich); dadurch dass, indem 3. Subj. + Konj.: <u>als</u>, nachdem; da, <u>weil</u>; obwohl, während	*Kum-pan*
	cum prīmum + Ind. Pf.	sobald	
112.	**cūnctus,** -a, -um	gesamt, ganz; Pl.: alle	
	cūnctus pópulus / cūnctae gentēs	das ganze Volk / alle (Volks-)Stämme	
113.	**cúpere,** -iō, -ī́vī, -ī́tum	begehren, wünschen	
	cúpidus, -a, -um	begierig	
	pecū́niae cúpidus	begierig nach Geld, geldgierig	
	cupíditās, -tā́tis f.	Begierde, Leidenschaft	***e.** cupidity*
	cupíditās glṓriae / dominātiṓnis	Ruhmsucht / Herrschsucht	
	cupī́dō, -inis f.	Begierde, Lust	
	Rṓmulum et Remum cupī́dō cēpit urbis condéndae.	Romulus und Remus packte das Verlangen, eine Stadt zu gründen.	

114. **cūrā́re**	sich kümmern um, sorgen für, pflegen	*kurieren, Kurator(ium)*
negṓtia cūrā́re	Geschäfte besorgen, sich um die Geschäfte kümmern	
hóspitem cūrā́re	für den Gast sorgen	
pontem faciéndum cūrā́re	eine Brücke bauen lassen	
cūra, -ae	Sorge, Sorgfalt, Pflege	*Kur, Kuratel, Mani-küre;*
Ea rēs mihi māgnae cūrae est.	Diese Angelegenheit macht mir große Sorge, bereitet mir großen Kummer.	***e.*** *(to) cure*
sēcū́rus, -a, -um	sorglos, unbekümmert, „sicher"	***e.*** *(to) secure, security*
115. **cū́ria,** -ae	Kurie, Rathaus *(Gebäude für Senatssitzungen)*	*Kurie*
116. **cúrrere,** -ō, cucúrrī, cursum	laufen	*Kurier, Korridor, kursieren, kursorisch;* ***e.*** *cursor, currency*
concúrrere, -ō, -cúrrī, -cúrsum	zusammenlaufen, -stoßen	*konkurrieren, Konkurs, Konkurrent, Konkurrenz*
in forum concúrrere	auf dem Marktplatz zusammenströmen	
occúrrere	begegnen, entgegentreten	***e.*** *to occur*
incursā́re	angreifen, einfallen in	
cursus, -ūs	Lauf, Kurs	*Kurs(buch), Kursiv-schrift, Korso, Dis-kurs, Ex-kurs(ion);*
cursus honṓrum	Ämterlaufbahn	***e.*** *course*
cursum tenḗre	Kurs halten, die Richtung einhalten	
currus, -ūs	Wagen	
currū vehī	in, auf einem Wagen fahren	
117. **custōs,** -tṓdis	Wächter, Hüter	*Küster*
córporis custṓdēs	die Leibwache	
custṓdia, -ae	(Nacht)Wache; Haft, Gefängnis	***e.*** *custody*
áliquem custṓdiā tenḗre	jemanden in Haft (Bewachung) halten	

D

118. **damnā́re**	verurteilen	
caedis damnā́re	wegen Mord verurteilen	
cápitis (-te) damnā́re	zum Tod verurteilen	
pecū́niā, exíliō, morte damnā́re	zu einer Geldstrafe, zur Verbannung, zum Tod verurteilen	
damnum, -ī	Schaden, Verlust	***e.*** *(to) damn, (to) damage*
119. **dăre,** dō, dedī, dătum	geben	*Datum, Daten, Dativ, datieren;* ***e.*** *(to) date*
ōtiō sē dare	sich der Ruhe widmen, die Ruhe genießen	
ad amī́cum lítterās dare	dem Freund einen Brief schreiben, schicken	
nōmen dare	seinen Namen angeben, sich zum Kriegsdienst melden	
librum amī́cō legéndum dare	das Buch dem Freund zum Lesen geben	
cōnsulī potestā́tem (cṓpiam) tumúltūs compriméndī dare	dem Konsul die Möglichkeit geben, einen Aufruhr niederzuschlagen	
óperam dare lítterīs	sich um die Wissenschaften bemühen	
óperam dare, ut ...	sich Mühe geben, dass ...	

circúmdare	umgeben, umzingeln	
prǽditus, -a, -um	begabt, ausgestattet mit	
summō impériō prǽditus	mit höchster Macht ausgestattet	
dōnā́re	(be)schenken	*„dotieren"*
dōnum, -ī	Gabe, Geschenk	
amī́cō librum dōnō dare	dem Freund das Buch zum Geschenk machen	
áddere, addō, áddidī, ádditum	hinzufügen	*addieren, Addition, additiv; e. to add, additon*
cóndere	gründen, erbauen; (ver)bergen	
ab urbe cónditā	seit Gründung der Stadt (Rom)	
ossa terrā cóndere	die Gebeine in der Erde bestatten	
sē in silvam cóndere	sich im Wald verstecken	
crḗdere	glauben; (an)vertrauen	*„Credo", (Miss-)Kredit; e. credit*
vix quisquam crḗderet ...	kaum jemand hätte glauben können...	
incrēdíbilis, -le	unglaublich	
Incrēdíbile est audī́tū.	Es ist unglaublich zu hören, es klingt unglaublich.	
dḗdere	hin-, preisgeben, ausliefern	
voluptā́tibus córporis sē dḗdere	sich den sinnlichen Genüssen hingeben, körperliche Vergnügungen genießen	
cōpiae sē dēdidḗrunt	die Truppen ergaben sich	
ḗdere	heraus-, angeben; äußern	*ed(it)ieren, Edition;*
ōrā́culum ḗdere	ein Orakel verkünden	*e. to edit, edition, editor(ial)*
clāmṓrem ḗdere	Geschrei ausstoßen, von sich geben	
pérdere	verderben, zugrunde richten; verlieren	*e. perdition*
tempus pérdere	Zeit verschwenden, vergeuden, vertun	
mōrēs pérditī	verkommene Sitten	
prṓdere	übergeben, verraten; überliefern	
memóriā et lítterīs prṓdere	mündlich und schriftlich überliefern	
(memóriae) prṓditum est	es ist (schriftlich) überliefert	
prōdítiō, -ṓnis f.	(Hoch)Verrat	
réddere	(zurück)geben; machen (zu)	*Ren(di)te, Rentner, rentabel*
patrem beā́tum réddere	den Vater glücklich machen	*e. render*
trā́dere	übergeben, überliefern	*tradieren, Tradition;*
trā́ditum est	es ist überliefert	*e. (to) trade, traditon*
Aristī́dēs iūstíssimus fuísse trā́ditur.	Aristides soll sehr gerecht gewesen sein.	
120. **dē** + Abl.	von – her(ab); (übertr.) von, über	*de-kadent*
dē mūrō salī́re	von der Mauer (herab)springen	
dē obsídibus reddéndīs cōnsúlere	über die Rückgabe der Geiseln beraten	
dēmum (Adv.)	erst, endlich	
dḗnique (Adv.)	schließlich, endlich	
121. **dē-...:**		
in Zus. mit Verben	herab-..., ab-..., weg-...	
z.B.: dē-ícere	herabwerfen, abbringen, vertreiben	

122. **dēbilitā́re**	schwächen, lähmen	*debil*
123. **decem**	zehn	*Dezember, Dekan*
décimus, -a, -um	der zehnte	*Dezimal-bruch, dezimieren*
dēnā́rius, -ī	der Denar (röm. Silbermünze)	*Denar, Dinar*
124. **decēre,** decet, decuit	es passt, schickt sich	*dezent*
Ōrātṓrem nōn decet īrā́scī.	Für einen Redner schickt es sich nicht, in Zorn zu geraten.	
decus, décoris n.	Schmuck, Ehre	*dekorieren, Dekor;*
décorī esse	Ehre bringen	***e.*** *decoration*
dīgnus, -a, -um	wert, würdig	***e.*** *dignified*
honṓre dīgnus sum	ich bin der Ehre würdig, verdiene Ehre	
exsíliō dīgnus sum	ich verdiene die Verbannung	
Dīgnus fuit, quī laudārḗtur.	Er war würdig, verdiente es gelobt zu werden.	
indī́gnus, -a, -um	unwürdig	*indigniert;* ***e.*** *indignation*
māiṓribus indī́gnus sum	ich bin der Vorfahren unwürdig, nicht wert	
dīgnitās, -tā́tis f.	Würde, Rang, Ansehen	*Dignität;* ***e.*** *dignity*
docḗre, dóceō, dócuī, doctum	lehren, unterrichten	*dozieren, Dozent, Dokument*
dóceō tē lítterās	ich lehre dich Wissenschaften (oder: Lesen und Schreiben)	
docḗre amī́cum Latī́nē loquī	den Freund Latein (zu sprechen) lehren, in Latein unterrichten	
docḗre custṓdēs dē eā rē	die Wächter davon unterrichten	
doctus, -a, -um	gelehrt, gebildet	*Doktor(and);* ***e.*** *doctor*
doctrī́na, -ae	Lehre, der Unterricht; die Gelehrsamkeit	*Doktrin, doktrinär, Indoktrination;* ***e.*** *doctrine*
discere, -ō, dídicī, ---	lernen	
Hóminēs dum docent, discunt. (*Seneca*)	Indem die Menschen lehren, lernen sie.	
déxter, -(e)ra, -(e)rum	recht(s); günstig	
datā déxt(e)rā (manū)	mit Handschlag	
125. **dēlḗre,** déleō, dēlḗvī, -tum	zerstören	*„DEL";* ***e.*** *to delete*
126. **dēlīberā́re**	überlegen, erwägen	*Deliberativ;* ***e.*** *deliberate*
127. **dēns,** dentis m.	Zahn	*Dental-laut, -labor, Dentist, Para-dentose;* ***e.*** *dentist*
128. **deus,** -ī / **dea,** -ae	Gott(heit) / Göttin	*Deismus, Adieu (sagen), Amadeus*
dī immortā́lēs	die unsterblichen Götter	
per deōs iūrā́re	bei den Göttern schwören	
dīvus, -a, -um	göttlich, vergöttlicht	*(Film-)Diva*
dīvus Augústus	der vergöttlichte Augustus	
dīvī́nus, -a, -um	göttlich	*divinatorisch;* ***e.*** *divine*
dīves, dī́vitis	reich („gottgesegnet")	
dīvítiae, -ārum	Reichtum, Schätze	

129. **dī́cere,** -ō, dīxī, dictum	sagen, sprechen, (be-, er-)nennen	*diktieren, dichten, Diktion, Juris-diktion;* ***e.*** *diction, dictionary*
ars dīcéndī	die Redekunst	
fīlium dī́vitem dī́cere	den Sohn reich nennen, als reich bezeichnen	
áliquem dictātṓrem dī́cere	jem. zum Diktator ernennen	
dī́cerēs	man hätte sagen können	
Croesus fēlīx fuísse dī́citur.	Man sagt, dass Krösus glücklich gewesen sei, Krösus soll glücklich gewesen sein.	
incrēdíbile est dictū	es ist unglaublich zu sagen	
indī́cere	ansagen, ankündigen	*Indikation, Index, Indiz;* ***e.*** *to indicate*
bellum indī́cere	den Krieg erklären	
interdī́cere	untersagen	*Interdikt*
praedī́cere	voraus-, vorhersagen	***e.*** *predict*
praedicā́re	ausrufen, verkündigen, „predigen“	*Prädikat*
dictā́tor, -tṓris m.	Diktator	*diktatorisch, Diktatur*
condíciō, -ṓnis f.	Bedingung; Lage	*Kondition(alsatz);* ***e.*** *condition*
eā condiciṓne, ut ...	unter der Bedingung, dass ...	
dígitus, -ī	Finger, Zehe („Zeiger“)	*digital(isieren);* ***e.*** *digit(al)*
130. **díēs,** -ḗī m. / f.	Tag; / Frist, Termin	*Diäten, Journal;* ***e.*** *diary*
diēs nātā́lis	Geburtstag	
diēs noctḗsque	Tag und Nacht	
diem (quaestiōnī, collóquiō) dare, statúere, cōnstitúere	einen Termin, Tag (für die Untersuchung, eine Unterredung) festlegen, festsetzen	
cōnsulārī diem dī́cere	den ehemaligen Konsul (zu einem bestimmten Termin) vor Gericht laden	
in diēs crḗscere	von Tag zu Tag wachsen	
multō diē	spät am Tag	
diē ac nocte	bei Tag und Nacht	
paucīs diḗbus post	wenige Tage später	
diū (Adv.) (diútius, diutíssimē)	lange (Zeit)	
cot(t)ī́diē (Adv.)	täglich	
„Pānem nostrum cottīdiā-num dā nōbīs hodiē!”	„Unser tägliches Brot gib uns heute!“	
postrī́diē (Adv.)	am nächsten Tag, tags darauf	
hódiē (Adv.)	heute	
131. **dīmicā́re**	kämpfen	
132. **dis-..., dif-..., dir-..., dī-... in Zus. mit Verben**	auseinander-..., zer-..., entfernt ...	
z.B.: dif-fúndere	aus(einander)gießen, zerstreuen	
133. **discípulus,** -ī	Schüler	
disciplī́na, -ae	Zucht; Unterricht(fach), Lehre; Philosophieschule	*Disziplin(arverfahren), diszipliniert;* ***e.*** *discipline*
134. **dīvídere,** -ō, -vīsī, -sum	trennen, teilen	*dividieren, Division, Dividend(e), Devise(n), In-dividuum;* ***e.*** *(to) divide, division*
pópulum in duās partēs dīvídere	das Volk in zwei Parteien spalten	
agrōs cī́vibus dīvídere	Ackerland an die Bürger verteilen	
Dī́vide et imperā!	Teile und herrsche!	

135. **dolēre,** dóleō, -uī, ---	Schmerz empfinden, leiden; bedauern	*in-dolent, kon-dolieren, Kondolenz(schreiben)*
pedem dóleō, pēs mihi dolet	mir tut der Fuß weh, ich habe Schmerzen am Fuß	
dolḗre mortem / dē morte amī́cī (, quod amī́cus mórtuus est)	über den Tod des Freundes Schmerz empfinden, den ... bedauern (bedauern, dass der Freund gestorben ist)	
dolor, dolṓris m.	Schmerz	*Dolores*
dolṓrem cápere, accípere / dolṓre áfficī	Schmerz erleiden	
dolṓrem alicui fácere, dare, afférre, commovḗre	jemandem Schmerz zufügen	
136. **dolus,** -ī	List, Täuschung	
137. **domus,** -ūs f.	Haus	*Dom, Domizil, e. Domicile;*
domī	zu Hause, daheim	***e.*** *dome*
domī bellī́que (mīlitiáeque)	im Krieg und im Frieden, in der Heimat und im Feld	
domō	von zu Hause	
domum	nach Hause, heim	
dóminus, -ī / dómina, -ae	(Haus-)Herr / Herrin	*Domino, Domäne, dominant, Don, Dame, Ma-, Primadonna;* ***e.*** *madame*
domā́re, dómō, -uī, -itum	zähmen, bändigen, bezwingen	*domestizieren, Dompteur;* ***e.*** *domination*
138. **dormī́re**	schlafen	
139. **dū́cere,** -ō, dūxī, ductum	führen, „ziehen"; halten für	*Aquä-dukt, Via-dukt, Intro-duktion*
púerum domum dū́cere	das Kind nach Hause führen	
Rōmā́nam uxṓrem (in mātrimṓnium) dū́cere	eine Römerin heiraten	
ōrātṓrem māgnum dū́cere	den Redner für bedeutend halten	
in amīcṓrum númerō dū́cere	als Freunde ansehen, zur Zahl der Freunde rechnen	
māgnī, plūris, minimī, níhilī dū́cere	hoch, höher, sehr gering einschätzen, für nichts achten	
addū́cere (ut)	hinführen; veranlassen (dass)	
inópiā addúctus	aus Not	
dēdū́cere	hin(ab)führen, wegführen	*deduktiv, Deduktion*
ēdū́cere	herausführen	
ēducā́re	erziehen	*Ko-edukation;* ***e.*** *to educate, education*
indū́cere (ut)	(hin)einführen; verleiten (dass)	*induktiv, Induktion*
ad iter indū́cī	sich zur Reise verleiten lassen	
Cícerō Scīpiṓnem haec dīcéntem indū́cit.	Cicero lässt Scipio Folgendes sagen.	
prōdū́cere	vor(wärts)führen, hervorbringen	*produzieren, Produkt, Produzent, produktiv;* ***e.*** *to produce*

	redū́cere trādū́cere virōs flūmen trādū́cere dux, ducis m. / f. Aenēā duce	zurückführen, zurückziehen hinüberführen, übersetzen die Männer über den Fluss setzen (An-)Führer / in unter der Führung des Aeneas	*reduzieren, Reduktion;* *[**e.** to reduce, reduction* *„Duce", Doge, Dukaten;* ***e.** duke*
140.	**dulcis,** -ce	süß, angenehm, lieb	*„Dolce vita", Dulzinea*
141.	**dum** (= dúmmodo) dōnec + Ind.	1. + abs. Temp. Präs.: während 2. + Indikativ: solange (als) 3. meist + Konj.: (solange) bis 4. + Konj.: wenn nur solange (als)	
142.	**duo,** duae, duo dubitā́re id (dē eā rē) dubitā́re Nōn dúbitō, quīn nostrī tē adiū́verint. dúbitō venī́re dúbius, -a, -um haud dúbiē rēs dúbiae bis	zwei zweifeln; Bedenken tragen, zögern das bezweifeln, daran zweifeln Ich zweifle nicht, dass die Unseren dir geholfen haben. ich zögere zu kommen zweifelhaft; schwankend, unsicher ohne Zweifel, zweifellos eine missliche, gefährliche Lage zweimal	*Duo, Duett, Duell, Dualismus, Du-plikat;* ***e.** two, duel* ***e.** (to) doubt* *dubios;* ***e.** dubious* *Bis-kuit, Bi-zeps, Bi-metall*
143.	**dūrus,** -a, -um	hart, rau	*Dur, Dauer*

E

144.	**ecce**	siehe da, seht da!	*„Ecce, homo!"*
145.	**egḗre,** égeō, -uī, --- pecū́niā egḗre	Mangel leiden, benötigen Geld brauchen, benötigen	
146.	**ego**	ich	*Egoist, Egoismus, egozentrisch*
147.	**elephántus,** -ī	der Elefant	***e.** elephant*
148.	**émere,** -ō, ēmī, ēmptum quīnque ássibus, māgnō, parvō, plūris, grātīs émere adímere dīrímere redímere dḗmere, -ō, dḗmpsī, dḗmptum prṓmere sū́mere supplícium dē sceléstīs sū́mere cōnsū́mere	kaufen um 5 As, teuer, billig, teurer, umsonst (ein)kaufen an sich nehmen, wegnehmen trennen loskaufen wegnehmen hervorholen nehmen an den Verbrechern die Todesstrafe vollziehen, die ... hinrichten lassen verbrauchen	 *Redemptoristen,* ***e.** to redeem, [redemption* *prompt;* ***e.** (to) prompt* *konsumieren, Konsum(ent);* ***e.** to consume, -mer, consumption*

exímius, -a, -um	ausnehmend, außerordentlich	
exémplum, -ī	Beispiel, Vorbild	*Exempel, Exemplar, exemplarisch; **e.** example*
„Verba docent, exémpla trahunt."	„Worte belehren, (gute) Beispiele reißen mit."	
práemium, -ī	Lohn, Belohnung	*Prämie; **e.** premium*
149. **epístula,** -ae	Brief	*Epistel*
150. **equus,** -ī	Pferd	
eques, équitis m.	Reiter; Ritter	
eques Rōmā́nus	römischer Ritter	
equéster, -tris, -tre	zum Reiter, Ritter gehörig	***e.** equestrian*
equéstrī locō ortus	aus dem Ritterstand stammend	
próelium equéstre	Reitertreffen, Reiterschlacht	
equitā́tus, -ūs	Reiterei	
151. **ergō**	also, folglich	
152. **errā́re**	(sich) irren	
Errā́re hūmānum est.	Irren ist menschlich.	
error, errṓris m.	„Irrtum", Irrfahrt	***e.** error*
153. **esse,** sum, fuī, futū́rus (Inf. Fut. auch: fore)	(vorhanden) sein	*(Quint-)Essenz, essentiell*
id (hoc) est	das heißt	
Sunt, quī id crēdant.	Es gibt Leute, die das glauben.	
(Nōn) Est, quod (cūr) timeā́tis.	Es besteht Grund (es gibt keinen Grund), dass ihr euch fürchtet.	
Domus équitis (équitī) est.	Das Haus gehört einem, besitzt ein Ritter.	
patris est	es ist Sache, Aufgabe, Pflicht, Eigenschaft, Wesenszug, (Kenn-)Zeichen des Vaters	
māgnī, parvī, plūris, tantī esse	viel, wenig, mehr, so viel wert sein	
Id mihi ūsuī, incómmodō, honṓrī, admīrātiṓnī, invídiae est.	Das bringt mir Nutzen, Schaden, Ehre (ein), wird von mir bewundert, beneidet.	
abésse	abwesend, entfernt sein, fehlen	*Absenz, Absenten-heft; **e.** absence*
multa mī́lia pássuum abésse ab urbe	viele Meilen von der Stadt entfernt sein	
Nōn multum āfuit, quīn urbs caperḗtur.	Es hätte nicht viel (wenig) gefehlt, und die Stadt wäre eingenommen worden.	
adésse	da sein, anwesend sein; helfen	
dēésse	fehlen	
Nōn dēfuḗrunt, quī áliīs adéssent.	Es fehlte nicht an Leuten, die anderen halfen.	
interésse + Dat. (in + Abl.)	dabei sein, teilnehmen	*Interesse, sich interessieren, interessant; **e.** (to) interest, interesting*
ínterest	es ist ein Unterschied, es ist wichtig	
interésse lūdīs (in lūdīs)	an den Spielen teilnehmen	
Inter hóminem et bḗluam multum ínterest.	Zwischen Mensch und Tier besteht ein großer Unterschied.	
nūllīus (ómnium hóminum) ínterest	es ist für keinen (für alle Menschen) wichtig, von Interesse	
meā, tuā, ... ínterest	es ist für mich, dich, ... wichtig	
Meā multum ínterest tē valḗre.	Es liegt mir viel daran, dass du gesund bist.	

	praeésse + Dat. exercítuī praeésse reī pūblicae praeésse	an der Spitze stehen, leiten das Heer befehligen, kommandieren den Staat leiten, an der Spitze des Staates stehen	
	praesēns, -éntis in praesēns (tempus) familiā́rī praesénte	anwesend, gegenwärtig für den Augenblick in Gegenwart des Freundes	*Präsens, Präsenz, (re-)prä-sentieren, Re-präsentant;* *e. present*
	prōdésse	nützlich sein, nützen	*Pros(i)t!*
	superésse + Dat. patrī superésse	übrig sein; überleben den Vater überleben	
	posse, possum, pótuī multum, plū́rimum posse	können, vermögen viel, sehr viel vermögen	*e. possible*
	futū́rus, -a, -um rēs futū́rae	zukünftig die Zukunft	*Futur(ist), futuristisch;* *e. future*
154.	**et** et - et	und sowohl - als auch	
155.	**-eus, -a, -um** **als Suffix b. Adj.** z.B.: sanguín-eus	 => Stoff, Farbart blutig, blutrot	
156.	**ex, ē** + Abl. ex urbe venī́re ex eō diē ex senā́tūs cōnsúltō státua ex mármore facta vī́vitur ex raptō	(von –) aus; (zeitl.) seit; aufgrund aus der Stadt kommen von diesem Tag an, seit diesem Tag aufgrund, kraft eines Senatsbeschlusses eine Statue aus Marmor man lebt vom Raub	*Ex-freund, Ex-temporale*
	extrā + Akk. extrā fī́nēs	außerhalb außerhalb der Grenzen, eines Gebiets	*extern, Extra-wünsche, -klasse, extra-vagant; e. extra-vagance*
	extérior, -ius	der, die, das äußere	*Exterieur*
	extrēmus, -a, -um extrḗmus annus	äußerster, letzter das letzte Jahr; das Ende des Jahres	*Extrem(ismus), Extremitäten;* *e. extreme*
157.	**ex-..., ē..., ef-...:** **in Zus. mit Verben** z.B.: ex-cḗdere	 aus-..., heraus-..., hinaus-..., weg-... heraus-, hinaus-, weggehen	
158.	**ex(s)ul,** éx(s)ulis ex(s)ílium, -ī	verbannt; subst.: Verbannter die Verbannung	 *Exil; e. exile*

F

159.	**faber,** -brī	Handwerker, Zimmermann	*Fabrik(ant), Fabrikat(ion), fabrizieren; e. fabricate*
160.	**fácere,** -iō, fēcī, factum pontem in flūmine fácere frātrem iū́dicem fácere patrem beā́tum fácere amī́cum certiṓrem fácere dē ...	machen, tun, handeln eine Brücke über den Fluss schlagen, bauen den Bruder zum Richter machen, einsetzen den Vater glücklich machen den Freund benachrichtigen von ...	*Fazit, Fakt(or), Fax, Manu-faktur, exempli-fizieren, Quali-fikation; e. fact*

māgnī, parvī, plūrimī, tantī fácere	hoch, gering, sehr hoch, so hoch (ein)schätzen	
quō factum est, ut	dadurch, so kam es, dass	
assuēfácere	gewöhnen	
labṓre (labṓrī) assuēfácere	an Arbei gewöhnen	
affícere, -iō, -fḗcī, -féctum	versehen mit, (in einen Zustand / eine Stimmung) versetzen	*affektiert, Affekt;* ***e.*** *(to) affect*
affícere poenā, vúlnere, supplíciō, iniū́riā	bestrafen, verwunden, hinrichten (lassen), Unrecht tun / beleidigen	
cōnfícere	fertig machen, vollenden, beenden	*Konfekt(ion), Konfitüre, Konfetti;* ***e.*** *confection*
bellō cōnféctō	nach Beendigung, dem Ende des Krieges	
morbō, vulnéribus cōnféctus	von Krankheit, von Wunden geschwächt	
dēfícere	ausgehen, fehlen; abfallen	*defekt, defizient, Defizit;* ***e.*** *defect*
Vīrēs mē dēfíciunt.	Die Kräfte fehlen mir, gehen mir aus.	
ā Rōmā́nīs / ad adversā́riōs dēfícere	von den Römern abtrünnig werden / zu den Gegnern abfallen	
ánimō dēfícere	den Mut verlieren, sinken lassen	
effícere	zustande bringen, bewirken; machen zu	*effizient, effektiv, Effekt(ivität), Ko-efficient;* ***e.*** *(to) effect, effective, efficient*
áliquem cṓnsulem effícere	jem. zum Konsul machen	
interfícere	niedermachen, töten	
perfícere	vollenden; erreichen, durchsetzen	*perfekt, Perfektionist, (Im-) Perfekt, Plusquam-perfekt;* ***e.*** *perfect*
opus perfícere	ein Werk zu Ende führen	
praefícere	an die Spitze stellen	*Präfekt(ur);* ***e.*** *prefect*
Cáesarem exercítuī praefícere	Caesar an die Spitze des Heeres stellen, das Kommando über das Heer übertragen	
prōfícere	Fortschritte machen, nützen	*profitieren, Profit;* ***e.*** *profit*
multum in philosóphiā prōfícere	gewaltige Fortschritte in der Philosophie machen	
proficī́scī, -ficī́scor, -féctus sum	sich aufmachen, (ab)marschieren, reisen	
ā nātū́rā proficī́scī	von der Natur ausgehen	
fácilis, -le (Adv. fácile)	leicht (zu tun)	***e.*** *facile, facility*
fácile dictū	leicht zu sagen	
facúltās, -tā́tis f.	Fähigkeit; Möglichkeit	*Fakultät;* ***e.*** *faculty*
facúltās abeúndī	die Möglichkeit wegzugehen	
diffícilis, -le	schwierig, schwer (zu tun)	*diffizil;* ***e.*** *difficult(y)*
difficúltās,- tā́tis f.	Schwierigkeit	
fáciēs, -ḗī	Gestalt, Aussehen, Gesicht	*Fassade, Facette;* ***e.*** *face*
fácinus, facínoris n.	Tat, Untat	
facínora túrpia	hässliche Verbrechen	
factum, -ī	Handlung, Tat(sache)	*Faktum, Fakten, Faktor, faktisch;* ***e.*** *fact*
bene factum	gute Tat	
benefícium, -ī	Wohltat	*Benefiz-..., Benefiziat;* ***e.*** *(to) benefit, benefaction*
ā patre benefícia accípere	vom Vater Wohltaten empfangen	
in cīvēs benefícia cōnférre	die Bürger mit Wohltaten überhäufen, den Bürgern Wohltaten erweisen	

161. **fállere,** -ō, feféllī Dolus custṓdēs nōn feféllit. Quem fallit? (+ AcI) falsus, -a, -um falsō (Adv.)	täuschen; unbemerkt bleiben Die List täuschte die Wächter nicht, blieb den Wächtern nicht verborgen. Wem entgeht es, wer weiß nicht? (dass) „falsch“, irrig fälschlich(er Weise), falsch	*„fehlen, Fehler“;* *e. fallacy* *Falsi-fikat, „Fauxpas“;* *e. false*
162. **família,** -ae pater famíliās (famíliae) familiā́ris, -re Cicerṓnis ad familiā́rēs epístulae	„Familie“, Hausgemeinschaft der Hausvater, Hausherr zur Familie gehörig, vertraut, befreundet; subst.: Vertrauter, Freund Ciceros Briefe an seine Feunde	*e. family* *familiär, „Famulus“;* *e. familiar(ity)*
163. **(fārī)** fātum, -ī fāma, -ae fābula, -ae fābulae fictae fatḗrī, fáteor, fassus sum Quī tacet, fatḗtur. cōnfitḗrī	(sagen, künden) Götterspruch, Schicksal Gerede, Gerücht; (guter/schlechter) Ruf, Ruhm Sage, Erzählung, Geschichte; Theaterstück Märchen gestehen, bekennen Wer schweigt, gesteht, gibt zu. gestehen, bekennen	 *fatal, Fatalismus, Fee; e. fate* *famos, in-fam, dif-famieren;* *e. Fame, famous* *Fabel, fabulieren;* *e. fable, fabulous* *Konfession; e. to confess*
164. **fascis,** -is m.	Rutenbündel	*Faschisten, Faschismus*
165. **febris,** -is f.	„Fieber”	*fiebrig; e. fever*
166. dē-**féndere,** -ō, -féndī, -fēnsum vim, iniū́riam dēféndere sē ab hóstibus dēféndere offéndere	verteidigen, abwehren Gewalt, Unrecht abwehren sich gegen die Feinde verteidigen beleidigen, anstoßen	*defensiv, Defensive;* *e. to defend, defence* *[offensiv, Offensive;* *e. to offend, offence*
167. **ferre,** ferō, tulī, lātum ferrī prae sē ferre auxílium, opem ferre lēgem ferre iniū́riam aegrē (gráviter) ferre fātum aequō ánimō ferre homō nōn feréndus ferunt + AcI / fertur + NcI Hánnibal Scīpiṓnī līberē respondísse fertur. afférre, áf-ferō, át-tulī, al-lā́tum hōc nūntiō allātō iniū́riam afférre manūs sibi afférre auférre, áu-ferō, ábs-tulī, ab-lā́tum	bringen, (er)tragen getragen werden, eilen, stürzen zeigen, an den Tag legen Hilfe bringen ein(en) Gesetz(esantrag) einbringen sich über das Unrecht ärgern, das Unrecht übel nehmen das Schicksal mit Gleichmut ertragen ein unerträglicher Mensch man sagt, berichtet, es wird überliefert, dass ... Hannibal soll Scipio freimütig geantwortet haben. (herbei)bringen, zufügen auf diese Nachricht hin Unrecht zufügen Selbstmord begehen wegnehmen, wegschaffen, rauben	*Super-lativ, Legis-lative* *Legis-latur-Periode* *„Adlatus“* *Ablativ*

cōnférre, .., .., col-lātum	zusammentragen, vergleichen	*Konferenz, Conférencier;*
exémpla cōnférre	Beispiele anführen	*e. conference;*
ad patrṓnum sē cōnférre	sich zu einem Anwalt begeben	*cf. = confer : vergleiche*
parva māgnīs cōnférre	Kleines mit Großem vergleichen	
dēférre, ...	fort-, übertragen, melden	
impérium ad Pompḗium dēférre	das Kommando auf Pompejus übertragen	
differre, .., dís-tulī, dī-lātum	1. aufschieben; 2. (nur Präsensst.) sich unterscheiden	*differieren, Differenz, indifferent;*
différre in pósterum diem	auf den folgenden Tag auf-, verschieben	*e. to differ, different, difference*
ā cēterīs différre	sich von den Übrigen unterscheiden	
efférre, .., éx-tulī, ē-lātum	hinaustragen, bestatten; herausheben	
amīcum láudibus efférre	den Freund mit Lob emporheben, überschwänglich loben	
victṓriā efférrī	durch den Sieg stolz gemacht werden, übermütig werden	
fortūnā ēlātus	vom Glück stolz gemacht	
mórtuum (fū́nere amplō) efférre	den Toten (feierlich) bestatten	
īnférre, .., .., il-lātum	hineintragen, zufügen	
iniū́riam, dolṓrem īnférre	Unrecht, Schmerz zufügen	
hóstibus bellum īnférre	die Feinde bekriegen	
sīgna in hostēs īnférre	die Feinde angreifen	
offérre, ...	anbieten, opfern; entgegenstellen	*offerieren, Offerte, Oblate;*
invídiae sē offérre	sich dem Neid aussetzen	*e. (to) offer*
perférre, ...	ertragen; vollführen; (über)bringen, berichten	
labṓrēs perférre	Anstrengungen, Strapazen ertragen	
Fāma Rōmam perlāta est.	Die Kunde drang nach Rom.	
prōférre, ...	(her)vorbringen; aufschieben; ausweiten	
testem prōférre	einen Zeugen beibringen, aufbieten	
iūdícium prōférre	das Urteil, Gerichtsverfahren aufschieben	
impérium prōférre	das Herrschaftsgebiet erweitern	
reférre, .., rét-tulī, re-lātum	(zurück)bringen, berichten; beziehen auf	*referieren, Referent, Referat, Relation, relativ(ieren);*
sē, pedem, gradūs reférre	sich zurückziehen, zurückweichen	*e. to refer, reference*
rem ad senātum reférre	die Sache vor den Senat bringen, dem S. zur Diskussion u. Entscheidung vorlegen	
ómnia ad ūtilitā́tem suam reférre	alles auf seinen Nutzen beziehen, nach seinem Nutzen beurteilen, an ... orientieren	
rēfert, rē-tulit	es ist wichtig, es liegt daran	
(Māgnī) Mā́ximē patris (meā) rēfert tē beā́tum esse.	Es liegt dem Vater (mir sehr) am meisten daran, ist für den V. (mich wichtig) am wichtigsten, dass du glücklich bist.	
trānsférre, ...	hinüberbringen, übertragen	*transferieren, Transfer;*
fortū́na, -ae	Schicksal, Glück	*e. to transfer*
Fortū́na in ómnī rē dominā́tur. (*Sallust*)	Das Schicksal herrscht in allen Dingen.	
fortū́nae, -ārum	Vermögen, Besitz („Glücksgüter“)	*„Fortune“, Fortunatus,*
fortū́nās adímere	Hab und Gut, Besitz wegnehmen, rauben	*e. fortune*

	forte (Adv.)	zufällig	
	Ībam forte viā sacrā.	Ich ging zufällig auf der Heiligen Straße.	
	fūrtum, -ī	Diebstahl	*„Furunkel"; e. furtive*
	áliquem fūrtī convíncere	jem. des Diebstahls überführen	
168.	**ferrum,** -ī	Eisen; Schwert	*Ferro-chrom*
	ferrō ignī́que dēlḗre	mit Feuer und Schwert zerstören	
169.	**ferus,** -a, -um	wild, roh	
	fera (bēstia)	das (wilde) Tier	
	ferōx, ferṓcis	wild, trotzig	*e. ferocious*
170.	**fēstus,** -a, -um	feierlich, „festlich"	*Festival, „Fest";*
	diēs fēstus	Feiertag	*e. feast, festival*
	fḗriae, -ā́rum	Feiertage, „Ferien"	*Feier, feiern*
171.	īn-**féstus,** -a, -um	feindlich, kampfbereit	
172.	**(fētus, -ūs)**	(Leibesfrucht)	*(Fötus)*
	fḗmina, -ae	Frau	*Femininum, feminin, Feministin*
	fī́lius, -ī / fī́lia, -ae	Sohn / Tochter	*Filiale*
	fēlīx, fēlī́cis	glücklich, erfolgreich	*„Felix"*
	„Bella gerant áliī, tū, fēlīx Ēustria, nūbe!"	„Mögen andere Kriege führen, du, glückliches Österreich, heirate!"	
	īnfḗlīx, -fēlī́cis	unglücklich, elend	
	fēlī́citās, -tātis f.	Glück	*„Felizitas"*
173.	(cōn)**fī́dere,** -ō, -fī́sus sum	(ver)trauen	*e. confidence*
	fortūnā cōnfīsus	im Vertrauen auf das Glück	
	fidēs, fídeī	Treue, Glaube, Zuverlässigkeit; Zusage, Schutz	*fidel; e. fidelity*
	cum fidē – per fidem	treu, zuverlässig – auf treulose Weise	
	frātrī fidem habḗre	dem Bruder Glauben, Vertrauen schenken, dem Bruder glauben, vertrauen	
	fidem dare / (cōn)servā́re, praestā́re	seine Zusage, sein (Treue-)Wort geben / (ein)halten	
	in fidem victṓrum venī́re, sē cōnférre, sē permíttere	sich unter den Schutz der Sieger stellen, sich in den ... begeben, sich den Siegern ergeben	
	victōs in fidem ac-, recípere	die Besiegten in seinen Schutz aufnehmen	
	fīdus, -a, -um	treu, zuverlässig	*Per-fidie, per-fide*
	foedus, fóederis n.	Bündnis, Vertrag	*(Kon-)Föderation, CH, Föderalismus; e. federation*
	sibi rēgem foedéribus iúngere	den König durch Verträge an sich binden	
	foedus fácere (ferī́re, ī́cere) / frángere, rúmpere, violā́re	einen Vertrag, ein Bündnis schließen / brechen, verletzen	
174.	**fierī,** fīō, factus sum	1. werden, geschehen, entstehen; 2. Pass. zu *facere*: gemacht werden	*„Fiat lux!"*
	dóminī fierī	Eigentum des Herrn werden	
	quō (ex quō) fit, ut ...	daher kommt es, dass ...	
	Fierī nōn potest, quīn fidem praestḗtis.	Ihr müsst unbedingt euer Wort halten. (Es kann nicht geschehen, dass ihr nicht ...)	

175. **fígere,** -ō, fīxī, fīxum	anheften, befestigen	*fixieren, Fix-Stern, fix, Kruzi-fix, Prä-, Suf-fix; **e.** to fix*
fīnīre	beenden, begrenzen	*de-finieren, In-finitiv; **e.** finish*
fīnis, -is m.	Ende, Grenze; Ziel, Zweck; Pl.: Gebiet	*Finale, Finalist, Finan-zen, Final-Satz; **e.** final*
fīnem certāminis/ dīcéndī fácere	den Wettstreit / eine Rede beenden	
fīnēs bonōrum et malōrum	das höchste Gut und das größte Übel	
fīnēs prōpāgāre, prōferre	die Grenzen, das Gebiet erweitern	
fīnítimus, -a, -um	benachbart; subst.: Nachbar	*Af-finität*
176. **fíngere,** -ō, fīnxī, fictum	gestalten; erfinden, erdichten	*fingieren, Fiktion, fiktiv, Finte; **e.** fiction*
pōcula dē humō fíngere	Becher aus Ton fertigen	
crīmina in frātrem fíngere	Vorwürfe gegen den Bruder ersinnen	
177. **firmus,** -a, -um	fest, stark, zuverlässig	*firm, Firma, Firmung, Firm-ling, Firma-ment, Fermate*
īnfírmus, -a, -um	schwach	
cōnfirmāre	(be)stärken, bekräftigen	*Konfirmation, Konfirmand; **e.** confirm(ation)*
ánimōs mulíerum cōnfirmāre	die Frauen ermutigen, moralisch stärken	
fer(m)ē (Adv.)	fast, beinahe; in der Regel	
īsdem ferē tempóribus	etwa zur gleichen Zeit	
fer(m)ē fit, ut ...	es kommt in der Regel vor, dass ...	
178. **flamma,** -ae	Flamme, Feuer	*ent-flammen, Flamingo; **e.** flame*
179. **fléctere,** -ō, flexī, flexum	biegen, beugen; umstimmen	*flektieren, Flexion, flexibel, Reflex(ion); **e.** flexible*
ánimōs hóminum īrātōrum fléctere	die erzürnten Menschen umstimmen	
180. **flēre,** fleō, flēvī, flētum	(be)weinen	*„flennen" (?)*
mortem / dē morte avī flēre	den Tod des Großvaters beweinen	
181. **flōrēre,** flōreō, -uī, ---	blühen	*florieren, Floristik*
praeter cēterōs flōrēre	sich mehr als die anderen auszeichnen	*Flora, Fleurop, Floskel, Flo-ri-legium; **e.** flower*
flōs, flōris m.	Blume, Blüte	
182. **flúere,** fluō, flūxī, (flūxum)	fließen	*Fluidum, Fluor, fluoreszieren, In-fluenza; **e.** fluid, fluent, fluency*
flūctus, -ūs	„Flut"	*fluktuieren, Fluktu-ation; **e.** fleet*
flūmen, flūminis n.	Fluss, Strömung	
flúvius, -ī	Fluss	
183. **fōns,** fontis m.	Quelle	*Fontäne, Fontanelle; **e.** fountain*
184. **forīs** (Adv.)	draußen, außerhalb; im Krieg	
185. **fōrma,** -ae	„Form", Gestalt; Schönheit	*Formular, formal, formen, For-mel, Format(ion), konform, Uni-form; in-, re-, trans-formieren*
fēmina fōrmā excéllēns	eine außergewöhnlich schöne Frau	
186. **fortis,** -te	(tat)kräftig, tapfer	*forsch, Fort, fortissimo, Piano-forte, forcieren*
fórtiter sē gérere	sich tapfer zeigen	
Fortēs fortūna ádiuvat.	Den Tapferen steht das Glück zur Seite.	
fortitūdō, -inis f.	Tapferkeit	

contingit, contigit = es gelingt

187.	**forum,** -ī	Markt(platz), Forum	*(Schul-)Forum*
188.	**frángere,** -ō, frēgī, frāctum ánimōs amīcōrum frángere ánimō frāctus perfríngere	(zer)brechen; entmutigen die Freunde entmutigen innerlich gebrochen durchbrechen (trans.)	*Fraktur, Fraktion, Fragment, fragmentarisch, fragil;* ***e.** fragile, fracture*
189.	**frāter,** tris m.	Bruder	*Frater, fraternisieren;* ***e.** fraternity*
190.	**fraus,** fraudis f. fraude ac dolō frūstrā (Adv.)	Betrug, Täuschung mit List und Tücke vergeblich, erfolglos	***e.** fraud* *Frustration, frustriert*
191.	**frequēns,** -éntis Cīvēs frequéntēs in forum convēnērunt. loca arbóribus frequéntia	zahlreich, häufig Die Bürger kamen zahlreich zum Forum, auf dem Forum zusammen. ein dicht mit Bäumen bedecktes Gelände	*Frequenz, frequentieren;* ***e.** frequency*
192.	**frīgus,** frígoris n.	Kälte, Frost	*„Frost", Frigidarium;* ***e.** fridge*
193.	**frōns,** frontis f. ā fronte cohórtēs in fronte collocāre	Stirn, Vorderseite vorn, von vorn die Kohorten vorne aufstellen	*Front(soldat), frontal, Frontalantrieb, Kon-frontation, Affront;* ***e.** front*
194.	**fruī,** -or, fruitūrus + Abl. victóriā fruī vītā fruī frūctus, -ūs ex fraude frūctum cápere frūméntum, -ī reī frūmentáriae prōvidēre	genießen, nutzen den Sieg genießen, nutzen das Leben genießen, sich des Lebens erfreuen Frucht, Ertrag, Nutzen aus dem Betrug Nutzen ziehen Getreide („Genussmittel") sich um die Getreideversorgung kümmern	 *„Frutti", Fruktose;* ***e.** fruit*
195.	**fúgere,** -iō, fūgī, fugitūrus (+ Akk.) inimícum fúgere mortem (ef)fúgere (nōn) fugit nōs + AcI quem (nostrum) fugit? néminem fugit fúgiēns labōrum effúgere (+ Akk.) hostēs effúgere ex urbe effúgere fugāre fuga fugae sē dare, mandāre fugā salūtem pétere	fliehen, meiden vor dem Feind fliehen, den Feind meiden dem Tod entgehen, entrinnen es entgeht, bleibt uns (nicht) verborgen, wir wissen nicht (wissen), dass ... wer (von uns) weiß nicht? jeder weiß (niemandem entgeht es) arbeitsscheu entfliehen, vermeiden den Feinden entkommen, entfliehen aus der Stadt entkommen, entfliehen in die Flucht schlagen, vertreiben Flucht die Flucht ergreifen, fliehen sein Heil in der Flucht suchen	*Zentri-fugal-kraft, Zentrifuge;* ***e.** fugitive* *Fuge, Re-fugium*
196.	**fúndere,** -ō, fūdī, fūsum hostēs fúndere ac fugāre	(aus)gießen, verstreuen die Feinde völlig besiegen, vernichtend schlagen	*Kon-, In-, Trans-fusion;* *kon-, dif-fus;* ***e.** fusion*
197.	**fundāméntum,** -ī	Grundlage	*Fundament, fundiert; Fond;* ***e.** fundamental*

198. **fungī**, fungor, fūnctus sum + Abl. mū́nere fungī	verwalten, verrichten ein Amt verwalten	*fungieren, Funktion(är), funktionieren, funktionell;* ***e.** function*
199. **fūnus**, fū́neris n. fūnus reī pū́blicae	Bestattung, Leichenzug; Untergang der Untergang des Staates	***e.** funeral*
200. **furor**, furṓris m.	Raserei, Wahnsinn, Wut	*Furie, furios; **e.** furious, fury*
	G	
201. **gaudḗre,** gáudeō, gavī́sus sum „Gaudeā́mus ígitur, iúvenēs dum sumus!"	sich freuen „Freuen wir uns also, solange wir jung sind!"	
gáudium, -ī	Freude	*„Gaudi(um)"*
202. **géminus** géminus frāter	doppelt; subst.: Zwilling der Zwillingsbruder	*Tri-geminus, Gemini-Raumkapsel*
203. **(generā́re)** gígnere, gígnō, génuī, génitum	(erzeugen) (er)zeugen, gebären, hervorbringen	*Generator, (De-)Generation;* ***e.** generate, generation* *genuin*
genus, géneris n. genus hūmā́num tria génera reī pū́blicae	Geschlecht, Abstammung; Gattung, Art das Menschengeschlecht drei Arten von Staatsverfassungen	*Genus (verbi), Genitiv, Genesis, Genese, Genre, generell*
gēns, gentis f. ex gente clāríssimā Iūliṓrum	Volk(sstamm), Geschlecht, Sippe, Familie aus dem hochberühmten Geschlecht der Julier	*Gentil-ordnung, nomen gentile, „Gendarm"; **e.** gentle-man*
ingénium, -ī vir māgnī ingéniī scrīptṓrum māgna ingénia	Veranlagung, Begabung, Talent ein hochbegabter Mann große schriftstellerische Talente	*Ingenieur, ingeniös, Genie, (kon-)genial; **e.** ingenious*
ingēns, -géntis	ungeheuer, gewaltig, heftig	
nāscī, -or, nātus sum ex hōc nā́scitur, ut	geboren werden, entstehen daraus folgt, dass	*Re-nate, Natalie, Naivität, Renaissance; **e.** natal, native*
nātus, -a, -um nōbilī génere nātus Iove nātus decem annōs nātus	geboren, (... Jahre) alt aus vornehmer Familie, aus einem vornehmen Geschlecht (stammend) der Sohn Jupiters zehn Jahre alt	
nā́tiō, nātiṓnis f. nātiṓne Gallus	Volk(sstamm) der Herkunft nach ein Gallier	*Nation(alismus), Nationalhymne, -bewusstsein, (inter)national; **e.** national(ity)*
nātū́ra, -ae nātū́ra deorum locus nātū́rā mūnītíssimus secúndum nātū́ram vī́vere	Natur, Wesen das Wesen der Götter ein von Natur aus (durch seine natürliche Lage) stark befestigter Platz (nach der) im Einklang mit der Natur leben	*Naturell, Naturalismus, Naturalien, natürlich; **e.** nature*

204.	**gérere,** -ō, gessī, gestum bellum cum Germānīs gérere magistrātum gérere rem bene gérere rēs gestae Rōmānōrum rēs gestās scrībere sē honéstē gérere	tragen, (aus)führen Krieg mit den Germanen führen ein Amt bekleiden eine Sache erfolgreich ausführen (ein gutes Geschäft machen; sein Vermögen gut verwalten; siegreich sein) die Taten der Römer Geschichte schreiben sich ehrenhaft zeigen, verhalten	*gestikulieren, Geste, Gestik, sug-gerieren, Gerundium, Gerundivum*
205.	**gladius,** -ī gladiātor, -tōris m.	Schwert „Gladiator"	*Gladiole*
206.	**glōria,** -ae cúpidus glōriae	Ruhm ruhmsüchtig	*Glorie, Gloriole, Glorienschein, glor-reich, glorios, glorifizieren;* ***e.*** *glory*
207.	ī-**gnāvus,** -a, -um	feig, untätig	
208.	**gradī,** -ior, gressus sum ággredī ā látere ággredī opus ággredī égredī (ex) urbe égredī íngredī domum íngredī in triúmphō íngredī cōnsulātum íngredī trānsgredī gradus, -ūs prīmus gradus capesséndae reī pūblicae gradus aetātis	schreiten, gehen angreifen, herangehen an, in der Flanke, von der Seite angreifen das Werk in Angriff nehmen heraus-, hinausgehen, verlassen die Stadt verlassen einherschreiten, betreten das Haus betreten im Triumphzug einherschreiten das Konsulat antreten überschreiten, hinübergehen Schritt; Stufe, Rang der erste Schritt (auf) der politischen Laufbahn die Altersstufe	*grassieren* *aggressiv, Aggression, Aggressor;* ***e.*** *aggression* *ingressiv, Ingredienzien* *Grad, graduell, de-gradieren;* ***e.*** *grade, gradual, degree*
209.	**grandis,** -de grandis nātū	groß(artig), erhaben; alt hochbetagt (dem Alter nach groß)	*grandios, Grand (Prix);* ***e.*** *grand*
210.	**grātus,** -a, -um grātia, -ae paréntibus grātiās ágere amīcō grātiam habēre amīcō grātiam reférre / dēbēre prō auxíliō grātiam inīre apud áliquem grātiā + vorausg. Gen. amīcítiae grātiā meā grātiā	dankbar; angenehm, willkommen Dank; Gunst, Ansehen; Anmut den Eltern Dank sagen, danken dem Freund Dank wissen, danken dem Freund Dank abstatten / Dank schulden für seine Hilfe bei jem. Gunst erwerben (um –)wegen, um – willen um der Freundschaft willen, der Freundschaft zuliebe um meinetwillen, mir zuliebe	*Persona non grata, gratulieren, (Gentleman's) Agreement* *gratis, Grazie, graziös, Grati-fikation;* ***e.*** *grace, grate-ful*
211.	**gravis,** -ve tempéstās gravis	schwer (an Gewicht); ernst ein schweres, heftiges Gewitter	*Gravitation, gravierend, Grave;* ***e.*** *gravity*
212.	**grex,** gregis m. „Quālis rēx, tālis grex." ēgrégius, -a, -um	Herde, Schar „Wie der Herr, so's Gescherr (= sein Gesinde)." ausgezeichnet, hervorragend	*Ag-gregat, Kon-gregation*

213.	**gubernā́re**	steuern, lenken	*e. to govern, government*
	gubernā́tor, -tṓris m.	Steuermann	*Gouverneur; e. governor*

H

214.	**habē̄re,** hábeō, -uī, -itum	„haben", halten	
	Rem trīstem compértam habēs.	Du hast (genaue) Kenntnis von der traurigen Angelegenheit.	
	vīcī́num amī́cum habḗre	den Nachbarn zum Freund haben	
	vīcī́num prō inimī́cō / in inimīcṓrum númerō habḗre	den Nachbarn für einen Feind halten / zu den Feinden zählen	
	in ánimō habḗre	im Sinn haben, beabsichtigen	
	Rēs ita sē habet.	Es verhält sich so.	
	adhibḗre, -híbeō, -uī, -itum	anwenden, beiziehen	
	dolum, fraudem adhibḗre	eine List, Betrug anwenden	
	médicum adhibḗre	einen Arzt hinzuziehen, sich an … wenden	
	cohibḗre	festhalten, zurückhalten	
	prohibḗre	abhalten; (ver)hindern	*Prohibitiv, Prohibition; e. prohibit*
	Helvḗtiōs itínere prohibḗre	die Helvetier am Marsch hindern	
	iter hóstium prohibḗre	den Marsch der Feinde verhindern	
	Dolṓre prohíbeor, nē (quṓminus) plūs scrībam.	Vom Schmerz werde ich gehindert, mehr zu schreiben.	
	dēbḗre	schulden, verdanken; müssen	*Debet, Debitor; e. debt*
	nōn dēbḗre	nicht dürfen	
	pecū́niam dēbḗre	Geld schulden	
	paréntibus mā́xima benefícia dēbḗre	den Eltern die größten Wohltaten verdanken	
	Hoc oblīvī́scī nōn dēbeō.	Das darf ich nicht vergessen.	
	praebḗre	darreichen, gewähren	*„Pfründe"*
	benefícium praebḗre	eine Wohltat gewähren, erweisen	
	sē atténtum praebḗre	sich aufmerksam zeigen, erweisen	
	habitā́re	(be)wohnen	*e. in-habitant*
	hábitus, -ūs	Haltung, Aussehen; Kleidung	*Habit(us)*
215.	**haerḗre,** háereō, haesī	hängen, stecken (bleiben)	*ko-härent, Ko-härenz, Ad-, Ko-häsion; e. to adhere, cohere, hesitate*
	Ē liquid semper haeret.	Etwas bleibt immer hängen.	
216.	**haud**	nicht	
	haud dúbiē	zweifellos	
217.	**hérc(u)le!**	beim Herkules!	
218.	**herī**	gestern	
219.	**heu, heus!**	he! heda!	
220.	**hic,** haec, hoc	dieser (hier, mein, unser)	
	hī mōrēs	diese, unsere, die heutigen Sitten	
	Haec dīxit: …	Er sagte Folgendes: …	
	hīc (Adv)	hier	
	hinc (Adv)	von hier; hierauf; daher	

ingenium — Talent, Begabung
convenire — zusammenkommen, treffen

	hūc (Adv) adhūc (Adv)	hierher bis jetzt, (immer) noch	
221.	**híems,** híemis f.	Winter, Unwetter	
222.	**homō,** -inis m. Homō hómini lupus. (Plautus) hūmānus, -a, -um dīvīna et hūmāna nēmō nēmō nostrum / vestrum Nēmō adiūverat nisī frāter.	Mensch Der Mensch ist für den (anderen) Menschen (wie) ein Wolf. menschlich; gebildet göttliche(s) und menschliche(s) Recht(e), Ordnung niemand keiner von uns / euch Nur der (keiner außer dem) Bruder hatte geholfen.	*Homunkulus, Homo novus, Homo erectus* *human, Humanismus; humanitär, Humanität;* ***e.*** *human, humanity*
223.	**honōs/honor,** honōris m. in summō honōre esse ad amplíssimum honōrem pervenīre honéstus, -a, -um ūtile et honéstum	Ehre, Ehrenamt in höchsten Ehren, -m Ansehen stehen zum höchsten (Ehren)Amt (= Konsulat) gelangen ehrenvoll; anständig, sittlich gut Nützliches und sittlich Gutes	*Dr. h.c. (honoris causa), Honorar, honorieren, honorig, Honoratioren;* ***e.*** *hono(u)r, honorable*
224.	**hōra,** -ae sextā hōrā	Stunde, Zeit zur 6. Stunde (= um 12.00 Uhr mittags)	*„Uhr", km/h;* ***e.*** *hour*
225.	**hortārī**	ermahnen; ermuntern, anfeuern	*Hortativ*
226.	**hortus,** -ī cóhors, -hórtis f.	Garten „Kohorte" *(10. Teil der Legion, bis zu 600 Soldaten)*	*Hort*
227.	**hostis,** -is m. castra hóstium hospes, hóspitis m. hospítium, -ī áliquem hospítiō recípere	(Landes-)Feind das feindliche Lager Gast(freund), Gastgeber; Fremder Gastfreundschaft; Herberge jem. gastlich aufnehmen	*Gast;* ***e.*** *hostility* *hospitieren, Hospiz, (Ho-)Spital, Hotel;* ***e.*** *hospital(ity)*
228.	**humus,** -ī f. humī húmilis, -le húmilī locō, génere nātus	Boden, Erdboden auf dem Boden niedrig, gering aus einfachem Haus, von einfacher Herkunft	*Humus(erde), ex-humieren,* ***e.*** *humble, humility*
	I		
229.	**-ia, -ítia** **als Suffix b. Subst.** z.B.: misér-ia laet-ítia	 => Zustand, Verhalten Notlage Fröhlichkeit	
230.	**iácere,** -iō, iēcī, iactum abícere, -iō, -iēcī, -iéctum	werfen, schleudern wegwerfen	*„alea iacta est"*

quicumque = wer auch immer

	adícere	hinzufügen	*Adjektiv*
	conícere	zusammen-, hinwerfen; vermuten	*Konjektur; e. (to) conjecture*
	(hóminem) sceléstum in víncula conícere	den Verbrecher in Fesseln legen, ins Gefängnis werfen	
	falsa dē rēbus futū́rīs con-ícere	über die Zukunft falsche Vermutungen anstellen	
	ēícere	hinauswerfen, vertreiben	*e. to eject*
	rēgem in exílium ēícere	den König in die Verbannung jagen	
	inícere	hinwerfen, einflößen	*injizieren, Injektion; e. to inject*
	hóspitī terrṓrem inícere	dem Gastfreund einen Schrecken einjagen	
	obícere	entgegenstellen; vorwerfen	*Objekt, objektiv; e. objection*
	subícere	unterwerfen	*Subjekt, subjektiv; e. (to) subject*
	iactā́re	(hin und her) werfen; rühmen	*Jeton, Inter-jektion*
	undīs et tempestā́tibus iactā́rī	von Wogen und Stürmen hin und her geworfen werden	
	amī́cō sē iactā́re	sich vor dem Freund, dem Freund gegenüber brüsten	
	iacḗre, iáceō, -uī, ---	liegen	
231.	**ictus,** -ūs	Schlag, Stoß, Hieb, Schuss	
232.	**idṓneus,** -a, -um	passend, geeignet	
	locum castrīs idṓneum dēlígere	einen geeigneten Lagerplatz auswählen	
233.	**-idus, -uus** (-īvus)		
	als Suffix b. Adj.	=> Eigenschaft, Ergebnis	
	z.B.: cúp-idus	begierig	
	contín-uus	zusammenhängend, beständig	
	capt-ī́vus	(kriegs)gefangen	
234.	**ignis,** -is m.	Feuer	
	ferrō ignī́que	mit Feuer und Schwert	
235.	**-(í)bilis, -ilis**		
	als Suffix b. Adj.	=> Möglichkeit, Fähigkeit (-bar, -lich, -wert, -würdig)	*-bel: tolera-bel*
	z.B.: amā́-bilis, -e	liebenswürdig, liebenswert	
	ū́t-ilis, -e	brauchbar, nützlich	
236.	**ille,** illa, illud	jener (dort)	
	illud Catṓnis	jenes berühmte Wort, jener berühmte Ausspruch Catos	
	illīc (Ad.)	dort	
	ōlim (Ad.)	einst	
	Fuit ōlim tempus, cum …	Es gab einmal eine Zeit, als … (da ...)	
	ultrā + Akk.	jenseits, über - hinaus	*ultra-violett, „non plus ultra"*
	ultrā Alpēs	jenseits der Alpen	
	ultrā vīrēs	über seine Kräfte hinaus	
	ultrō (Ad.)	überdies, noch dazu; freiwillig	
	ultérior, -ius	jenseitig	
	ultimus, -a, -um	der entfernteste, letzte	*ultimativ, Ultimatum, „ultima ratio"*

237. **imitā́rī**	nachahmen	*imitieren, Imitation;* ***e.*** *to imitate*
imā́gō, -inis f.	(Ab-)Bild	*„Image", imaginär;* ***e.*** *imagine, imagination*
238. **immō** (Adv.) „Servī sunt! - Immō hóminēs!" *(Seneca)*	im Gegenteil; ja sogar „Sie sind Sklaven! – (Nein) Im Gegenteil: Sie sind Menschen!"	
239. **in** + Akk.	in, nach, auf, gegen (Fr.: wohin?)	
+ Abl.	in, an, auf, bei (Frage: wo?)	*In-land, e. in(-to)*
in urbem redī́re	in die Stadt zurückkehren	
in Ásiam proficīscī	nach Asien aufbrechen	
līberā́lis in cīvēs	freigebig gegen die Mitbürger	
bonō ánimō esse in amī́cum	dem Freund gegenüber gut gesonnen sein	
in septem sapiéntium númerō habḗre	zu den sieben Weisen rechnen	
in futū́rum	für die Zukunft, zukünftig	
magistrātūs in síngulōs annōs creā́re	Beamte auf (für) je ein Jahr wählen	
in urbe vī́vere	in der Stadt leben	
nāvem in áncorīs tenḗre	ein Schiff vor Anker halten	
in terrā pṓnere	auf die (!) Erde legen	
in praeséntiā	im Augenblick, unter den gegenwärtigen Umständen	
in amī́cīs ēligéndīs	bei der Auswahl der Freunde	
inter + Akk.	zwischen, unter; während	*Inter-aktion, inter-national, intern(ieren), Internierungslager, Internist, Internat, Interieur, Inter-net*
inter vīcum et silvam	zwischen dem Dorf und dem Wald	
(médiōs) inter amī́cōs	(mitten) unter Freunden	
inter cēnam	während des Essens	
inter sē	unter sich, untereinander, gegenseitig	
intéreā (Adv.)	inzwischen, unterdessen	
ínterim (Adv.)	inzwischen	*Interims-lösung;* ***e.*** *interim*
intérdum	manchmal, bisweilen	
intrā + Akk.	innerhalb	*intra-muskulär, intra-venös;*
intrā fīnēs	innerhalb der Grenzen, eines Gebiets	
intrā decem annōs	innerhalb von zehn Jahren	
intrā́re	eintreten, betreten	*entern;* ***e.*** *to enter, entrance, entry*
intérior, -ius	der innere	***e.*** *interior*
íntimus, -a, -um	der innerste	*intim, mein „Intimus"*
intus (Adv.)	im Inneren, (nach) innen	*„intus haben"*
240. **in-..., il-..., im-..., ir-...:** **in Zus. mit Verben** z.B.: in-dū́cere	 (hin)ein-..., (hin)auf-..., an-... (hin)einführen, veranlassen	
241. **in-** **in Zus. mit Adjektiven und Substantiven** z.B.: in-cértus in-iū́ria	 => Verneinung, Gegenteil: un- unsicher, ungewiss Unrecht	 *in-offiziell*
242. **inā́nis, -ne**	leer, wertlos	

243. **īnfrā** + Akk.	unterhalb, unter	*infra-rot, Infra-Struktur*
ínferī, -ṓrum	die Unterirdischen	*infernalisch*
ad ínferōs	in die Unterwelt	
apud ínferōs	in der Unterwelt	
ínfimus (īmus), -a, -um	der unterste, niedrigste	
ínfimus mōns	der niedrigste Berg; der niedrigste Teil = der Fuß des Berges	
244. **ínsula,** -ae	„Insel"; Wohnblock	*Insulaner, Isolation, -ator, isolieren;* ***e.*** *isle, island*
245. **inter-...** **in Zus. mit Verben**	(da)zwischen-..., unter-...	
z.B.: inter-cēdere	dazwischengehen	
246. **-iō, -siō, -tiō** **als Suffix b. Subst.**	=> Handlung(sweise)	
z.B.: obsíd-iō, -ōnis	Belagerung	
dēféns-iō, -ōnis	Abwehr, Verteidigung	
247. **īra,** -ae	Zorn	
īrā incénsus	zornentbrannt, im Zorn	
īrātus, -a, -um	erzürnt, zornig	
248. **īre,** eō, iī, itum	gehen	
pédibus īre	zu Fuß gehen	
in senténtiam senātūs īre	sich der Meinung des Senats anschließen	
abíre, ábeō, ~	weggehen	*Abitur(ient)*
magistrātū abíre	von einem Amt zurücktreten	
adíre	herantreten, aufsuchen	
amícum adíre	an den Freund herantreten, sich dem Freund nähern, zu dem Freund gehen	
ōrāculum / senātum adíre	ein Orakel / den Senat aufsuchen, sich an … wenden	
perículum adíre	eine Gefahr auf sich nehmen	
áditus, -ūs	Zugang, Zutritt	
circumíre	herumgehen, umzingeln	
exíre	heraus-, weggehen, ausrücken	
híeme exeúnte	am Ende des Winters	
in pūgnam exíre	in den Kampf ausrücken	
éxitus, -ūs	Ausgang, Ende	*„Exit", „Exitus";* ***e.*** *exit*
iníre	hineingehen; antreten, beginnen	
(in) urbem iníre	in die Stadt einziehen, eintreten, die Stadt betreten	
magistrātum iníre	ein Amt antreten	
próelium iníre	eine Schlacht beginnen	
foedus iníre	ein Bündnis, einen Vertrag schließen	
cōnsílium iníre	einen Plan, einen Entschluss fassen	
aestāte ínitā	nach Sommeranfang	
inítium, -ī	Anfang, Beginn	*Initialen, initiieren, Initiator,*
ab exiguīs inítiīs	von winzigen Anfängen an, aus ...	*Initiative;* ***e.*** *initiative*
interíre	untergehen, umkommen	

	introīre	hineingehen, eintreten	*Introitus*
	obīre	entgegengehen, besuchen; sterben	
	prōvínciam obīre	eine Provinz besuchen	
	negōtium obīre	sich an eine Aufgabe machen	
	(mortem) obīre	sterben	
	perīre	zugrunde gehen, umkommen	*Präteritum*
	praeterīre	vorbeigehen, übergehen	
	urbem praeterīre	an der Stadt vorbeigehen	
	annī praetéritī	die vergangenen Jahre	
	mē práeterit + AcI	es entgeht mir, ich weiß nicht, dass …	
	prōdīre	(her)vortreten, auftreten	
	in pūblicum prōdīre	öffentlich auftreten	
	redīre	zurückgehen, zurückkehren	
	subīre	herangehen, auf sich nehmen	
	montem subīre	an den Berg heranrücken	
	labōrēs subīre	Mühen, Anstrengungen auf sich nehmen	
	súbitō (Adv.)	plötzlich	
	trānsīre	hinübergehen, überqueren	*(in-)transitiv, Transit-Verkehr; e. transit*
	modum trānsīre	das Maß überschreiten	*Itinerarium*
	iter, itíneris n.	Reise, Marsch; Weg	
	iter fácere	eine Reise unternehmen, marschieren	
	iter ūnīus diēī	eine eintägige Reise	
	comitārī	begleiten	*fr. comte; e. count, country*
	comes, cómitis m.	Gefährte, Begleiter	*Komitien*
	comítium, -ī	Versammlungsplatz; Pl.: Volksversammlung	
	comítia habēre	Wahlen abhalten	*Prätur, Prätorianer*
	praetor, -ōris m.	Prätor	*e. sedition*
	sēdítiō, -ōnis f.	Zwist, Aufstand, innenpolitische Wirren	
	ne-quīre, -eō, -īvī, ---	nicht können	
249.	**is,** ea, id	dieser; derjenige	
	id est	das heißt	
	iste, ista, istud	dieser (da)	
	istūc (Adv.)	dahin, dorthin	
	ipse, -a, -um	selbst, persönlich	
	eā ipsā hōrā	gerade in dieser Stunde	
	virtūs ipsa	die Tugend an sich	
	īdem, eadem, idem	derselbe, der gleiche	*identisch, Identität, identifizieren*
	Amīcus idem facit atque / quod tū.	Der Freund tut dasselbe (das Gleiche) wie du.	
	Cicerō erat ōrātor īdémque philósophus.	Cicero war Redner und zugleich (auch), ebenso Philosoph.	
	ibī (Adv.)	dort	
	Ubī bene, ibī pátria.	Wo es mir gutgeht, da ist mein Vaterland.	
	eō (Adv.)	1. dorthin, deswegen; 2. + Komparativ.: desto, umso	

	eō supérbiae prōcēdere, ut eō minus	soweit in seinem Stolz gehen, dass umso weniger	
	eṓdem (Adv.)	ebendahin, ebendort	
	ídeō (Adv.)	deshalb	
	ádeō (Adv.)	so sehr, sogar	
	inde (Adv.)	von da; darauf; daher	
	deínde [dein] (Adv.)	dann; hierauf; daraufhin	
	iam (Adv.)	schon, nun; (+ Fut.) sofort	
	nōn iam	nicht mehr	
	étiam (Adv.)	auch, sogar; (bei Komp.) noch	
	étiam māior	noch größer	
	ita (Adv.)	so	
	quae cum ita sint / essent	unter diesen Umständen (da, obwohl dies so ist / war,)	
	ítaque (Adv.)	deshalb	
	item (Adv.)	ebenso	
	íterum (Adv.)	wiederum, ein zweites Mal	*iterativ, Iteration*
	íterum atque íterum	immer wieder	
250.	**iubḗre,** iúbeō, iussī, iussum + Akk.	befehlen, anordnen	*Jussiv*
	iúbeō tē	ich befehle dir, beauftrage dich	
	Caesar pontem fierī iussit.	Caesar ließ eine Brücke bauen.	
	iussū Cáesaris	auf Befehl Caesars	
251.	**-ium**		
	als Suffix b. Subst.	=> Handlung, Ergebnis	
	z.B.: collóqu-ium	Unterredung, Gespräch	
252.	(con)**iúngere,** -ō, iūnxī, iū́nctum	verbinden, vereinigen	*Junktur, Junktim, Junta, Konjunktion, Konjunktiv, Konjugation;* ***e.*** *join, junction*
	cum hoste foedus iúngere	mit dem Feind ein Bündnis schließen	
	iugum, -ī	Joch, Berg(rücken)	*Quadr-iga*
	exércitum sub iugum míttere	das Heer unter das Joch schicken	
	cóniūnx, -iugis f. / m.	Ehefrau, Gattin / Ehemann, Gatte	
	iūxtā + Akk.	nahe bei, neben	
	iūxtā mūrum	(nahe) bei der Mauer	
253.	**iūs,** iūris n.	Recht	*Jury, Jura, Jurist, Jurisdiktion, Juris-prudenz*
	iūre	mit, zu Recht	
	iūs dī́cere, réddere	Recht sprechen	
	facínoris in iūs vocā́re	wegen des Verbrechens vor Gericht bringen, fordern	
	eṓdem iūre esse quō ánteā	das gleiche Recht haben wie früher	
	iniū́ria, -ae	Unrecht, Beleidigung	*(Verbal-)Injurie;* ***e.*** *injury, to injure*
	hóspitī iniū́riam īnférre	dem Gastfreund ein Unrecht zufügen	
	iniū́riam accípere / férre	Unrecht erleiden / ertragen	
	Summum iūs, summa iniū́ria. *(Cicero)*	Das höchste Recht ist (kann sein) das höchste Unrecht.	

	iūstus, -a, -um iūstítia, -ae iūdicā́re iúvenem idṓneum iūdicā́re iūdex, iū́dicis m. iūdícium, -ī meō iūdíciō iūrā́re per Iovem iūrā́re iūs(-)iūrándum coniūrā́tiō, -ṓnis f.	gerecht, richtig Gerechtigkeit be-, (ver)urteilen, entscheiden; meinen den jungen Mann für geeignet halten Richter Gericht; Urteil, Prozess meiner Ansicht nach schwören bei Jupiter schwören der Eid, Schwur Verschwörung	*just, just-ieren* *Justiz, Justiziar; e. just(ice)* *Judikative; e. judicial* *e. judge* *e. judgement*
254.	**-ius, -a, -um,** (-ā́rius, -ṓrius), **-icus, -(ī́)nus** (-ā́nus) **als Suffix b. Adj.** z.B.: pátr-ius Gáll-icus vīc-ī́nus	=> Herkunft, Zugehörigkeit väterlich, ererbt zum Gallier gehörend, gallisch benachbart	
255.	**iuvā́re,** iúvō, iūvi, iūtum frātrem iuvat cánere deō (ad)iuvánte adiuvā́re (ádiuvō) frātrem adiuvā́re iūcúndus (iōc-), -a, -um	unterstützen, erfreuen den Bruder freut es, dem Bruder macht es Freude, Spaß zu singen mit Hilfe Gottes unterstützen, helfen dem Bruder helfen erfreulich, angenehm	 *Adjutant*
256.	**iúvenis,** -is m. iuvéntūs, -tū́tis f.	junger Mann; Adj.: jung Jugend	*junior; e. juvenile, young*

L

257.	**lābī,** lābor, lāpsus sum	(nieder)gleiten, sinken	*labil, Labilität, Lapsus, „lapsus linguae", Kol-laps, Lawine*
258.	**labōrā́re** id labōrā́re, ut inópiā labōrā́re labor, labṓris m. „Iūcúndī āctī labṓrēs." .. (*Cicero*)	1. arbeiten 2. + Abl.: leiden (an, unter) darauf hinarbeiten, dass (an, unter) Not leiden Arbeit, Anstrengung, Mühe Erledigte Arbeiten sind angenehm. („Nach getaner Arbeit ist gut ruhn.")	*laborieren, Kol-laboration* *Labor(atorium); e. labour, Labour-Party*
259.	**lacéssere,** -ō, -ī́vī, -ī́tum certā́mine lacéssere dēlectā́re Aut prōdésse volunt aut dēlectā́re poḗtae. (*Horaz*)	reizen, herausfordern zum Wettkampf herausfordern erfreuen, unterhalten Die Dichter wollen entweder nützen oder erfreuen.	 *Dilettant(ismus); e. delight*
260.	**lácrima,** -ae multīs cum lácrimīs	Träne unter vielen Tränen	

261.	**lacus,** -ūs	See, Wasserbecken	*Lagune, Lache, Lago Maggiore;* **e.** *lake*
262.	**láedere,** -ō, laesī, laesum	stoßen, verletzen; beleidigen	*lädiert, kol-lidieren, Kollision, E-lision*
263.	**laetus,** -a, -um	Froh; erfreulich, fruchtbar	
264.	**lapis,** lápidis m. lapídeus, -a, -um	Stein aus Stein, steinern	*lapidar, Lapis-lazuli*
265.	**largī́rī**	schenken	*largo, larghetto*
266.	**latḗre,** láteō, -uī, ---	verborgen sein	*latent, Latenz-zeit*
267.	**lātus, -a, -um**	breit, ausgedehnt	*Lati-fundien, Di-latation*
268.	**lătus,** láteris n. hostēs (ab) apértō látere ággredī	Seite, Flanke die Feinde an der offenen Flanke angreifen	*multi-, bi-lateral;* **e.** *lateral*
269.	**laudā́re** laus, laudis f. Cōnsul laudem sibi péperit.	loben Lob, Ruhm Der Konsul hat sich Ruhm erworben.	*Laudatio* *„summa cum laude"*
270.	**lectus,** -ī	Bett; Liege, Speisesofa	
271.	**légere,** -ō, lēgī, lēctum óptimōs in senā́tum légere collígere, cólligō, ~ dēlígere dē-, dīlḗctus, -ūs dīlḗctum habēre ēlígere dīlígere, dī́ligō, dīléxī, dīlēctum Dīléxī iūstítiam, ergō mórior in exíliō. dī́ligēns, -éntis intellégere, ~ neglégere, ~ auctōritā́tem senā́tūs neglégere néglegēns offíciī légiō, legiṓnis f.	lesen, auswählen, sammeln die Besten in den Senat wählen sammeln (aus)wählen Auswahl; Musterung, Aushebung eine Musterung durchführen (aus)wählen hoch schätzen, lieben Ich habe die Gerechtigkeit geliebt, also sterbe ich in der Verbannung. sorgfältig, gewissenhaft einsehen, verstehen vernachlässigen, missachten das Ansehen des Senats gering schätzen, ignorieren pflichtvergessen Legion *(Normstärke: 6000 Mann)*	*Lektor, Lektion, Lektüre, Legende, legendär, Se-lektion, Sakri-leg;* **e.** *lecture* *Kollekte, Kollektion, kollektiv* *elegant, Eleganz, Elite, elitär;* **e.** *election* *intelligent, Intelligenz, Intellekt, intellektuell* *Negligé;* **e.** *neglect* *Legionär, Fremden-legion*
272.	**leō,** leṓnis m.	Löwe	*„Leu", Lions Club*
273.	**levā́re** cómitem ónere levā́re in ā́era sē levā́re levis, -ve	erleichtern, lindern; (er)heben dem Gefährten die Last abnehmen sich in die Lüfte erheben leicht (zu tragen); leichtsinnig	*(ir)re-levant, Re-levanz, Re-lief, Levante*

274. **lēx,** lēgis f lēgēs duódecim tabulārum lēgem ferre lēgem rogāre lēgem abrogāre hostī lēgēs pācis dīcere ea lēge (condiciōne), ut ... lēgātus, -ī collēga, -ae m.	Gesetz(esantrag), Bedingung die Zwölftafelgesetze ein Gesetz (beim Senat) einbringen ein Gesetz (beim Volk) beantragen ein G. (durch Volksbeschluss) abschaffen dem Feind die Friedensbedingungen diktieren unter der Bedingung, dass ... Gesandter; Unterfeldherr Amts-„kollege"	*Legis-lative, Legis-laturperiode, legal-isieren, (Il-)Legal-ität, (il)legal, Legiti-mation, (il)legitim;* ***e.*** *legal, legitimate, legis-lation* *Legat, (De)Legation;* ***e.*** *legation* *Kollegium, kollegial, Kollegi-alitäts-Prinzip;* ***e.*** *colleague*
275. **liber,** librī libéllus, -ī	Buch Büchlein; Verzeichnis	*Libretto;* ***e.*** *library*
276. **līberāre** pátriam perīculīs līberāre līber, -a, -um līber (ab) omnī metū līberē cōnfitērī / vīvere līberī, -ōrum cóniugēs ac līberī lībertīnus, -ī lībértās, -tātis f. līberālitās, -tātis f.	befreien das Vaterland von Gefahren befreien frei(mütig) frei von jeder Furcht freimütig bekennen / ausschweifend leben Kinder Frauen und Kinder Freigelassener Freiheit(sliebe) Freigebigkeit, edle Gesinnung	*Libero, liefern, Lieferant, Livree;* ***e.*** *to de-liver* *Liberia* ***e.*** *liberty,* ***fr.*** *Liberté* *liberal, Liberalismus*
277. **(libet)** libénter (Adv.) (libéntius, libentíssimē) libīdō, -inis f. libīdō imperándī	(es beliebt) gern, bereitwillig Begierde, Lust; Willkür Herrschsucht	 *„Libido"*
278. **licēre,** -eō, -uī licet tibi licet domum abīre „Quod licet Iovī, nōn licet bovī." pollicērī, pollíceor, pollícitus sum	erlaubt sein, möglich sein man darf, kann) du darfst nach Hause gehen Was Jupiter erlaubt ist, ist nicht jedem (Rindvieh, Ochsen) erlaubt. versprechen	*Lizenz;* ***e.*** *licence*
279. **līmen,** līminis n. līmes, līmitis m.	Schwelle Grenze, Grenzwall	*e-liminieren, Eliminierung, Prä-liminarien, sub-lim* *Limes, Limit, limitieren;* ***e.*** *(to) limit*
280. **lingua,** -ae	Zunge; Sprache	*Linguist(ik), bi-lingual*
281. **(línquere)** relínquere, -ō, relīquī, relíctum domum propínquōsque relínquere cōnsulem relínquere relínquitur, ut ...	(verlassen) zurücklassen, verlassen Haus und Verwandtschaft verlassen den Konsul im Stich lassen es bleibt noch übrig, dass ...	 *Relikt;* ***e.*** *to relinquish*

réliquus, -a, -um in réliquum (tempus) Nihil réliquī est nisī fuga.	übrig, künftig für die Zukunft Es bleibt nichts übrig als die Flucht.	*Reliquie(n); **e.** relics*
282. **líttera,** -ae líttera e, -ā́rum litterās dare ad mātrem sē litterīs trádere, dédere	Buchstabe Schrift, Brief, Wissenschaften, Literatur einen Brief an die Mutter schicken sich den Wissenschaften widmen, sich mit den Wissenschaften beschäftigen	*Literat(ur), literarisch, Lettern, Al-literation, Belletristik; **e.** letter, literature*
283. **lītus,** lī́toris n.	Küste, Strand	*Lido*
284. **lŏcus,** -ī loca, -ṓrum (locī, -ṓrum locum sēdī dēlígere in ūnum locum convenī́re (in) apértō locō aequō, inī́quō locō loca superiṓra óbsidum locō equéstrī locō nātus collocā́re státuam in forō collocā́re	Ort, Platz, Stelle; Rang; Orte, Plätze, Gelände die Stellen in Büchern) einen Platz für einen Wohnsitz auswählen an einem Ort zusammenkommen in offenem Gelände an günstiger, ungünstiger Stelle, auf einem ...-gen Gelände höher gelegene Orte, Anhöhen als Geiseln („an Stelle von“ G.) aus dem Ritterstand aufstellen, errichten, unterbringen eine Statue auf dem Forum aufstellen	*Lokal(ität), lokal, lokalisieren, Lokativ, Loko-motive; „locus communis“ **e.** local*
285. **longus,** -a, -um Longum est ómnia narrā́re. longē (Adv.) longē lātḗque longē fortíssimus	„lang“, weit Es würde zu weit führen alles zu erzählen. weit(hin), bei weitem weit und breit bei weitem der Tapferste	*pro-longieren; **e.** long*
286. **loquī,** -or, locū́tus sum apud pópulum loquī Latī́nē loquī cólloquī	reden, sprechen vor dem Volk sprechen lateinisch sprechen sich unterhalten	*e-loquent, E-loquenz* *Kolloquium; **e.** colloquy*
287. **lū́dere,** -ō, lūsī, lūsum lūdus, -ī lūdīs illū́dere	spielen, scherzen Spiel; Schule zur Zeit der Spiele verspotten	 *Prä-ludium* *Illusion, illusorisch; **e.** illusory*
288. **lupus,** -ī	Wolf	*Lupine*
289. **lūx,** lūcis f. lūce prīmā lūce lūce ortā sub / ante lūcem in lūcem lūmen, lū́minis n. lū́mina āmíttere lūna, -ae	Licht, Tageslicht am hellen Tag bei Tagesanbruch, im Morgengrauen nach Tagesanbruch gegen / vor Tagesanbruch in den hellen Tag hinein Licht; Auge(nlicht) das Augenlicht verlieren Mond	*„Lux“, il-lustrieren, Il-lustrierte, Il-lustration, Luzi-fer* *il-luminieren, Il-lumination, Lumin-eszenz* *„Laune“; **e.** lunar*
290. **luxúria,** -ae luxúria atque avārítia	„Luxus“, Verschwendungssucht Genusssucht und Habgier	*luxuriös; **e.** luxury*

M

291.	**(maestus)**	(traurig, betrübt)	
	míser, -era , -erum	elend, unglücklich; arm	*miserabel*
	miséria, -ae	Unglück, Elend	*Misere; **e.** Misery*
292.	**māgnus,** -a, -um	groß, bedeutend	*Magnum, Magnat, Carolus Magnus*
	māgnī esse	viel wert sein	
	māgnī fácere, dūcere	für wertvoll achten, ansehen	
	māgnā vōce loquī	mit lauter Stimme sprechen	
	māgnīs itinéribus prōcḗdere	in Eil-, Gewaltmärschen vorrücken	
	māgnitū́dō, -inis f.	Größe	***e.** magnitude*
	māgnitū́dō ánimī	hohe Gesinnung, Geistesgröße, menschliche Größe	
	māgníficus, -a, -um	prächtig, herrlich	*Magnifikat, Magnifizenz; **e.** magnificent*
	magis (Adv.)	mehr, eher	
	eō magis conténdere, quod	sich um so mehr anstrengen, als	
	magíster, -trī	Leiter, Lehrer	*Magister, Meister, Mätresse, Mistral; **e.** mister, mistress*
	magistrā́tus, -ūs	Amt; Beamter	*Magistrat; **e.** magistrate*
	magistrā́tūs et impéria	zivile und militärische Ämter, Beamten- und Offizierstellen	
	magistrā́tum gérere	ein Amt bekleiden, ausüben	
	māior, -ius	größer	*„Meier", Major, Major-ität, Majestät, Majus-kel; Lago Maggiore; **e.** major, mayor*
	māior nātū	älter	
	frāter (frātrum) māior (nātū)	der ältere Bruder	
	māiṓrēs, -um m.	Vorfahren	
	ā pátribus et māiṓribus díscere	von den Vätern und Vorfahren lernen	
	mā́ximus, -a, -um	größter, bedeutendster	*maximal, Maximum, Maxime, Maximilian*
	mā́ximē (Adv.)	am meisten, besonders	
293.	**malus,** -a, -um	schlecht, schlimm, böse	*Mal-heur, Male-fiz, Mal-aria, malade*
	malum, -ī	Schlechtes, Übel, Leid	
294.	**manḗre,** máneō, mānsī, mānsū́rus	bleiben, (er)warten	*im-manent, Mes-ner, Mena-ge(rie); **e.** mansion*
	ad nostram memóriam manḗre	bis in unsere Zeit an-, fortdauern	
	amī́cī advéntum manḗre	die Ankunft des Freundes erwarten	
	permanḗre	fortdauern, ausharren	*per-manent, Permanenz*
	remanḗre	(zurück)bleiben	*remanent; **e.** remain*
295.	**manus,** -ūs f.	Hand; Schar („eine Handvoll"), Mannschaft	*manuell, Manual, Manieren, Manager, E-man-zipation, Manu-skript*
	opus suā manū perfícere	das Werk eigenhändig ausführen	
	cum parvā manū revértī	mit einer kleinen Schar zurückkehren	
	mandā́re	übergeben, anvertrauen; (be)auftragen	*Man-da(n)t, kom-mandieren, Kom-mando*
	cármina lítterīs mandā́re	die Gedichte schriftlich aufzeichnen	

versūs memóriae mandā́re	die Verse auswendig lernen; der Nachwelt überliefern	
mandā́ta	die Aufträge	
296. **mare,** maris n.	Meer	*Marine, marinieren, Marinade, maritim, sub-marin*
terrā marī́que	zu Wasser und zu Land	
297. **marmor,** mármoris n.	Marmor	*marmorieren;* ***e.*** *marble*
298. **māter,** -tris f.	Mutter	*Matrone, Matri-archat, Immatri-kulation, Matrize*
mātéria, -ae	(Grund-)Stoff, (Bau-)Holz; Ursache	*Materie, Material, Materialismus, materialistisch, materiell;* ***e.*** *matter*
mātériam cáedere	Bauholz fällen	
299. **médius,** -a, -um	mittlerer, in der Mitte (von)	*Medium, medi-terran, Intermezzo, Milieu;* ***e.*** *media(l); „in medias res" gehen*
média urbs	die mittlere Stadt, die Mitte der Stadt	
médiam per urbem	mitten durch die, durch die Mitte der Stadt	
médiā aestā́te	mitten im Sommer	
médium cursum tenḗre	den Mittelweg einhalten	
rem in médiō relínquere	eine Sache unentschieden, in der Schwebe lassen	
300. **membrum,** -ī	Glied, (Körper-)Teil	*Membran(e);* ***e.*** *member*
301. **memorā́re**	erwähnen, berichten	*memorieren, Memorandum*
memorā́-bilis, -e	denkwürdig	*Memorabilien;* ***e.*** *memorable*
memor, mémoris	eingedenk, sich erinnernd an	
memor prīscae virtū́tis	in Erinnerung an die frühere Tapferkeit	
Beneficiī memor sum.	Ich erinnere mich, denke an die Wohltat.	
memória, -ae	Gedächtnis, Erinnerung; Zeit	*Memoiren, Memory,* ***e.*** *memory, memorial*
memória tuī	die Erinnerung an dich	
facta memóriae mandā́re	sich Tatsachen einprägen; T. überliefern	
facta memóriā tenḗre	die Tatsachen im Gedächtnis haben, behalten	
facta memóriā repétere	die Tatsachen ins Gedächtnis zurückrufen	
memóriae prṓditum, trā́ditum est (+ AcI)	es ist (geschichtlich) überliefert (dass)	
tuā, vestrā memóriā	zu deiner, euerer Zeit	
patrum memóriā	zur Zeit der Väter	
post hóminum memóriam	seit Menschengedenken	
302. **(Stamm „men-")**		
meminísse (nur Perf.)	gedenken, sich erinnern	*„Memento"*
amīcṓrum meminísse	der Freunde gedenken, sich an die Freunde erinnern, an die Freunde denken	
multa / id meminísse	sich an vieles / daran erinnern	
mēns, mentis f.	Geist, Verstand; Gesinnung	*Mentalität, mental, kom-mentieren, Kom-mentar, Kommentator, Minne;* ***e.*** *mental*
sānae mentis esse	bei gesundem Verstand sein, gesunden Menschenverstand besitzen	
mihi in mentem Cicerōnis venit	es kommt mir Cicero in den Sinn, fällt mir ... ein, ich erinnere mich an Cicero	
hāc mente ágere	in dieser Absicht (ver)handeln	
āmēns, āméntis	töricht, wahnsinnig	
mentī́rī, méntior, mentī́tus sum	lügen, ersinnen	*de-mentieren, De-menti*

	monḗre, móneō, -uī, -itum	(er)„mahnen“, (+ nē) warnen	*monieren, Monitor, (Moneten, Münze); **e.** (to) monitor*
	Monēs nōs, ut / nē vērum dīcā́mus.	Du ermahnst uns / Du warnst uns, die Wahrheit zu sagen.	
	admonḗre	ermahnen, erinnern	
	cīvēs id / dē virtū́te prīscā monḗre	die Bürger daran / an die frühere Leistung erinnern	
	monuméntum, -ī	Denkmal, Grabmal	*Monument, monumental*
	mōnstrā́re	zeigen	*Monstranz, Monster, monströs, Muster, muster-gültig, mustern*
	dēmōnstrā́re	aufzeigen, beweisen	*demonstrieren, -strativ, Demonstrant, -stration, Demonstrativ-Pronomen; **e.** demonstrate*
	Quod erat dēmōnstrándum.	Was zu beweisen war.	
	morā́rī	verweilen, (sich) aufhalten	*Moratorium*
	apud amī́cum moror amī́cum moror	ich halte mich beim Freund auf ich halte den Freund auf	
	mora, -ae	Verzögerung, Aufschub	
	perī́culum in morā	Gefahr im Verzug	
303.	**-men, -méntum** **als Suffix b. Subst.**	=> Mittel, (damit) Entstandenes	
	z.B.: certā́-men, -inis	Wettstreit, Kampf	
	monu-méntum	Denkmal („Mahnmal“)	
304.	**mēnsis,** -is m.	„Monat“	*Menstruation, Se-mester*
	mēnse Augústō	im (Monat) August	
305.	**merḗre,** méreō, -uī, -itum	verdienen	*e-meritieren*
	stīpéndia merḗre	Kriegsdienst leisten, als Soldat dienen	
	merḗrī, -eor, -itus sum	sich verdient machen (um)	
	bene (óptimē) merḗrī (merḗre) dē rē pū́blicā	sich um den Staat (sehr, besonders) verdient machen	
	méritō (Adv.)	nach Verdienst, zu Recht	
	méritum, -ī	Verdienst	*Meriten; **e.** merit*
306.	**(merx, -cis)**	(Ware)	
	mercā́tor, -tṓris m.	Kaufmann	*merkantil; **e.** merchant*
307.	**metállum,** -ī	Metall, Bergwerk	***e.** metal(lic)*
308.	**mētī́rī,** mḗtior, mēnsus sum	messen	*Mensa, Mensur, Di-mension, (in-kom-)mensurabel, im-mens*
	ómnia ūtilitā́te mētī́rī	alles nach dem Nutzen bemessen	
309.	**metúere,** métuō, -uī, ---	(sich) fürchten	
	métuō, nē cadās	ich fürchte, dass du hinfällst	
	metus, -ūs	Furcht	
	metū mortis carḗre	keine Todesfurcht haben	
310.	**meus,** -a, -um	mein	
311.	**mīles,** mī́litis m.	Soldat, Krieger	*militant, Kom-militone*
	mīlítia, -ae	Kriegsdienst	*Miliz*
	domī mīlitiáeque	im Krieg und im Frieden	

	mīlitā́ris, -re	soldatisch, militärisch, Kriegs-	*militärisch, Militär, Milita-rismus;* ***e.*** *military*
	rēs mīlitā́ris	Kriegswesen	
312.	**mīlle** (indekl.)	tausend	*Million(är), Milliarde, Milli-meter, -gramm, Mill-ennium, Pro-mille, Meile(r);* ***e.*** *mile*
	mī́lia, -ium	Tausende	
	duo mī́lia pássuum	zwei Meilen (zweitausend Doppelschritte)	
313.	**minā́rī**	(an)drohen	
	imminḗre, -míneō, -uī	hineinragen, drohen(d bevorstehen)	
	Mors mihi cottī́diē ímminet.	Täglich droht mir der Tod.	
	mōns, montis m.	Berg	*Mont Blanc, Mountain-bike, Montan-industrie, montie-ren, Montage;* ***e.*** *mount*
	sub monte situm esse	am Fuße des Berges liegen	
	summus mōns	der Gipfel des Berges (der höchste Berg)	
314.	**minor,** -us	kleiner, geringer	*Minorität, Minuskel;* ***e.*** *minor*
	minor nātū	jünger	
	paucīs annīs minor	wenige Jahre jünger	
	minṓris esse	weniger wert sein	
	minus (Adv.)	weniger	*„Minus"*
	minus témporis	weniger Zeit	
	mínimus, -a, -um	kleinster, geringster	*Minimum, minimal, Minimalist*
	mínimē (Adv.)	am wenigsten, überhaupt nicht	
	P IQ-ere, mínuō, -uī, minū́tum	(ver)mindern	*Minuend, Minute, Menu(ett), Di-minutiv-form*
	nimis (Adv.)	(all)zu sehr, zu viel	
	nimis labṓris	zu viel Anstrengung	
	nímius, -a, -um Adv.: nímium	zu groß, zu viel, übermäßig	
	Ï mnia nímia in con-trā́ria convertúntur.	Jegliches Übermaß schlägt ins Gegenteil um.	
	minístér, -tri	Diener	*Minister(iale), Ministrant*
	ministérium, -ī	Dienst, Aufgabe	*Ministerium;* ***e.*** *minister(y)*
	administrā́re	verwalten, verrichten	*administrativ, Administrator, Administration*
	in prōvínciā admini-strándā	bei der Verwaltung der Provinz	
315.	(ad)**mīrā́rī**	sich wundern, bewundern	*Mirakel;* ***e.*** *miracle*
	mīror artēs Graecṓrum	ich bewundere die Künste der Griechen	***e.*** *to admire*
	mīror errṓrem aliṓrum	ich wundere mich über den Irrtum der anderen	
	admīrātiō, -ṓnis f.	Bewunderung	***e.*** *admiration*
	mīrus, -a, -um	wunderbar, sonderbar	
	mīrum in modum	auf wunderbare Art und Weise	
316.	**miscḗre,** mísceō, -uī, mixtum	Mischen; verwirren	*mixen, Mixer, Mixtur, Mixed-Doppel, Mestize, (grau-)me-liert;* ***e.*** *to mix, mixture*
	vīnum aquā mixtum	mit Wasser vermischter Wein	
317.	**míttere,** -ō, mīsī, missum	gehen lassen, schicken; werfen	*Mission, Messe, Kir-mes*
	lēgā́tōs dē pāce míttere	wegen Friedensverhandlungen Gesandte schicken	
	auxíliō míttere	zu Hilfe schicken	

	āmíttere	verlieren, aufgeben	
	occāsiṓnem āmíttere	eine Gelegenheit verpassen	
	admíttere	zulassen	*e. admit, admission*
	iúvenem ad collóquium admíttere	den jungen Mann zum Gespräch hinzuziehen	
	committere	1. + Akk.: zustande bringen; 2. + Dat. (+Akk.): anvertrauen	*Kommission, Kommissar, (Zentral-)Komitee;*
	próelium commíttere	eine Schlacht liefern, beginnen	*e. to commit, committee,*
	scelus, fácinus commíttere	ein Verbrechen ausführen, begehen	*commission*
	salū́tem cṓnsulī commíttere	dem Konsul die Rettung anvertrauen	
	dēmíttere	hinabschicken, herablassen	*Demission*
	lácrimās dēmíttere	Tränen vergießen	
	óculōs dēmíttere	die Augen senken	
	cápite dēmíssō	mit gesenktem Haupt	
	dīmíttere	entlassen; aufgeben	*dimittieren, Dimission*
	lēgā́tōs domum dīmíttere	die Gesandten nach Hause schicken	
	omíttere	aufgeben, übergehen	*e. to omit*
	occāsiṓnem omíttere	eine Gelegenheit ungenutzt lassen	
	permíttere	überlassen, erlauben, gestatten	*permissiv, Permission;*
	praetermíttere	vorübergehen lassen	*e. (to) permit, permission*
	occāsiṓnem suī līberándī praetermíttere	die Gelegenheit, sich zu befreien, vorübergehen lassen	
	prōmíttere	versprechen	*kom-promittieren, Kompromiss; e. promise*
	Prōmī́sit sē ventū́rum esse.	Er versprach zu kommen.	
	remíttere	zurückschicken, nachlassen	*Remittende(nexemplar)*
	ánimum remíttere	den Geist sich erholen lassen	
	ventus remíttit	der Wind lässt nach, nimmt ab	
318.	**modus,** -ī	Maß; Art und Weise	*Modus (vivendi), Mode, modisch, modern, Modalität, Model(l), Modul(ation), modifizieren, -fikation; e. mode*
	modum habḗre, adhibḗre	Maß halten, sich beschränken	
	eius modī morbī	derartige Krankheiten	
	hōc modō	auf diese (Art und) Weise	
	ōrātṓris modō	nach Art eines Redners	
	modo (Adv.)	eben (noch); nur; bald	
	Amī́cus modo vḗnerat.	Der Freund war eben gekommen.	
	nōn modo - sed étiam	nicht nur - sondern auch	
	modo plūs, modo minus	bald mehr, bald weniger	
	quṓmodo (Adv.)?	wie?	
	quemádmodum? (Adv.)	auf welche Weise, wie?	
	cómmodus, -a, -um	bequem, günstig; angemessen	*kommod*
	cómmodum, -ī	Vorteil	
	médicus, -ī	Arzt	*Dr. med., Medikament, medikamentös, Medizin;*
	medicī́na, -ae	Heilmittel	*e. medical, medicine*
	medicī́na dolṓris	ein Heilmittel gegen den Schmerz	
319.	**moléstus,** -a, -um	lästig, beschwerlich	*e. to molest*
320.	**mollis,** -le	weich(lich); mild	*mollig, Moll*

321. **morī,** morior, mortuus sum	sterben	
Meméntō morī!	Denk daran, dass du sterben musst!	
mórtuus, -a, -um	tot	
Dē mórtuīs nīl nisī bene!	Über Tote (darf man) nur Gutes (sagen)!	
Sṓcrate mórtuō	nach dem Tod des Sokrates	
mors, mortis f.	Tod	*„Mord", a-mortisie-ren*
(mortem) obī́re	sterben	
Mors certa, hōra incérta.	Der Tod ist gewiss, seine Stunde ungewiss.	
mortā́lis, -le	sterblich; subst.: Mensch	*Mortalität, Salto mortale;* ***e.*** *mortal, mortal(ity)*
immortā́lis, -le	unsterblich; subst. Pl.: Götter	*Immortelle (Pflanze)*
Per deōs immortā́lēs!	Bei den unsterblichen Göttern!	
morbus, - ī	Krankheit	*morbid*
morbō gravī áfficī	schwer erkranken	
322. **mōs,** mōris m.	Sitte, Brauch	*Moral(ist), moralisch, (de-) moralisieren;* ***e.*** *moral(ity)*
mōrēs, mōrum	Sitten, Charakter	
mōre māiṓrum	nach der Sitte, Art der Vorfahren	
dóminō mōrem gérere	dem Herrn zu Willen sein, sich dem Herrn fügen	
323. **movḗre,** móveō, mōvī, mōtum	bewegen	*motorisch, Motor, motivieren, Motiv(ation), Meute, Mob, Mobile, Mobil-machung, Mobiliar, Möbel, Im-mobilie, Lokomotive, Auto-mobil, Mo-ped;* ***e.*** *(to) move, motion, movement*
ánimum amī́cī movḗre	den Sinn des Freundes ändern, den Freund umstimmen	
virum quendam (dē) senātū movḗre	einen bestimmten Mann aus dem Senat ausschließen, ausstoßen	
rīsum movḗre	Gelächter hervorrufen	
paréntēs bonīs factīs movḗre	die Eltern durch gute Taten beeindrucken, begeistern, beeinflussen	
com-, permovḗre	heftig bewegen, erregen, veranlassen	
removḗre	entfernen, wegschaffen	***e.*** *to remove*
mōtus, -ūs	Bewegung, Erregung	*E-motion, Pro-motion, Moment*
mōtus terrae	Erdbeben	
mōtūs ánimī	Gefühlsbewegungen, innere Erregung	
324. **mox** (Adv.)	bald; später	
325. **múlier,** -eris f.	(Ehe-)Frau	
326. **multā́re**	bestrafen	
exíliō multā́re	mit Verbannung bestrafen	
327. **multus,** -a, -um (Adv.: multum)	viel	*multi-plizieren, Multi-plikator, Multi-millionär, multikulturell;* ***e.*** *multiple choice*
multum témporis	viel Zeit	
multō māior	viel größer	
multō diē / multā nocte	spät am Tag / tief in der Nacht	
Multum, nōn multa!	Viel, nicht vielerlei (Klasse, nicht Masse)!	
multitū́dō, -inis f.	große Zahl, Menge; Übermacht	
mélior, -ius	besser	*Melioration (des Bodens)*
mélius (Adv.)	besser; lieber	***e.*** *to a-meliorate*
328. **mundus,** -ī	Welt, Weltall	*mondän*

329.	**mūnī́re** viam mūnī́re sē mūnī́re mūnī́tiō, -ṓnis f. mūrus, -ī mœ́nia, -ium n.	befestigen, sichern eine feste Straße anlegen, bauen sich verschanzen Schanzarbeit, Befestigung „Mauer" (Stadt-)Mauern	 *Munition* *„Maurer"*
330.	**mūnus,** mū́neris n. mū́nere fungī nepṓtī equum mū́nerī dare commū́nis, -ne salūs commū́nis iūs géntium commū́ne iūs ómnium (ómnibus) commū́ne	Aufgabe, Amt; Geschenk ein Amt bekleiden, innehaben dem Enkel ein Pferd als Geschenk geben gemeinsam, allgemein das Gemeinwohl allgemeines Völkerrecht ein allen gemeinsames Recht	*im-mun(isieren), Im-munität* *kommunal, Kommune, Kommunismus, Kommunion, Exkommuni-kation, kommunizieren, Kommunikationsmittel;* **e.** *common, community*
331.	**mūtā́re** ánimum mūtā́re „Témpora mūtántur, nōs et mūtāmur in illīs."	ändern, (ver)tauschen, verwandeln seine Gesinnung ändern „Die Zeiten ändern sich und wir ändern uns mit ihnen."	*mutieren, Mutation, sich mausern, Mauser(ung)*
		N	
332.	**nam** enim (nachgest.)	denn, nämlich; sicherlich nämlich, denn	
333.	**nancī́scī,** -or, na(n)ctus sum	erhalten, erreichen	
334.	**nāvigā́re** nāvis, -is f. nāvis longa / onerā́ria nāvem sólvere nāvem sub-dū́cere nauta, -ae m.	segeln, mit dem Schiff fahren Schiff Kriegsschiff / Lastschiff auslaufen, ablegen, in See stechen ein Schiff an Land ziehen Seemann, Matrose	*Navigation, navigieren; (vergl.* **gr.***) Nautik, nautisch;* **e.** *to navigate, navigation, navy, nautical* *Astro-naut, Kosmo-naut*
335.	**nē** Nē léviter agā́mus! Nē timúeris / timuéritis! nē quis / quid + Konj. Vidē, nē ignā́vē agās! Impédiō / tímeō, nē stultē agās. neque, nec neque – neque nihil/nīl níhilō minus (níhilō sḗtius)	1. Verneinung bei Aufforderung oder Wunsch: nicht 2. + Konj.: damit nicht, dass nicht *nach Ausdrücken des Fürchtens und Hinderns:* dass Wollen wir nicht leichtsinnig handeln! Fürchte dich / fürchtet euch nicht! dass, damit niemand / nichts … Sieh zu, dass du nicht feige handelst! Ich verhindere / fürchte, dass du töricht handelst. und nicht, auch nicht, aber nicht weder – noch nichts nichtsdestoweniger, trotzdem	 *Nihilist, Nihilismus;* **e.** *nil*

negā́re	verneinen, verweigern, leugnen, (bei AcI) behaupten, dass nicht	*negieren, Negation, negativ, (Film-)Negativ*
336. **-nĕ (Fragepartikel)** Fuistī́ne herī in theā́trō? Quaerō ex tē, fuerísne in theā́trō.	1. dir. Satzfrage: <u>un</u>übersetzt (!) 2. indir. Satzfrage: ob Warst du gestern im Theater? Ich frage dich, ob du im Theater gewesen bist.	
-ne ... an / necne Fuistī́ne herī in theā́trō an nōn? Quaerō ex tē, fuerísne in theā́trō necne (an nōn).	(ob) --- ... oder / oder nicht Warst du gestern im Theater oder nicht? Ich frage dich, ob du im Theater gewesen bist oder nicht.	
nōnne Nōnne herī in theā́trō fuistī? Quaerō ex tē, nōnne in theā́trō fúeris.	(in)dir. Satzfrage: (ob) nicht Warst du gestern (etwa) nicht im Theater? Ich frage dich, ob du nicht im Theater gewesen bist.	
337. **necā́re**	töten	*per-niziös*
338. **nepōs,** nepṓtis m.	Enkel	*Nepotismus, Neffe;* **e.** *nephew*
339. **niger,** -gra, -grum	schwarz, dunkel	*Neger, negroid;* **e.** *negro*
340. **nītī,** -or, nīsus (nīxus) sum cōnsíliō nītī summā ope nītī (ut ...) ad glṓriam nītī	1. + Abl.: sich stützen (auf); 2. + ad, in + Akk. / ut: streben sich auf einen Rat stützen sich mit aller Kraft bemühen (dass ...) nach Ruhm streben, auf R. hinarbeiten	*re-nitent, Re-nitenz*
341. **nocḗre,** nóceō, -uī	schaden	*In-nozenz;* **e.** *innocent*
342. **nōminā́re** patrem iūstum nōminā́re	(be)nennen den Vater gerecht nennen	*nominieren, Nominativ, re-nommiert, Re-nom-mee*
nōmen, nṓminis n. Tibi nōmen Gā́ius (Gā́iō) est. cognṓmen, -minis n.	Name Du hast den Namen Gaius, heißt Gaius. Beiname	*(Pro-)Nomen, nominal, Nomi-nal-formen, -wert, nominell, Nomen-klatur;* **e.** *name*
343. **nōn** nōndum	nicht noch nicht	*e. no*
344. **nōs** nēmō nostrum	wir; (Akk.) uns keiner von uns	
noster, -stra, -strum Nostrum est salū́tī commū́nī cōnsúlere.	unser Unsere Aufgabe ist es, für das Gemein-wohl zu sorgen.	*Pater noster, Notre Dame*
345. **nṓscere,** -ō, nōvī, nōtum Nōsce tē ipsum!	kennen lernen Erkenne dich selbst!	
nōvísse	kennen, wissen	*„Know-how"*
cognōscere Vōs (cog)nṓvī virōs fortēs.	(an)erkennen Ich kenne euch als tapfere Männer.	*kognitiv, in-kognito*
īgnōrā́re nōn / haud īgnōrā́re	nicht kennen, nicht wissen wohl wissen, genau kennen	*ignorieren, Ignorant, -ranz;* **e.** *to ignore*
nōtus, -a, -um	bekannt	*notorisch*
īgnṓtus, -a, -um	unbekannt	

nṓbilis, -e	berühmt; vornehm, adelig	*nobel, Nobel-hotel; **e.** noble*
nōbilíssimī cīvitā́tis	die vornehmsten Bürger des Staates	
nōbílitās, -tā́tis f.	Berühmtheit; vornehme Abstammung, Adel	*Nobilität, Noblesse; **e.** nobility*
coniūrā́tiō nōbilitā́tis	eine Verschwörung unter dem Adel	
narrā́re	erzählen („kundtun“)	*narrativ; **e.** to narrate, narrative, narrator*
nota, -ae	Merkmal, Zeichen; Rüge	*Note, notieren, Notiz(buch), Notar(iat), „nota bene!“; **e.** (to) note, notice*
notae scéleris	Zeichen eines Verbrechens	
nota cēnsṓria	die Rüge durch den Zensor	
346. **novem**	neun	*November, Novene*
nōnus, -a, -um	der neunte	
347. **novus,** -a, -um	neu, ungewöhnlich	*Novum, Novität, Novize, Novelle; **e.** new(s), news-paper*
homō novus	ein Emporkömmling („Neuling“)	
novīs rēbus studḗre	nach Änderung der Verhältnisse streben, auf einen Umsturz aus sein	
renovā́re	erneuern	*renovieren; **e.** to renovate*
348. **nox,** noctis f.	Nacht	*Äqui-noktien; **e.** night*
médiā nocte	um Mitternacht	
diē ac nocte	bei Tag und Nacht	
nocte, noctū (Adv.)	in der Nacht, nachts	
noctúrnus, -a, -um	nächtlich	*Notturno, nüchtern; **e.** nocturnal*
349. **(nūbere)**	(heiraten)	
cōnū́bium, -ī	Ehe(bund), Eherecht	
350. **nūdus,** -a, -um	nackt, entblößt	*Nudist; **e.** nude*
nūdō córpore pūgnā́re	mit ungedecktem Körper, ohne Schild kämpfen	
351. **num**	1. dir. Satzfrage: etwa 2. indir. Satzfrage: ob	
Num herī in theā́trō fuistī?	Warst du gestern etwa im Theater?	
Quaerō ex tē, num in theā́trō fúeris.	Ich frage dich, ob du im Theater gewesen bist.	
nunc	jetzt, „nun“ (aber)	
nūper	neulich, vor kurzem	
352. **nūmen,** nū́minis n.	göttliche Macht, Gottheit	*numinös*
nū́mine deṓrum regī	sich vom Willen der Götter leiten lassen	
353. **numerā́re**	zählen; rechnen (zu)	*nummerieren, Nummer(ierung)*
mortem in malīs numerā́re	den Tod zu den Übeln zählen	
númerus, -ī	(An-)Zahl, Menge	*Numerus clausus; Numerale, numerisch; **e.** number*
Solṓnem (in) sapiéntium númerō dū́cere, habḗre	Solon zu den Weisen zählen, rechnen	
354. **nūntiā́re**	melden	*de-nunzieren, De-nunziant, an-noncieren, An-nonce*
nū́ntius, -ī	Bote; Nachricht	*(päpstlicher) Nuntius*
hōc nū́ntiō allā́tō	auf diese Nachricht hin	

O

355. **ō(h)**	ach, oh	
356. **ob** + Akk. ób-viam īre ob óculōs versā́ri ob eam rem quam ob rem (quámobrem)	entgegen; wegen entgegen gehen, begegnen vor Augen schweben deswegen, daher weswegen; im Hauptsatz: daher	
357. **oblīvī́scī,** -or, oblī́tus sum + Gen. (Akk.) amīcṓrum oblīvī́scī id / iniū́riās oblīvī́scī	vergessen die Freunde vergessen dies / das Unrecht vergessen	
358. **ob-..., oc-..., of-..., op-...** **in Zus. mit Verben** z.B.: op-pṓnere	entgegen-..., gegen(über)-... entgegen-, gegenüberstellen	*Opponent, Opposition*
359. **obscū́rus,** -a, -um obscūrō locō nātus	dunkel, verborgen von unbekannter, niederer Herkunft	*obskur;* ***e.*** *(to) obscure*
360. **ōcéanus,** -ī	(Welt-)Meer	*Ozean(ien), ozeanisch;* ***e.*** *ocean*
361. **octō** octā́vus, -a, -um	acht der achte	*Oktober* *Oktav, Oktav-Format*
362. **óculus,** -ī óculōs in ōcéanum convértere ante óculōs habḗre, versā́rī in (sub) óculīs esse	„Auge" die Augen auf das Meer richten vor Augen haben, stehen vor Augen sein	*Okular, okulieren, Mon-okel, bin-okular;* ***e.*** *ocular*
363. **ōdisse** (nur Perfektst.) Ṓderint, dum métuant! *(Maxime von Tyrannen)* ódium, -ī patrī ódiō esse ódiō ārdḗre	hassen Sie mögen (mich ruhig) hassen, wenn sie mich nur fürchten! Hass dem Vater verhasst sein, vom Vater gehasst werden vor Hass glühen	
364. **ōmen,** ṓminis n.	Vorzeichen	*„Omen", ominös*
365. **omnis,** -ne Gállia est omnis dīvīsa in partēs trēs. (*Caesar*) dīvitíssimus ómnium ad ūnum (ūnam) omnēs inter omnēs cōnstat (+ AcI) omnī́nō (Adv.)	jeder, all, ganz; Pl.: alle Gallien in seiner Gesamtheit zerfällt in drei Teile. der Reichste von allen, der Allerreichste alle ohne Ausnahme es ist allgemein bekannt (dass) völlig, gänzlich; überhaupt	*(Omni-)Bus, omni-präsent*
366. **opī́niō,** -ṓnis f. praeter opīniṓnem (ómnium) inopī́nāns, -ántis Graecīs inopīnántibus optā́re	Meinung, Ruf wider (die allgemeine) Erwarten (-tung) ahnungslos, ohne zu ahnen wider Erwarten der Griechen, ohne dass die Griechen es ahn(t)en wünschen	***e.*** *opinion* *(Ad-)Option, ad-optieren, Optativ;* ***e.*** *to (ad)opt, adoption*

367.	**opórtet** Tū amī́cīs opem ferās opórtet. Tē opórtet venī́re. Tē amī́cīs opem ferre opórtuit.	es gehört sich, ist nötig, man muss Es gehört sich, dass du den Freunden Hilfe bringst, du sollst, musst, müsstest den Freunden Hilfe bringen. Du musst kommen. Du hättest den Freunden Hilfe bringen müssen.	
368.	**óppidum,** -ī	befestigte Siedlung, Festung; (Land-)Stadt	
369.	**ops,** opis f. opem ferre / pétere ope deṓrum summā ope nītī	Hilfe, Kraft Hilfe bringen / erbitten mit Hilfe der Götter sich mit aller Kraft anstrengen	
	opēs, -um f. ómnibus ópibus opēs plēbis minúere	Macht(mittel): Schätze, Reichtum; Streitkräfte mit allen Mitteln, Kräften die Macht, den Einfluss der Plebs schwächen	*opulent*
	óptimus, -a, -um óptimus quisque	der beste gerade die Besten (Pl.!)	*Optimum, Optimaten, optimal, Optimist, Optimismus*
	inópia, -ae propter agrī inópiam	Not, Mangel wegen Landmangels	
	cṓpia, -ae cṓpia cibṓrum nūntiō cṓpiam dīcéndī fácere	Menge, Vorrat; Möglichkeit eine Menge (von, an) Speisen dem Boten die Möglichkeit, Gelegenheit zum Sprechen geben	*Kopie, kopieren;* ***e.*** *copious*
	cṓpiae, -ā́rum māgnās cṓpiās cṓgere	Vorräte; Truppen große Truppen(verbände) zusammenziehen	
	opus, óperis n.	Werk, Arbeit	*„Opus", Oper(ette), Opfer*
	opus est Pecū́niā frātrī opus est. Multa nōbis opus sunt.	es ist nötig, man braucht Der Bruder braucht Geld. Wir brauchen vieles.	
	opera, -ae óperam in hāc rē cōnsū́mere, locā́re, pṓnere linguae Latī́nae discéndae óperam dare óperae prétium est	Arbeit(skraft), Mühe auf diese Sache Mühe verwenden, sich mit dieser Sache Mühe geben sich um das Erlernen der lateinischen Sprache bemühen, sich mit ... beschäftigen es ist der Mühe wert, es lohnt die Mühe	*Operation, operativ, operieren, (in-)opera-bel, Kooperation;* ***e.*** *operation, to operate*
	offícium, -ī offícium praestā́re	Pflicht, Dienst seine Pflicht erfüllen	*Offizier, offiziell;* ***e.*** *office*
370.	**-or** **als Suffix b. Subst.** z.B.: am-or, -ṓris	 => Zustand, Verhalten Liebe	
371.	**ōrā́re** ōrā́re et obsecrā́re	reden, bitten inständig bitten	*Oratorium*
	ōrā́tiō, -ṓnis f. apud senā́tum ōrātiṓnem habḗre	Rede(gabe) vor den Senat eine Rede halten	

ōrā́tor, -tṓris m.	Redner	
ōrā́culum, -ī	Orakel(stätte)	*Orakel*
ōrā́culum adī́re	sich an das Orakel wenden, das O. befragen	
372. **orbis,** -is m.	Kreis(lauf), Scheibe; Erdkreis	*Orbit, ex-orbitant; **e.** orb*
tōtō orbe terrā́rum	auf dem ganzen Erdkreis, der ganzen Welt	
373. **ōrdō,** ṓrdinis m.	„Ordnung“, Reihe(nfolge); Stand	*ordentlich, Orden, Ordinal-zahlen, Ordinarius, ordinär, ko-ordinieren, Ko-ordination, Sub-ordination, Ko-ordinate; **e.** (to) order, ordinary*
ṓrdine narrā́re	der Reihe nach erzählen	
rēctē et ṓrdine fácere	völlig richtig handeln	
extrā ṓrdinem	außer der Reihe, über das gewöhnliche Maß, gegen jede Ordnung	
ōrdō senātṓrius	der Senatorenstand	
ōrdō equéster	der Ritterstand	
ōrdī́rī, ṓrdior, ōrsus sum	anfangen	
ōrnā́re	ausstatten, schmücken	*Ornat*
nāvēs ōrnā́re	Schiffe ausstatten, ausrüsten	
ōrnāméntum, -ī	Schmuck(stück), Ausrüstung	*Ornament; **e.** ornament*
exōrnā́re	ausstatten	
374. **orī́rī,** órior, ortus sum	entstehen, sich erheben	*Orient, orientalisch, sich ori-entieren; **e.** orient*
bellum óritur	ein Krieg bricht aus	
equéstrī locō ortus	aus dem Ritterstand stammend	
ortus, -ūs	der Aufgang	
sōlis ortū	bei Sonnenaufgang	
orī́gō, -inis f.	Anfang, Ursprung	*Original, originell; **e.** origin, original*
375. **ōs,** ōris n.	Mund, Gesicht; Mündung	*orales Medikament, Ostia; **e.** oral*
in ómnium ōre esse	in aller Munde sein	
in ōre Tíberis urbem cóndere	an der Tibermündung eine Stadt gründen	
ōra, -ae	Küste	
ōra mar-ítima	die Meeresküste	
376. **-ṓsus, -a, -um**		
als Suffix b. Adj.	=> Fülle (voll von ..., reich an ...)	
z.B.: perī́cul-ṓsus	gefahrvoll, gefährlich	
studi-ṓsus	voll Eifer, eifrig	
377. **ṓtium,** -ī	Ruhe, Muße, freie Zeit; Frieden	
ṓtio sē dare	sich der Muße widmen, die Muße genießen	
ṓtium cum dīgnitā́te	ehrenvoller Ruhestand	
per ṓtium	während der Friedenszeit	
ōtiṓsus, -a, -um	ruhig, müßig	
negṓtium, -ī	Geschäft, Tätigkeit, Aufgabe	***e.** to negotiate, negotiation*
ā negṓtiīs pū́blicīs sē re-movēre (recípere)	sich von den Staatsgeschäften, aus der Politik zurückziehen	

P

378. **palūs,** palū́dis f.	Sumpf	

379.	**pār,** paris	gleich(wertig), ebenbürtig; subst.: „Paar“	*Parität, paritätisch, Peers*
	parī próeliō discḗdere	sich in, nach unentschiedener Schlacht trennen	
	fortitū́dine cēterīs pār est	er ist an Tapferkeit den Übrigen gleich, ebenbürtig, gewachsen	
	páriter errā́re ac áliī	ebenso wie andere irren	
	Frāter frātris (frātrī) pār nōn semper est.	Ein Bruder gleicht dem anderen nicht immer.	
	comparā́re	vergleichen	*Komparation, -parativ; e. to compare*
380.	**párcere,** -ō, pepércī, parsū́rus + Dat.	schonen, sparen	
	vī́ribus párcere	seine Kräfte schonen, Kräfte sparen	
	subiéctīs párcere	die Unterworfenen schonen	
381.	**párĕre**, -iō, péperī, partum	gebären, hervorbringen; erwerben	*vivi-par*
	terra frūctūs parit	die Erde bringt Früchte hervor	
	laudem sibi párere	sich Ruhm erwerben	
	parēns, -éntis m. / f.	Vater / Mutter	
	paréntēs, -(i)um m.	Eltern	*e. parents*
	reperī́re, repériō répperī, repértum	finden	*Repertoire*
	Reperiúntur, quī id negent.	Es finden sich Leute, die das bestreiten.	
	parā́re	(vor)bereiten, erwerben; (+ Inf.) vorhaben	*Ap-parat, (etwas) parieren, Parade, prä-, re-parieren, Prä-parat, (ir)re-para-bel; e. pre-pare*
	cibōs parā́re	Speisen zubereiten	
	(hóstibus) bellum parā́re	zum Krieg (gegen die Feinde) rüsten	
	parō labōrā́re	ich schicke mich an, habe vor, beabsichtige zu arbeiten	*parat*
	parā́tus, -a, -um	bereit, entschlossen	
	parā́tus dī́cere / ad tacéndum	bereit zu reden / zu schweigen	
	comparā́re	bereiten, zusammentragen	
	sēparā́re	trennen, absondern	*separat(iv), separieren, Separatismus; e. (to) separate*
	frātrem ā cēterīs sēparā́re	den Bruder von den Übrigen trennen	
	imperā́re	befehlen, herrschen	*Imperativ*
	īrae imperā́re	seinen Zorn beherrschen, bezähmen	
	ómnibus géntibus imperā́re	über alle Völker herrschen	
	hostī óbsidēs imperā́re	dem Feind die Stellung von Geiseln befehlen	
	imperā́tor, -tṓris m.	Befehlshaber: Feldherr, Kaiser	*e. emperor*
	Scīpiō imperā́tor	der Feldherr Scipio	
	imperā́tor Augústus	Kaiser Augustus	
	Nerṓne imperātṓre	unter der Herrschaft Neros	
	impérium, -ī	Befehl(sgewalt); Herrschaft, Reich	*Imperium, Empire, imperialistisch, Imperialismus; e. empire*
	impériō alícuius	unter jemands Oberbefehl	
	impérium accípere	ein (militärisches) Kommando erhalten	
	impérium orbis terrā́rum	die Weltherrschaft	
	impérium Rōmā́num	das Römische Reich	

382. **pārḗre,** pắreō, -uī, ---	gehorchen	*(einem) parieren; trans-parent, Trans-parenz, Com-parsen;* ***e.*** *to appear*
appārḗre	erscheinen, sich zeigen	
appắret + AcI	es zeigt sich, ist klar, dass ...	
383. **pars,** partis f.	Teil; Seite, Richtung; (meist Pl.) Partei, Rolle	*Partei, parteiisch, Partie, Partner, partiell; Partikel, Partikularismus, Parzelle, Partitur, De-partement;* ***e.*** *(to) part, party*
māgnā ex parte, māgnam partem	großenteils, zum großen Teil	
ab (ex) ómnibus pártibus	von allen Seiten, aus allen Richtungen	
senắtūs partēs	die Senatspartei	
patris partēs re-, suscípere	die Rolle des Vaters übernehmen	
prīmās partēs ágere	die erste Rolle, Hauptrolle spielen	
párticeps, -tícipis	teilhaftig, beteiligt (an), im Besitz von	*Partizip, partizipieren, Parti-zipation;* ***e.*** *to participate*
Húius factī párticeps erat.	Er war an dieser Tat beteiligt.	
Homō ratiṓnis et ōrātiṓnis párticeps est.	Der Mensch ist im Besitz von Vernunft und Redegabe	
384. **parvus,** -a, -um	klein, gering	
parvī esse	wenig wert sein	
parum (Adv.)	zu wenig	
parum auxíliī	zu wenig Hilfe	
385. **(pắscere)**	(weiden, füttern)	(Pastor)
pānis, -is m.	Brot	*panieren, Kum-pan(ei), Kum-pel, Kom-panie, Kom-pagnon*
pānem et circḗnsēs	Brot und Zirkusspiele	
386. **pater,** -tris m.	„Vater"; Pl. auch: Senatoren	*Pater, Patri-arch, Paternoster, „pater patriae", Patron(at), (vergl.* ***gr.****) Patri-ot(ismus)*
patrum nostrṓrum memóriā	zur Zeit unserer Väter	
Patrēs cōnscrī́ptī!	(Meine Herren) Senatoren!	
pátria, -ae	Vaterland, Heimat	*re-patriieren*
Ubī bene, ibī pátria.	Wo es mir gut geht, dort ist meine Heimat.	
pátrius, -a, -um	väterlich, heimisch	
patrícius, -a, -um	patrizisch, adelig; Pl. die Patrizier	*Patrizier*
387. **patḗre,** páteō, -uī, ---	offen stehen, sich erstrecken	*Patent, patent(ieren)*
passus, -ūs	(Doppel-)Schritt	*Pass, passieren, Passagier;* ***e.*** *(to) pass, passage*
mīlle passūs	eine Meile (1,5 km)	
círciter decem mī́lia pássuum	ungefähr zehn Meilen (15 km)	
388. **patī,** pátior, passus sum	(er)leiden, (er)dulden, zulassen	*Patient, Passion, passioniert, Passiv;* ***e.*** *patient*
dolṓrem patī	Schmerz erdulden, aushalten	
Mea dī́gnitās nōn pátitur tacḗre.	Meine Würde duldet es nicht zu schweigen.	
pátiēns labṓrum	fähig, Mühen zu ertragen	
patiéntia, -ae	Geduld, Ausdauer, Duldsamkeit	*Patience;* ***e.*** *patience*
paene (Adv.)	fast, beinahe	
Paene cécidī.	Beinahe wäre ich gestürzt, gefallen.	
389. **(patrắre)**	(vollbringen)	
impetrắre (ímpetrō)	(durch Bitten) erlangen, erreichen	
390. **paucus,** -a, -um	klein; meist Pl.: (nur) wenige	***it.*** *poco*
paucīs ante diēbus	wenige Tage vorher	

	paulum (Adv.) paulum óperae paulō post pauper, páuperis paupértās, -tā́tis f.	ein wenig ein wenig Mühe (ein) wenig später, bald darauf arm Armut	 *e. poor* *e. poverty*
391.	**pāx,** pācis f. Pāx cónvenit cum hoste.	Friede Es kommt zum Frieden mit dem Feind.	*Pazí-fik, Pazi-fismus, Pazi-fist; e. peace*
392.	**peccā́re**	einen Fehler begehen; sündigen	
393.	**pectus,** péctoris n. vúlnera advérsō péctore tōtō péctore amā́re	Brust, Herz Wunden (vorne) auf der Brust von ganzem Herzen lieben	*Angina pectoris, (etwas) „in petto" haben*
394.	**pecus,** pécoris n. pecū́nia, -ae „Pecū́nia nōn olet." (Vespasian)	(Klein-)Vieh, Schafe; Herde Geld, Vermögen Geld stinkt nicht.	 *pekuniär*
395.	**pēior,** -ius péssimus, -a, -um	schlechter der schlechteste	*pejorativ* *Pessimist, Pessimismus*
396.	ap-**pellā́re** Cáesarem appellā́re amī́cum sapiéntem appellā́re	anreden; (be)nennen an den Kaiser appellieren den Freund weise nennen, als weise bezeichnen	*appellieren, Appell, appel-lativ; e. (to) appeal*
397.	**péllere,** -ō, pépulī, pulsum terram pede péllere patrícium pátriā péllere impéllere (+ ut) īrā impúlsus	stoßen, (ver)treiben mit dem Fuß auf den Boden stampfen den Patrizier aus dem Vaterland vertreiben, verbannen antreiben; veranlassen (dass) aus Zorn	*Puls, pulsieren, Pro-peller* *Impuls, impulsiv; e. to impel, impulse, impulsion*
398.	**pendḗre,** péndeō, pepéndī (ex) ex árbore pendḗre Ex tē pendet fortū́na tuṓrum. péndĕre, péndō, pepéndī, pēnsum māgnī péndere impéndĕre	hängen, schweben; (abhängen von) am Baum hängen Von dir hängt das Glück der Deinen ab. aufhängen; abwägen, zahlen; einschätzen hoch einschätzen, für wichtig halten aufwenden	*Pendel, pendeln, Per-pendi-kel, Pendant, De-pendenz, Ap-pendix; e. pending* *Pensum, Pension(at), -när, Kom-pensation, Dis-pens, sus-pendieren, Kom-, Sti-pendium, Spende, spenden, spendieren, Spesen, Spind; e. to spend* *Imponderabilien*
399.	**per** + Akk. per urbem īre per urbem timor erat per multōs annōs per deōs immortā́lēs per vim / dolum / lítterās per valētū́dinem per mē, tē, ...	durch, hindurch durch die Stadt gehen überall in der Stadt herrschte Furcht viele Jahre hindurch bei den unsterblichen Göttern mit Gewalt, gewaltsam / durch List, listig / schriftlich aus Gesundheitsgründen, wegen der Gesundheit von mir, dir aus, meinet-, deinetwegen, ...	*per Nachnahme* *„per se",*

400. **per-...** **in Zus. mit Verben** z.B.: per-spícere	(hin)durch- (oft nur Verstärkung des Verbs) (hin)durchschauen	
401. **perī́tus,** -a, -um iūris perī́tus perī́culum, -ī māgnō perī́culō reī pū́blicae perī́culum subī́re in perī́culīs versā́rī perī́culum est, nē ... perīculṓsus, -a, -um comperī́re, -périō, cómperī, -pértum Dolṓrem tuum compértum hábeō. experī́rī, -perior, -pertus sum ómnia dē pāce experī́rī expértus dīcō	erfahren, kundig rechtskundig, erfahren im Recht Gefahr, Wagnis unter großer Gefahr für den Staat sich einer Gefahr, Gefährdung aussetzen in Gefahr(en) schweben es besteht die Gefahr, dass ... gefährlich erfahren Ich habe deinen Schmerz erfahren, weiß von deinem Schmerz, kenne ... genau. versuchen, erproben, erfahren für den Frieden nichts unversucht lassen ich spreche aus Erfahrung	*Experte, Experiment, experimentell, experi-mentieren;* ***e.*** *expert, experiment*
402. **pēs,** pedis m. pédibus īre pedem reférre pedes, péditis expedī́re éxpedit (+ ut; Inf./AcI) rem pū́blicam aere aliḗnō expedī́re mīles expedī́tus negṓtia expedī́re causam morbī expedī́re impedī́re Timor mē ímpedit, nē / quṓminus loquar. impedīméntum, -ī impedīméntō esse	Fuß zu Fuß gehen sich zurückziehen, zurückweichen Soldat zu Fuß, Infanterist befreien; erledigen; mitteilen es nützt, ist förderlich (dass) den Staat von Schulden befreien ein kampfbereiter Soldat Geschäfte erledigen den Grund für die Krankheit mitteilen (ver)hindern, festhalten Furcht hindert mich zu sprechen. Hindernis; Pl.: Tross, Gepäck hinderlich sein	*Pedal, Velo(zi-ped), Mo-ped* *Pionier* *Expedition, S-pedition* ***e.*** *to impede*
403. **pétere,** -ō, petī́vī, petī́tum urbem pétere loca pulchriṓra pétere fugā salū́tem pétere cōnsulā́tum pétere ab amī́cīs auxílium pétere adversā́rium armīs pétere appétere lūx áppetit expétere ómnia, quae expétimus repétere rēs repétere iūdícium repetundā́rum pecūniā́rum	(zu erreichen) suchen: erstreben, (er)bitten, angreifen in die Stadt eilen schönere Orte, Gegenden aufsuchen sein Heil in der Flucht suchen sich um das Konsulat bewerben die Freunde um Hilfe bitten einen Gegner mit Waffen angreifen begehren; herankommen der Tag bricht an erstreben, verlangen alle unsere (gesteckten) Ziele zurückfordern; wiederholen Schadenersatz fordern ein Prozess um die Erstattung erpresster Gelder	*Petition(sausschuss), zentripetal, kom-petent, Kom-petenz;* ***e.*** *to com-pete, com-petitor, com-petition* *Appetit;* ***e.*** *appetite* *repetieren, Repetier-gewehr, Repetent, Repetitor, Repetition;* ***e.*** *to repeat, repetition*

ímpetus, -ūs ímpetum in hostēs fácere ímpetus ōrātiṓnis	Angriff, Antrieb, Schwung die Feinde angreifen der Schwung der Rede	*Impetus*
perpétuus, -a, -um	ewig, immerwährend, dauerhaft	*Perpetuum mobile; e. perpetual*
404. **pīrā́ta,** -ae m.	Seeräuber, „Pirat“	*Piraterie; e. pirate*
405. **piscis,** -is m.	„Fisch“	
406. **pius,** -a, -um	pflichtbewusst; fromm, gottesfürchtig	*Pius, Pia*
ímpius, -a, -um	gottlos, gewissenlos	
píetās, -tā́tis f. pietās ergā paréntēs	Pflichtbewusstsein, Redlichkeit; Frömmigkeit, Achtung, (dankbare) Liebe zu den Eltern, Achtung vor den Eltern	*Pietät, Pietá, Pietismus, e. piety*
407. **placḗre,** pláceō, -uī, -itum senā́tuī plácuit (+ Inf.)	gefallen dem Senat gefiel es, der Senat fand es gut, meinte, beschloss (zu …)	*Plazet, plädieren, Plädoyer*
plácidus, -a, -um	friedlich, sanft, still	*e. placid*
408. com-**pléctī,** -or, -plexus sum rem ánimō / mente compléctī	umfassen, umarmen eine Sache geistig erfassen, begreifen	*(Häuser-)Komplex, komplex, per-plex; e. complex*
súp**plex,** -plicis Lī́berī manūs súpplicēs ad caelum tetendḗrunt.	(demütig) bittend, (schutz)flehend, auf den Knien Die Kinder streckten flehend die Hände zum Himmel.	
supplícium, -ī supplícium dē prōdítōre sū́mere	Bitt-, Dankgebet; Hinrichtung, (Todes-)Strafe an dem Hochverräter die Todesstrafe vollstrecken, den H. hinrichten lassen	
409. com-**plḗre,** cóm-pleō, -plḗvī, -plḗtum	(an)füllen, erfüllen	*komplett, komplementär, Kompliment; e. (to) complete Sup-plement(-band)*
explḗre	ausfüllen, erfüllen	
implḗre octōgíntā annōs implḗre	einfüllen, anfüllen 80 Jahre vollenden, alt werden	
plēnus, -a, -um locus perīculṓrum plēnus	voll ein Ort voller Gefahren, ein gefährlicher O.	*Plenum, Plenar-sitzung*
plērī́que, -áeque, -áque	die meisten, sehr viele	
plērúmque (Adv.)	meist(ens)	
plūrēs, -ra (Gen.: -ium)	mehr (größere Zahl)	*Plural, pluralistisch Plurale-tantum plus, Plus-quamperfekt*
plūs (Adv.) plūs posse, valḗre plūs témporis plūris esse / aestimā́re	mehr mehr können, vermögen, gelten mehr Zeit mehr wert sein / höher einschätzen	
complū́rēs, -ium	mehrere (zusammen), einige	
plū́rimī, -ae, -a	sehr viele, die meisten	
plū́rimum (Adv.) apud plēbem plū́rimum valḗre	am meisten beim Volk am meisten vermögen, sehr großen Einfluss haben	

plēbs, plēbis f. plēbēius	(niederes) Volk, (Volks-)Menge aus dem niederen Volk stammend, plebejisch; subst.: der Plebejer	*Plebs, Plebi-szit* *plebejisch, Plebejer*
410. **poēta,** -ae m.	Dichter, „Poet“	*poetisch, Poesie;* ***e.*** *poet(ry)*
411. **pōns,** pontis m. pontem in flūmine fácere póntifex, -tíficis m. póntifex māximus	Brücke eine Brücke über den Fluss schlagen, bauen (Ober-)Priester („Brückenbauer“?) der oberste Priester	*Ponton(brücke)* *Pontifikat, Pontifikalamt;* ***e.*** *pontiff*
412. **pópulus,** -ī Rēs pūblica est rēs pópulī. (*Cicero*) senātus populúsque Rōmānus pūblicus, -a, -um in pūblicum prōdīre rēs pūblica ad rem pūblicam accēdere rem pūblicam capéssere / in rē pūblicā versārī rem pūblicam régere, gérere genus, modus, status reī pūblicae pūblicē	Volk Der Staat ist Sache des Volkes. Senat und Volk von Rom öffentlich, staatlich in der Öffentlichkeit auftreten der Staat in die Politik gehen, Politiker werden, die politische Laufbahn einschlagen sich mit Politik befassen, beschäftigen, politisch tätig sein den Staat lenken, leiten Staatsform, Verfassung öffentlich, von Staats wegen, im Namen, Interesse des Staates	*Population, Pöbel, an-pöbeln, populär, Popularität, Populist, SPQR;* ***e.*** *people, popular, population* *publik, Publikum, publizieren, Publi-kation, Publi-zist(ik), Re-publik;* ***e.*** *public, to publish*
413. **porrō** (Adv.)	weiter(hin), ferner	
414. **portāre** reportāre victōriam reportāre (ab) porta, -ae Hánnibal ad portās portus, -ūs opportūnus, -a, -um opportūnē áccidit, quod pórticus, -ūs f.	tragen, bringen zurückbringen den Sieg davontragen (über) Tor Hannibal vor den Toren Hafen günstig (gelegen), geeignet es trifft sich gut, dass ... Säulenhalle	*Porto; ap-, im-, ex-, de-, trans-portieren, Im-, Ex-, Trans-port, De-portation;* ***e.*** *portable* *Re-porter, Re-portage;* ***e.*** *(to) report* *Portal, Pforte, Pförtner, Portier, Porta Nigra* *Porto, Portugal, Port Arthur, Puerto Rico;* ***e.*** *port* *opportun(istisch), Opportu-nist, Opportunismus;* *[**e.** opportune, opportunity*
415. **post** post hōram décimam post tergum paulō / multō post amīcōs post exspectāre pósteā (Adv.) post(eā)quam (+ Ind. Perf.) pósterus, -a, -um	1. Präp. + Akk.: nach, hinter 2. Adv.: nachher, später nach der zehnten Stunde (16.00 Uhr) hinter dem Rücken (ein) wenig / viel später die Freunde später erwarten nachher, später nachdem der nächste, der folgende; Pl.: die Nachkommen, Nachwelt	*post-modern, post-natal, post-operativ, p. Chr. n.;* ***e.*** *post-script, p. m.*

	pósterō dīe	am nächsten, folgenden Tag	
	in pósterum	für die Zukunft, künftig	
	apud pósterōs	bei der Nachwelt	
	postéritās, -tā́tis f.	Nachwelt	
	postérior, -ius	der spätere	
	postrḗmus, -a, -um	der letzte	
	postrḗmō (Adv.)	schließlich, zuletzt	
416.	**pōtā́re**	trinken	
	pṓculum, -ī	Becher	*Pokal, Pott*
417.	**(potis, -te)**	(mächtig, imstande)	
	potī́rī + Abl.	in seine Gewalt bringen	
	urbe potī́rī	die Stadt in seine Gewalt bringen	
	impériō tōtī́us Gálliae potī́rī	die Herrschaft über ganz Gallien an sich reißen	
	rērum potī́rī	die gesamte Macht übernehmen, haben	
	potēns, -éntis	mächtig, stark	*(im-)potent; e. potent*
	suī potēns / poténtēs	seiner / ihrer mächtig	
	poténtia, -ae	Macht, Gewalt	*Potenz, potenzieren, potenziell, Potenzial; e. potency*
	potéstās, -tā́tis f.	(Amts-)Gewalt, Macht; Möglichkeit	*Potentat*
	tribūnícia potéstās	die Amtsgewalt des Volkstribunen	
	potéstās vītae necísque	Gewalt, Macht über Leben und Tod	
	hostēs in (sub) potestā́tem pópulī Rōmānī redígere	die Feinde in die Gewalt des römischen Volkes bringen, die Feinde dem röm. Volk unterwerfen	
	amī́cō potestā́tem colloquéndī fácere	dem Freund die Möglichkeit zum Gespräch geben, bieten	
	pótius (Adv.)	eher, lieber	
	dīves vel pótius dīvitíssimus vir	ein reicher oder vielmehr steinreicher Mann	
	potíssimum (Adv.)	am liebsten, ehesten	
418.	**prae** +Abl.	vor, im Vergleich zu	*Prä-position; e. pre-fix*
	prae nōbīs	im Vergleich zu uns	
	prae metū	vor (aus) Angst	
	prae lácrimīs loquī nōn possum	wegen, vor Tränen kann ich nicht reden	
	prae sē ferre, gérere	an den Tag legen, zur Schau stellen	
419.	**prae-...**		
	in Zus. mit Verben	voran-..., vorher-..., vor-...	
	z.B.: prae-cḗdere	vorangehen	
420.	**praeda**, -ae	Beute	*e. predator*
421.	**praeter** + Akk.	an - vorbei, außer	
	cómitēs praeter urbem trādū́cere	die Kameraden an der Stadt vorbeiführen	
	nihil praeter hoc ūnum dī́cere	nichts außer, nur das eine sagen	
	praeter cḗterōs flōrḗre	mehr als die Übrigen sich auszeichnen	
	praeter exspectātiṓnem / opīniṓnem / spem	wider Erwarten, unerwartet / unvermutet / unverhofft	
	praetéreā (Adv.)	außerdem	

422.	**praeter-...**		
	in Zus. mit Verben	vorbei-..., vorüber-...	
	z.B.: praeter-míttere	vorbeigehen lassen	
423.	**precā́rī**	bitten, beten; wünschen	*prekär;* ***e.*** *to pray*
	deōs precā́rī	zu den Göttern beten	
	precēs, -um f.	Bitten, Gebet	*„fragen"*
	póscere, -ō, popóscī	fordern, verlangen	
	Caesar Gallōs frūméntum popóscit.	Cäsar verlangte von den Galliern die Lieferung von Getreide.	
	postulā́re	fordern, verlangen	*postulieren, Postulat;*
	postulā́tiō, -ṓnis f.	Forderung	***e.*** *to postulate*
424.	**prémere,** -ō, pressī, -sum	(unter)drücken, pressen, bedrängen	*pressen, es pressiert, (De-) Pression, Presse, Printmedien, kom-, de-primieren, -primiert, Ex-press-gut, Kom-pressor, -pression, Im-pressum, Ex-, Im-pressionismus;* ***e.*** *(to) press, (to) pressure*
	opprímere	unterdrücken, überfallen, überwältigen	***e.*** *to oppress, oppression, oppressor*
	viā-tṓrēs inopīnántēs opprímere	die ahnungslosen Wanderer überrumpeln	
	Athḗnās servitū́te oppréssās tenḗre	Athen in drückender Knechtschaft halten	
425.	**prétium,** -ī	„Preis", Wert; Lohn	*„preisen", Grand Prix;* ***e.*** *price*
	parvō prétiō émere	(ganz) billig kaufen	
	mercēs māgnī prétiī	wertvolle, teuere Waren	
	pretiṓsus, -a, -um	wertvoll	*Preziosen, preziös;* ***e.*** *precious*
426.	**prior,** -ius	der vordere, frühere	*Prior(ität), a priori*
	Amī́cī priṓrēs discessḗrunt.	Die Freunde gingen früher weg.	
	priṓre annō	im vorigen Jahr	
	prius (Adv.)	früher, zuerst	
	priúsquam	ehe, bevor	
	prīmṓrēs, -um m.	die Vornehmsten, Angesehensten	
	prīmus, -a, -um	erster, als erster	*prima (Abk.: Ia), Primas, Primus, Primat(en), primär, primitiv, Premier(e), Primel, Prim-zahl, Prima-ballerina, -donna;* ***e.*** *prime*
	prīmum vēr	der erste Frühling; der Beginn des Fr.	
	prīmā lūce	beim ersten Tageslicht, bei Tagesanbruch	
	prīmō (Adv.)	zuerst, anfangs	
	prīmum (Adv.)	zum ersten (Mal), erstens	
	imprī́mīs	vor allem, besonders	
	prīncípium, -ī	Anfang, Ursprung	*Prinzip, prinzipiell;* ***e.*** *principle*
	prīncípium ā deīs dū́cere	seinen Ursprung, seine Abstammung von den Göttern ableiten, herleiten	
	prī́nceps, prī́ncipis	erster, vornehmster; subst.: der Erste, führende Mann, Fürst, Kaiser	*Prinz(ess), Prinzipal*
	amī́cus urbem prīnceps init	der Freund geht als erster in die Stadt	

	prī́ncipēs philósophī prī́ncipēs nōbilitā́tis prīncipā́tus, -ūs prī́scus, -a, -um	die führenden Philosophen Häupter, führende Männer des Adels die Vorherrschaft, erste Stelle alt, altehrwürdig	*Prinzipat*
427.	**prīvā́tus,** -a, -um rēs prīvā́tae	persönlich, privat; subst.: Privatmann Privatangelegenheiten, Privateigentum	*privat(isieren), Privi-leg, privi-legiert; **e.** private*
428.	**prō** + Abl. prō móenibus prō pátriā pūgnā́re prī́ncipēs prō sceléribus pūnī́re Quid prō triúmphō datur? prō māgnitū́dine perī́culī prō témpore et prō rē procul (Adv.) haud procul ab urbe probā́re probus, -a, -um ímprobus, -a, -um	vor; für, anstatt; entsprechend vor der Stadtmauer (die Mauer im Rücken) für das Vaterland kämpfen die führenden Männer für ihre Ver- brechen bestrafen Was wird statt des Triumphes gewährt? entsprechend der Größe der Gefahr nach Zeit und Umständen (von) fern, weit (weg) nicht weit weg von der Stadt prüfen, billigen tüchtig, redlich schlecht, unredlich	*pro-(westlich), Pro-dukt, Pro-mille, -zent, pro forma* *probieren, (er)proben, Probe, prüfen, probat, Ap-probation; **e.** (to) probe, probation*
429.	**prō-... (prōd-...)** **in Zus. mit Verben** z.B.: prō-dū́cere prōd-ī́re	 vor-..., hervor-... vorführen, hervorbringen (her)vorgehen	
430.	**próelium,** -ī próeliō equéstrī pūgnā́re próelium restitúere, re-novā́re	Kampf, Schlacht; Gefecht in einer Reiterschlacht kämpfen eine Schlacht erneuern, wieder aufnehmen	
431.	**prope** prope (própius, próximē) accēdere prope urbem prope Kaléndās própior, -ius próximus, -a, -um próximum iter per Alpēs próximā nocte propínquus, -a, -um Domus forō propínqua est. propter + Akk. propter inópiam propter hoc / hanc rem	1. Adv.: nahe, beinahe 2. Präp. + Akk.: nahe bei nahe (näher, ganz nahe) hinzutreten, heranrücken nahe bei der Stadt, in der Nähe der Stadt um (gegen) den Monatsersten näher, der nähere der nächste, letzte der kürzeste Weg über die Alpen in der letzten, vorherigen Nacht; in der nächsten, folgenden Nacht nahe, verwandt; subst.: Verwandter Das Haus steht in der Nähe des Forums. wegen wegen der Not deswegen, deshalb	 *ap-proximativ;* ***e.** proximity, approximate*
432.	**properā́re** própérō (ex) urbe ḗgredī	eilen, sich beeilen ich beeile mich, die Stadt zu verlassen, ich verlasse eilends die Stadt	

433.	**próprius,** -a, -um id próprium est hóminis próprium virtū́tis	eigen, eigentümlich, wesenhaft das ist eigentümlich, charakteristisch, typisch für einen Menschen das Wesen der Tugend	*proper, Ex-propriation;* ***e.*** *proprietor*
434.	**prōvíncia,** -ae cīvitā́tem in prōvínciae fṓrmam redígere	Provinz *(röm. Herrschaftsbereich außerhalb Italiens)* einen Staat zur Provinz machen	*Provence, provinziell;* ***e.*** *province*
435.	**pudor,** pudṓris m.	Scham(gefühl), Scheu, Anstand	
436.	**puer,** púerī ā púerīs puerítia, -ae ā prīmā puerítiā puélla, -ae	Knabe, Kind von Kindheit an Kindheit, (frühes) Jugendalter von frühester Kindheit an Mädchen	*pueril*
437.	**pūgnā́re** dē victṓriā pūgnā́re expūgnā́re oppūgnā́re pūgna, -ae	kämpfen um den Sieg kämpfen erobern belagern, angreifen Kampf	
438.	**pulcher,** -chra, -chrum	schön, herrlich	
439.	**pulvis,** púlveris m.	Staub	*Pulver, Puder;* ***e.*** *powder*
440.	**pūnī́re** poena, -ae (patrī) gravēs poenās dare, reddere (huius factī)	bestrafen Strafe (vom Vater für diese Tat) schwer bestraft werden	***e.*** *to punish* *ver-pönt, Pein, pein-igen, peinlich,*
441.	**puppis,** -is f.	Hinterdeck; Schiff	
442.	**pūrus,** -a, -um	rein, klar, „pur"	*Purismus, Puritaner, Purgatorium;* ***e.*** *pure*
443.	**putā́re** Putō tē ventū́rum esse. sē beā́tum putā́re māgnī, parvī, plū́rimī, tantī putā́re	schätzen, glauben; + doppelt. Akk.: halten für Ich glaube, dass du kommen wirst. sich für glücklich halten hoch, gering, sehr hoch, so hoch (ein)schätzen	*Com-puter, Konto, Dis-put, amputieren, Am-, Dis-, Reputation*

Q

444.	**quáerere,** -ō, -sī́vī, -sī́tum amī́cum quáerere ex / ab amī́cō quáerere ex (ab) prīvā́tō quáerere senténtiam (quid séntiat) dē nātū́rā deṓrum quáerere acquī́rere	(zu erwerben) suchen, fragen den Freund suchen den Freund fragen den Privatmann nach seiner Meinung fragen (was er denkt) über das Wesen der Götter (wissenschaftliche) Untersuchungen anstellen erwerben, gewinnen	*In-quisi-tion, In-quisitor* *akquirieren, Akquisition;* ***e.*** *to acquire, acquisition*

conquī́rere	zusammensuchen, sammeln	*Konquistador(en)*
exquī́rere	aussuchen, untersuchen	*exquisit*
requī́rere	aufsuchen, verlangen	*requirieren, Requirierung, Requisiten;* ***e.*** *to require*
Pudor requī́ritur.	Anstand ist gefordert.	
quáestiō, -ṓnis f.	Frage, Untersuchung, Erforschung	***e.*** *(to) question*
quaestor, -tṓris m.	Quästor *(Finanzbeamter)*	*Quästur*
445. **(quátere)**	(schütteln, erschüttern)	*(kassieren, Kassation)*
concútere, -cútiō, -cússī, cússum	erschüttern	*dis-kutieren;* ***e.*** *per-cussion*
446. **quáttuor**	vier	*Quadrat, Quader, Kader, Karo, Karree, Quadrille, Quadriga, Quarantäne*
quārtus, -a, -um	der vierte	*Quart(e), Quartal, Quartett, Quartier, ein-quartieren;* ***e.*** *quarter*
447. **querī,** -or, questus sum	klagen, sich beklagen	*Querele, Querulant*
fātum suum (dē fātō suō) querī	sein Schicksal beklagen, über … klagen	
448. **quiḗscere,** -ō, quiḗvī	(aus)ruhen	
Re-quiḗscat in pāce!	Er ruhe in Frieden!	*R.I.P.*
quiēs, quiḗtis f.	Ruhe, Erholung	*Re-quiem*
quiḗtem cápere, quiḗtī sē dare	die Ruhe genießen	
quiḗtus, -a, -um	ruhig, friedlich	*quitt(ieren), Quittung;* ***e.*** *quiet*
tranquíllus, -a, -um	ruhig, still	*Tranquillizer;*
tranquíllitās, -tā́tis f.	Ruhe, Stille	***e.*** *tranquil(lity)*
tranquíllitās ánimī	die Seelenruhe	
449. **quīnque**	fünf	
quīntus, -a, -um	der fünfte	*Quintett, Quint(e), Quint-essenz, Quent(chen)*
450. **quis,** quid	wer, was	
Quis amīcṓrum ...?	welcher Freund …?	
Quis crēdat / crḗderet (+ AcI)?	wer wird wohl, dürfte glauben / hätte glauben können (dass)?	
Quid faciā́mus / facerḗmus?	Was sollen wir tun / hätten wir tun sollen?	
Quis est, quī(n) querā́tur?	Wen gibt es, der (nicht) klagt?	
Quid est, quod (cūr) querā́ris?	Was ist der Grund dafür, welchen Grund gibt es, dass du klagst?	
Quid ūtilitā́tis spērās?	(Was an Nutzen) Welchen Nutzen erhoffst du?	
quī, quae, quod	welcher, -che, -ches, der, die das; im Hauptsatz: dieser, ...	
Sunt, quī id intéllegant.	Es gibt Leute, die das einsehen.	
quae cum ita sint (essent)	da dies so ist (war), unter diesen Umständen	
quā dē causā / quam ob rem	weshalb; im Hauptsatz: daher, deshalb	
quō fit (factum est), ut	so kommt (kam) es, dass	
quīcúmque, ...	wer auch immer; jeder, der ...	
quācúmque ratiṓne	auf welche Art auch immer, auf jede mögliche Art und Weise	

quā (erg.. ratiōne; viā)	wie; wo	
quārē	wodurch, weshalb; im Hauptsatz: deshalb	
quisquis, quid-/quicquid	jeder, der	*Quisquilien*
quōquō modō	auf jede erdenkliche Weise	
Quidquid id est, tímeō Dánaōs et dōna feréntēs. (*Vergil*)	Was es auch sein mag, ich fürchte die Griechen, auch wenn sie Geschenke bringen.	
áliquis, áliquid (subst.)	(irgend)einer, jemand, etwas	
Semper áliquid haeret.	Etwas bleibt immer hängen.	
sī quis (!) id cómperit, ...	wenn jemand dies erfährt, ...	
áliquī, áliqua, áliquod (adj.)	(irgend)ein, -eine, -ein	
nōn sine áliquā spē	nicht ohne jegliche Hoffnung	
sī qua[e] (!) puélla ...	wenn (irgend)ein Mädchen ...	
quīdam, quaedam, quoddam / quiddam	adj. / subst.: ein gewisser, irgendeiner, eine Art von ...; Pl.: manche, einige	
Quīdam fāta sua querúntur.	Gewisse Leute, manche, einige beklagen sich über ihr Schicksal.	
incrēdíbilis quaedam māgnitūdō ingéniī	eine geradezu unglaubliche Geistesgröße	
quisquam, quicquam	irgendjemand, irgendetwas	
vix quisquam	kaum jemand	
neque quisquam	und niemand	
quisque, quaeque, quodque / quidque	adj. / subst.: jeder	
Sē quisque nōscat!	Jeder möge sich selbst erkennen!	
Nātūra suum cuíque tríbuit.	Die Natur teilt jedem das Seine zu.	
óptimus quisque.	gerade die Besten, jeweils der Beste	
tértiō quōque diē	an jedem dritten Tag, alle zwei (!) Tage	
ūnusquísque, ...	jeder (einzelne), ...	
-que	und	
senātus populúsque Rōmānus	Senat und Volk von Rom	
quidem (Adv.)	freilich; wenigstens; gewiss; zwar	
équidem	(ich) wenigstens, allerdings	
nē ... quidem	nicht einmal ...	
nē servus quidem	nicht einmal der Sklave	
quam	1. (bei Adj. u. Adv.) wie; 2. (beim Vergleich) als; wie 3. (beim Superl.) möglichst	
quam pulcher, quam diū	wie schön, wie lange (Zeit)	
Nēmō tam multa scrīpsit quam tū.	Niemand hat so viel geschrieben wie du.	
Mālō cantāre quam labōrāre.	Ich will lieber singen als arbeiten.	
Eō modō quam plūrimīs prōdéritis.	Auf diese Weise werdet ihr möglichst vielen nützen.	
quámdiū + Ind.	solange (als)	
quamquam	obwohl; im Hauptsatz: indes	

quamvīs	1. Subj. (+ Konj.): wenn auch (noch so), obwohl; 2. beim Adj.: beliebig, noch so	
Iniū́ria, quamvīs parva sit, ferénda nōn est.	Ein Unrecht darf man, obwohl es, wenn es auch (noch so) klein ist, nicht ertragen.	
Dīvítiae quamvīs māgnae dī-lābúntur.	Ein noch so großer Reichtum vergeht.	
quandō	wann	
aliquándō	irgendwann, einmal, einst	
quippe	freilich, ja	
quippe cum + Konj.	da ja, weil nämlich	
quīn	1. wieso nicht 2. dass 3. der, die, das nicht; dass nicht	
Quīn pótius id facis?	Warum tust du nicht lieber das?	
Quis dúbitat, quīn lēgēs servándae sint?	Wer zweifelt daran, dass Gesetze eingehalten werden müssen?	
Nēmō est, quīn id probet.	Es gibt keinen, der das nicht billigt(e).	
Quis (nēmō) tam sápiēns est, quīn intérdum erret?(.)	Wer (niemand) ist so weise, dass er nicht manchmal irrt? (.)	
quod	1. weil (kausal); 2. dass [wenn] (faktisch) 3. welches, was (interrog.,relativ)	
Quod id probās, laudā́ris.	Weil du das billigst, wirst du gelobt.	
Bene facis, quod venīs.	Du tust gut daran, dass du kommst.	
Quod hoc putās, errās.	Wenn (dass) du das glaubst, irrst du.	
Quod templum vīdístī?	Welchen Tempel hast du gesehen?	
Templum, quod vīdístī, Iovis sacrum est.	Der Tempel, den (welchen) du gesehen hast, ist Jupiter geweiht.	
quia	weil	
quondam	einst, einmal	
quóniam	weil ja, da nun	
quot (indekl.)	wie viele	*Quote*
quótiē(n)s	wie oft, so oft	*Quotient*
quō	1. wodurch; im Haupts.: dadurch; 2. wohin; 3. + Komp. je (umso); 4. + Komp. u. Konj.: damit umso (~ ut eō)	
Quō vulgus mā́ximē dēlectā́tur? / ~.	Wodurch wird die Masse am meisten erfreut? / Dadurch wird ~.	
quō factum est, ut …	so kam es, dass ...	
nésciō, quō fúgiam	ich weiß nicht, wohin ich fliehen soll	
Quō vādis?	Wohin gehst du?	
Quō ūsque tandem?	Wie lange eigentlich (denn) noch?	
Id dēfī́niō, quō facílius intellegā́tur.	Ich definiere das, damit man es umso leichter einsieht.	
quō ... eō	je … desto	
Quō quis est dīvítior, eō poténtior esse solet.	Je reicher einer ist, desto mächtiger pflegt er zu sein.	

	quoad + Ind. + Konj. (Ind.) quoque (nachgest.) puer quoque quantus, -a, -um quantum in mē est, ... aliquántum aliquántum témporis aliquántum itíneris quantópere quantō … tantō quantō dīvítior ... tantō poténtior quālis, -e Quālis est tua mēns? cūr?	solange (als); solange bis, bis auch auch das Kind wie groß, wie viel (wie viel) so viel an mir liegt, … ziemlich viel, beträchtlich ziemlich viel Zeit ein beträchtlicher Teil des Weges wie sehr je … desto je reicher ... desto mächtiger wie beschaffen Was ist deine Absicht? warum?	*Quantum, Quantität;* ***e.*** *quantity* *Qualität, quali-fiziert, Qualifikation;* ***e.*** *quality*

R

451.	**rápere,** -iō, rápuī, raptum in errṓrem rapī dīrípere, … -réptum ērípere amī́cō timṓrem ērípere	rauben, fortreißen sich zum Irrtum verleiten lassen plündern entreißen dem Freund die Angst nehmen	*rapid(e), usu-rpieren*
452.	**rārus,** -a, -um haud rārō (Adv.)	selten, vereinzelt nicht selten	*rar, Rarität*
453.	**re-... (red-…)** **in Zus. mit Verben** z.B.: re-pétere	 zurück-..., wi(e)der-... zurückfordern, wiederholen	
454.	**recēns,** -éntis recēns memória scélerum	frisch, neu die noch frische Erinnerung an die Verbrechen	***e.*** *recent(ly)*
455.	**régere,** -ō, rēxī, rēctum corrígere ērígere pérgere, -ō, perrḗxī, perrḗctum domum pérgere Pérgite (légere), ut coepístis! iter pérgere	lenken, leiten verbessern aufrichten, ermutigen aufbrechen; fortfahren (zu tun), fortsetzen nach Hause aufbrechen, sich auf den Heimweg machen Fahrt fort (zu lesen), wie ihr begonnen habt! den Weg, Marsch, die Reise fortsetzen	*regieren, Regierung, Regime, Regent, Rektor, Regalien, Regiment, Regie, Regisseur; regeln, Regel(ung), regulieren, regulär;* ***e.*** *to reign, regal* *korrigieren, korrekt, Korrektur;* ***e.*** *correct* *„ect. p. p.“, Pergola*

	rēctus, -a, -um	gerade; „recht, richtig“	*rektal, Rektor*
	rēctā viā	geradewegs, geradeaus, in gerader Richtung	
	régiō, regiṓnis f.	Gegend; Richtung	*Region(alprogramm), regional; e. region*
	Cuius régiō, eius relígiō.	Wessen Gegend, dessen Religion. (Augsburger Religionsfriede 1555)	
	rēx, rēgis m.	König	*Royalist; e. royal*
	Rṓmulō rēge	unter der (Königs)Herrschaft des Romulus	
	rēgī́na, -ae	Königin	*Regine*
	rḗgius, -a, -um	königlich	
	domus rḗgia	Palast	
	rēgnum, -ī	(Königs-)Herrschaft; Reich	*Inter-regnum*
	rēgnā́re	König sein, herrschen	
	Tarquíniō rēgnánte	unter der (Königs)Herrschaft des Tarquinius	
	rogā́re	fragen; (er)bitten (*ut*: dass)	*Rogate, ar-rogant, Arroganz*
	lēgem rogā́re	ein Gesetz (beim Volk) beantragen	
	interrogā́re	fragen	*Interrogativ-pronomen*
456.	**rērī,** reor, ratus sum	rechnen, meinen	*Rate, rati-fizieren, Ratifizierung*
	ratus (+ AcI)	in der Meinung (dass)	
	rem incrēdíbilem rērī	eine Sache für unglaublich halten	
	rátiō, ratiṓnis f.	(Be)Rechnung; Vernunft, Grund; Art und Weise	*Ratio(n), rationieren, rationell, zur Räson bringen, „ultima ratio“; e. reason, rational*
	ómnium ratiṓnum summa	die Gesamtheit aller Berechnungen	
	huius reī ratiṓnem réddere	Rechenschaft ablegen über dieses Vorgehen, eine Begründung für … geben	
	valētū́dinis ratiṓnem habḗre	Rücksicht auf die Gesundheit nehmen	
	Homō sōlus ratiṓnis párticeps est.	Der Mensch allein ist vernunftbegabt, besitzt Vernunft.	
	áliquam ratiṓnem factī réddere, afférre	irgendeinen vernünftigen Grund für die Tat angeben, anführen	
	hāc, áliā ratiṓne	auf diese, auf andere (Art und) Weise	
	ratiṓnēs artis dīcéndī	die Methoden, Regeln der Rede(kunst)	
	ratiōnā́lis, -e	vernünftig, vernunftbegabt	*(ir)ratio-nal, Rationalismus*
457.	**rēs,** reī	Sache, Ding, Angelegenheit	*Realien, reell, (ir)real, realisieren, Realität, Realis(mus), realistisch, Re-publik, Rebus; e. real(ity)*
	dē rērum nātū́rā disputā́re	über das Wesen der Dinge (wissenschaftliche) Erörterungen anstellen	
	in rem esse, ē rē esse	sachdienlich sein, vorteilhaft sein	
	verbō – rē (vērā)	angeblich – in Wirklichkeit, tatsächlich	
	rēs pū́blica (lī́bera)	der Staat (Freistaat)	
	rēs familiā́ris (-ēs)	das Hauswesen; das Vermögen	
	rēs mīlitā́ris	das Kriegswesen	
	rēs secúndae – rēs advérsae	das Glück – das Unglück	
	in rēbus secúndīs / advérsīs	im Glück / im Unglück	
	rēs futū́rae	die Zukunft	
	réus, -ī	der Angeklagte	
	fūrtī reum fácere	(wegen) des Diebstahls anklagen	
458.	**rīdḗre,** rī́deō, rīsī, rīsum	lachen, verlachen	*e. ridiculous*
	rīdéntem dī́cere vērum *(Horaz)*	lächelnd die Wahrheit sagen	
	irrīdḗre	verlachen, auslachen	

459. **rīpa,** -ae	Ufer	*Riviera, Revier; **e.** river*
460. **rōbur,** rṓboris n. satis rṓboris habḗre	Kraft, Stärke; Kerntruppe genügend Kraft haben, kräftig genug sein	*robust, Robustheit*
461. **Rōma,** -ae Rōmā́nus, -a, -um	(Stadt) Rom römisch; subst.: der Römer	 *romanisch, Roman, Romanze, romantisch; **e.** Roman(ce)*
462. **rúere,** ruō, ruī, ruitū́rus Proditṓrem dē saxō ruunt. Puer dē árbore ruit. in hostēs rúere ruī́na, -ae	(sich) stürzen (trans./intrans.), eilen Sie stürzen den Verräter vom Felsen. Der Knabe stürzt(e) vom Baum. sich auf die Feinde stürzen (Ein-)Sturz; Pl.: Trümmer	*ruinieren* *Ruin(e); **e.** (to) ruin*
463. **rúmpere,** -ō, rūpī, ruptum víncula rúmpere viam ferrō rúmpere corrúmpere rem familiā́rem corrúmpere mōrēs cīvitā́tis corrúmpere iūdicem pecū́niā corrúmpere	(zer)brechen (trans.) die Fesseln sprengen sich mit dem Schwert einen Weg bahnen verderben, bestechen das Vermögen zugrunde richten, ruinieren die Sitten der Bürger(schaft) verderben den Richter mit Geld bestechen	*Ruptur, Rotte, Route, Routine, Bank-rott, ab-rupt, E-ruption* *korrumpieren, korrupt, Korruption; **e.** (to) corrupt, corruption*
464. **rūs,** rūris n. rūrī vī́vere rūre revértī rūs īre	Land, Landgut auf dem Land leben vom Land zurückkehren auf das Land gehen	*rustikal*

S

465. **sacer,** -cra, -crum locus deṓrum (Iovis) sacer sacra fácere sacérdōs, -dṓtis m. / f. summus sacérdōs sānctus, -a, -um	heilig, geweiht ein den Göttern (Jupiter) heiliger Ort Opfer darbringen, opfern; heilige Handlungen vollziehen, Gottesdienst halten Priester / Priesterin der Oberpriester, höchste Priester heilig, ehrwürdig	*sakral, Sakristei, Sakrament, Kon-sekration, Sakri-leg; **e.** sacred, for God's sake* *sakro-sankt, sanktionieren, St. (Sankt), Saint-Paul, San-Francisco, Campo santo; **e.** sanctuary*
466. **sáeculum,** -ī prīmō a. Chr. n. sáeculō per ómnia sáecula	Jahrhundert, Zeit(alter) im ersten Jahrhundert vor Christus alle Zeiten hindurch, in Ewigkeit	*Säkularisation, säkular(isieren); **e.** secular*
467. **saepe** (Adv.) (sáepius, saepíssimē)	oft	
468. **saevī́re** saevus, -a, -um	wüten, toben wütend, wild, schrecklich	 ***e.** savage*

469.	**sāl,** salis	das Salz	*Saline, Sal-peter, Sal-miak, Salat, Soße (fr. sauce), Salami;* ***e.*** *salt*
470.	**salī́re,** sáliō, -uī, saltum dēsilī́re, -síliō, ...	springen herabspringen	*Salto (mortale), Re-sultat, resultieren;* ***e.*** *(to) result*
471.	**salvus,** -a, -um córpore salvō redī́re salvē(te)! salūs, salū́tis f. Salūs pópulī suprḗma lēx estō! (*Cicero*) commūnī salū́tī servī́re Mārcus amī́cō s. (= salū́tem dīcit.)	wohlbehalten, gesund, unverletzt mit heiler Haut zurückkommen sei(d) gegrüßt! Rettung, Wohl(ergehen), Heil; Gruß Das Wohl des Volkes soll oberstes Gesetz sein! dem Gemeinwohl dienen Markus grüßt seinen Freund. (Einleitung eines Briefes)	*Salve, Salvator, San Salvador, Salbei, Safe;* ***e.*** *salvation* *Salut, salutieren*
472.	**sānā́re** sānus, -a, -um sānē (Adv.) sint haec sānē falsa, ... dī́xerit sānē	heilen gesund ganz, allerdings; immerhin mag das immerhin, meinetwegen falsch sein, ... mag er immerhin, allerdings gesagt haben	*sanieren, sanitär, Sanitäter, Sanatorium;* ***e.*** *sanitary*
473.	**sanguis,** sánguinis m.	Blut	*Sanguiniker, sanguinisch*
474.	**sápiēns,** -éntis illī septem, quī sapiéntēs nōminántur sapiéntia, -ae stúdium sapiéntiae	weise, verständig jene so genannten sieben Weisen Weisheit, Einsicht; Philosophie das Streben nach Weisheit	*Homo sapiens*
475.	**satis, sat** (Adv.) satis práemiī satis habḗre (+AcI, quod)	genug genügend Belohnung für genügend halten, damit zufrieden sein, ...	*satt, Satisfaktion, saturiert, Satire*
476.	**saxum,** -ī saxō dū́rior	Fels(en), Stein(block) steinhart	
477.	**(scándere)** ascéndere, -ō, -dī, ascēnsum dēscéndere Senēs ad lūdum adulēscéntium dēscéndunt. (*Cicero*)	(steigen, besteigen) hinaufsteigen, ersteigen herab-, hinabsteigen Greise lassen sich zu den Spielereien der jungen Leute herab, lassen sich auf ... ein, geben sich für ... her.	*(Skala, E-skalation)* *Aszendent, Trans-zendenz, trans-zendent(al);* ***e.*** *to ascend* *Deszendent, Deszendenz;* ***e.*** *to descend*
478.	**scelus,** scéleris n. réum scéleris absólvere sceléstus, -a, -um	Verbrechen, Frevel den Angeklagten von dem Verbrechen freisprechen verbrecherisch; subst.: Verbrecher	
479.	**-scere, -scī** **als Suffix b. Verbum** z.B.: īrā́-scī	 => (meist) Beginn in Zorn geraten	

480. **schola,** -ae Nōn scholae, sed vītae díscimus. (*Seneca*)	„Schule" Nicht für die Schule, sondern für das Leben lernen wir.	*„Schüler", Scholar, Scholastik;* ***e.*** *school*
481. **scīre** Haud sciō, an errēs. Víncere scīs, Hánnibal, victṓriā ūtī nescīs. (*Livius*) nescī́re nésciō(-)quis / (-)quid nésciō quem vīdī nésciō quṓmodo néscius, ī́nscius, -a, -um amī́cō ī́nsciō (nésciō) scī́licet (Adv.)	wissen, kennen; verstehen (Ich weiß nicht, ob du nicht irrst.) Vielleicht irrst du. Zu siegen verstehst du, Hannibal, aber den Sieg zu nützen verstehst du nicht. nicht wissen, nicht kennen irgendwer / irgendetwas ich habe irgendjemand gesehen irgendwie unwissend, ohne Wissen ohne Wissen des Freundes freilich, natürlich; nämlich	*Science-fiction;* ***e.*** *science* *sc.*
482. **scrī́bere,** -ō, -psī, -ptum Quod scrīpsī, scrīpsī. cōnscrī́bere patrēs cōnscrī́ptī īnscrī́bere scrīptor, -tṓris m. rērum scrīptor	„schreiben" Was ich geschrieben habe, bleibt geschrieben. verfassen; (Truppen) ausheben Senatoren (Anrede) einschreiben; betiteln Schriftsteller Geschichtsschreiber	*„Schrift", Skript(um), Manuskript, sub-skribieren, Subskription, Post-skriptum (P.S.);* ***e.*** *script* *„Inschrift"*
483. **sē-...** **in Zus. mit Verben** z.B.: sē-cēdere	 weg-..., ab-..., beiseite-... weg-, beiseite gehen	 *Sezessions-Kriege*
484. **sē** sēsē sēcum sibi	sich (Akk. / Abl.) sich mit sich, bei sich sich (Dat.)	
485. **secā́re,** sécō, -uī, sectum secū́ris, -is f. sīgnum, -ī sīgnō datō sīgna mīrārī sīgnīs collā́tīs īnsī́gnis, -ne īgnā́v-ia īnsī́gnis	schneiden Beil (Ab)Zeichen, Bild; Feldzeichen auf ein (gegebenes) Zeichen, ein Signal hin Bilder, Bildwerke bewundern in offener Feldschlacht ausgezeichnet, hervorragend, kenntlich eine auffallende Feigheit, eine Feigheit ohnegleichen	*sezieren, Sektor, Sekante, Segment, Sichel, Vivi-sektion, In-sekt;* ***e.*** *section* *Signum, Segen, Siegel, Signal, signalisieren, Signatur, signieren, signi-fikant, re-, de-signieren, Re-signation;* ***e.*** *(to) sign, (to) signal, signature, significant* *Insignien*
486. **sed**	aber, sondern	

487. **sedḗre,** sédeō, sēdī, sessum	sitzen	*Session, Re-sidenz, residieren, As-sessor, Dis-sident, Sedativum; vergl. Sessel*
possidḗre	besitzen	*Possessiv-Pronomen;*
possḗssiō, -ṓnis f.	Besitz	*e. to possess, possession*
sēdēs, -is f. (Gen. Pl.: sēdum)	(Wohn-)Sitz, Platz	*Sedi-ment, Sedis-vakanz; e. sediment*
sḗdibus incértīs vagā́rī	ohne festen Wohnsitz umherziehen	
obses, óbsidis m./f.	Geisel, Bürge	
óbsidēs imperā́re	die Stellung von Geiseln befehlen	
assíduus, -a, -um	beständig, eifrig	*e. assiduous*
praesídium, -ī	Schutz(truppe), (Wach-)Posten	*Präsidium, Präses, Präsident, Präsidial-; e. president*
Id amī́cō praesídiō fuit.	Das diente dem Freund zum Schutz.	
in praesídiō esse	auf Posten stehen, Wache schieben	
subsídium, -ī	Schutz, Hilfe	*Subsidien, Subsidiaritätsprinzip; e. subsidy, subsidiary*
subsídiō venī́re, míttere	zu Hilfe kommen, schicken	
cōnsī́dere	sich setzen, sich niederlassen	
īnsídiae, -ā́rum	Hinterhalt, Überfall, Anschlag	
cṓnsulī īnsídiās parā́re	dem Konsul auflauern, auf den Konsul einen Anschlag planen	
488. **semel** (Adv.)	einmal	
semper (Adv.)	immer	
sempitérnus, -a, -um	immerwährend, ewig	
símplex, -plicis	einfach, schlicht („simpel“)	*Simplizität, Simplicissimus, fach-simpeln, simplifizieren, Simpli-fikation, (verbum) simplex; e. simple*
sínguli, -ae, -a	je ein, einzeln	*singulär, Singular(ität), Single; e. single*
ex sínguli̇̄s famíliīs síngulōs ēlígere	aus den einzelnen Familien je einen auswählen	
in síngulōs annōs creā́re	für jeweils ein Jahr wählen	
simul	Adv.: gleichzeitig, zugleich	*Simultan-(spiel), En-semble; e. simultaneous*
simul(átque, -ac)	1. + Ind. Perf.: sobald 2. + Ind. Plqupf.: sooft	
simulā́re	nachahmen; heucheln	*simulieren, Simulant*
Sē aegrum esse símulat.	Er heuchelt krank zu sein; er stellt sich krank; er tut so, als sei er krank.	
simulā́crum, -ī	(Ab)Bild, Trugbild; Götterbild	
símilis, -le	ähnlich	*as-similieren, As-similation, Fax (= Fak-simile); e. similiar(ity)*
Fī́lius patris (patrī) simíllimus est.	Der Sohn ist dem Vater ganz ähnlich.	
Quī́dam semper suī símilēs quaerunt.	Manche suchen immer ihresgleichen.	
vērī(-)símilis	wahrscheinlich	
dissímilis, -le	unähnlich	*Dis-simulation*
489. **senex,** senis m. (Gen. Pl. senum)	Greis, alter Mann *(über 60 Jahre)*; Adj.: alt	*senil, Senior, Seigneur, Sir(e), Signor(e), -nora, Signorina, Mon-signore; e. senior*

senéctūs, -tū́tis f.	Greisenalter, Alter	
ad summam senectū́tem	bis ins höchste Alter	
senā́tus, -ūs	Senat(sversammlung)	*Senat, SPQR; e. senate*
senā́tum habḗre	eine Senatssitzung (ab)halten	
in senā́tū cēnsḗre	im Senat einen Antrag stellen	
senā́tūs cōnsúltum últimum fit	der „äußerste" Senatsbeschluss kommt zustande, der Staatsnotstand wird festgestellt	
senā́tor, -tṓris m.	Senator	*e. senator*
senātṓrius, -a, -um	zum Senator gehörig	*senatorisch*
ṓrdine senātṓriō nātus	aus dem Senatorenstand stammend	
490. **sentī́re,** séntiō, sēnsī, sēnsum	fühlen; meinen	*sensibel, Sensibilität, sensitiv, sentimental, Sentimentalität, Res-sentiment; e. sensibility*
idem, éadem dē rē pū́blicā sentī́re	die gleiche politische Einstellung haben	
cōnsentī́re	übereinstimmen	*Konsens; e. consent*
dissentī́re (ab)	uneins sein, abweichen (von)	*Dissens; e. dissension*
assentī́rī, -séntior, -sēnsus sum	beistimmen	*e. assent*
sēnsus, -ūs	Empfindung, Sinn; Denken	*Non-sens, Sensation, sensationell; e. (to) sense, sensation*
commū́nis sēnsus ómnium	der gesunde Menschenverstand	
senténtia, -ae	Meinung, Gedanke; Sprichwort, Satz	*Sentenz; e. sentence*
meā senténtiā	meiner Meinung nach	
senténtiam dī́cere, ferre, dare	seine Stimme abgeben, seine Meinung / sein Urteil sagen, abgeben	
senātṓrēs senténtiam rogā́re	die Senatoren nach ihrer Meinung fragen	
491. **sepelī́re,** sepéliō, -pelī́vī, -púltum	bestatten	
sepúlcrum, -ī	Grab	
492. **septem**	sieben	*September*
séptimus, -a, -um	der siebte	*Septime, Septett*
493. **sequī,** -or, secū́tus sum	folgen	*Sequenz, Sekte, Sektierer, Suite*
nātū́ram ducem sequī	der Natur als Führerin folgen	
cṓnsequī	erreichen, (nach)folgen	*konsequent, Konsequenz, Konsekutiv-satz; e. consequence*
éxsequī	ausführen	*Exekutive, Exekution, exekutieren; e. execute*
ī́nsequī	(unmittelbar) folgen, verfolgen	
pérsequī	(ver)folgen	*e. to persecute*
sócius, -ī	Gefährte, Bundesgenosse	*Sozius, sozial, Re-sozialisierung, Sozialismus, Sozialist, sozialistisch, Sozio-loge, assoziieren; e. social*
socíetās, -tātis f.	Gemeinschaft, Bündnis	*Sozietät; e. society*
iūris socíetās cī́vium	eine Rechtsgemeinschaft von Bürgern	
cum bárbarīs societā́tem fácere	mit den Fremden ein Bündnis schließen	

	secúndus, -a, -um	der folgende, zweite; günstig	*Sekunde, sekundär, sekundieren, Sekundant;*
	secúndō bellō Pū́nicō	im Zweiten Punischen Krieg	***e.*** *second(-hand-shop)*
	secúndō ventō	bei günstigem Wind, bei Rückenwind	
	secúndum + Akk.	entlang; gemäß, nach	
	secúndum flūmen īre	den Fluss entlang gehen	
	secúndum nātū́ram (vī́vere)	nach der Natur, wesensgemäß (leben)	
	secúndum lēgēs	gemäß den Gesetzen, nach den Gesetzen	
	inquam (in direkte Re-	sag(t)e ich	
	inquit de eingesch.)	sagt(e) er	
494.	**sérere,** -ō, -uī, -tum	zusammenfügen, aufreihen	*Serie, in-serieren, In-serat;*
	bellum ē bellō sérere	einen Krieg an den anderen reihen	***e.*** *serial*
	cōnsérere	aneinander reihen	
	cum hóstibus manūs cōnsérere	zum Nahkampf mit den Feinden übergehen, mit ... Mann gegen Mann kämpfen	
	dēsérere	verlassen, im Stich lassen	*desertieren, Deserteur;* ***e.*** *(to) desert*
	dissérere	erörtern, sprechen über	*Dissertation*
	sermō, -ṓnis m.	Gespräch, Sprache; Äußerung	*„Sermon"; **e.** sermon*
	sermṓnem habḗre cum + Abl.	ein Gespräch führen mit ...	
	sermō pátrius	die Muttersprache	
	sors, sortis f.	Los, Schicksal	*Sorte, sortieren, Sortiment, Konsortium, Res-sort;* ***e.*** *(to) sort*
	sortī́rī	erlosen, erlangen	
495.	**(sérere, -ō, sēvī, satum)**	(säen, pflanzen)	*Saturn(alien)*
	sēmen, séminis n.	„Same"	*Seminar(ist), In-semination*
496.	**servā́re**	bewahren, retten; Acht geben	*kon-servieren, Kon-serve, Konservator(ium), kon-servativ, ob-, re-servieren, Ob-servatorium, Re-servat, Re-serve, Re-servist, Re-servoir*
	Pacta sunt servánda.	Verträge müssen eingehalten werden.	
	amī́cum ex perī́culō servā́re	den Freund aus der Gefahr retten	
	officium servā́re	seine Pflicht erfüllen	
497.	**servī́re**	Sklave sein, dienen	*servieren, Serviette, Service, Server, Sergeant, Des-sert;* ***e.*** *to serve, service*
	voluptā́tibus servī́re	Vergnügungen genießen	
	servus, -ī / serva, -ae	Sklave / Sklavin	*„Servus", servil, Servilität*
	sérvitūs, -tū́tis f.	Sklaverei, Knechtschaft	
	malam servitū́tem servī́re	in schlimmer Knechtschaft, Unterdrückung leben	
498.	**sevḗrus,** -a, -um	streng, ernst	***e.*** *severe*
	sevḗritās, -tātis f.	Strenge	
499.	**sex**	sechs	*Se-mester,*
	sextus, -a, -um	der sechste	*Sext(ett), Sextant, Siesta;* ***e.*** *sixth*
500.	**sī**	wenn, falls; ob	
	sīn (autem)	wenn aber	
	sīve, seu	oder wenn, oder	
	sīve – sīve	wenn ... – oder wenn, sei es (dass) – oder (dass)	
	sīve cāsū sīve cōnsíliō	sei es zufällig oder absichtlich	

nisī, nī	wenn nicht; außer wenn	
nōn ... nisī	nicht außer; nur	
nōn véniam nisī invītā́tus	ich komme nicht, außer wenn ich eingeladen bin, ich komme nur, wenn ich ...	
nisī forte (+ Ind.)	es müsste denn sein, dass	
etiámsī, etsī	wenn auch, selbst wenn, obwohl	
quasi	gleichsam; wie wenn, als ob	*„quasi", quasi-offiziell*
quodsī	wenn nun, wenn aber; denn wenn	
sīc	so	
sīcut	(so)wie	
501. **sīdus,** sī́deris n.	Stern, Sternbild	
dēsīderā́re + Akk.	sich sehnen nach, vermissen	*Desiderat*
patrem dēsī́derō	ich sehne mich nach dem Vater	
Id símilem labṓrem dēsī́derat.	Dies erfordert eine ähnliche Mühe.	
dēsīdérium, -ī	Sehnsucht, Verlangen	
dēsīdérium pátriae	Sehnsucht nach dem Vaterland, Heimweh	
502. **siléntium,** -ī	Schweigen, Stille	*„Silentium"; **e.** silence*
ōrātiṓnem siléntiō praeterī́re	die Rede stillschweigend übergehen	
503. **silva,** -ae	Wald	*Silvester, Trans-silvanien*
504. **sine** + Abl.	ohne	
sine dúbiō	ohne Zweifel, zweifellos	
505. **sínere,** -ō, sīvī, situm	lassen, zulassen	
Vīnum importā́rī sinunt.	Sie lassen Wein einführen.	
dēsínere, dḗsinō, dḗsiī, dḗsitum	ablassen, aufhören	
sermṓne dēsínere	das Gespräch beenden	
sermṓnem habḗre dēsínere	das Gespräch nicht länger führen	
situs, -a, -um	gelegen, liegend	*(gut) situiert, Situation; **e.** site*
pṓnere, -ō, pósuī, pósitum	(auf)stellen, legen, setzen	*Post(en), postieren, positiv, Pose, Position, Positur; ex-poniert, Ex-position, Ex-ponent, Ex-ponat; op-ponieren, Op-position; Ap-position; Prä-position; **e.** (to) position*
mortem in malīs pṓnere	den Tod zu den Übeln rechnen, zählen	
spem in amīcīs pṓnere	seine Hoffnung auf die Freunde setzen	
spēs pósita est in dēfēnsiṓne	die Hoffnung beruht auf der, liegt in der Verteidigung	
compṓnere	zusammenstellen, verfassen; ordnen, schlichten; vergleichen	*komponieren, Komposition, Komponist, Komponente, Kompositum, Kompott, Kompost; **e.** to compose*
librōs compṓnere	Bücher verfassen, schreiben	
contrōvérsiās compṓnere	Streitigkeiten schlichten, beilegen	
verba amī́cī cum factīs compṓnere	die Worte des Freundes mit seinen Taten vergleichen	
dēpṓnere	ab-, niederlegen	*deponieren, Depot; **e.** (to) deposit*
arma dēpṓnere	die Waffen niederlegen, strecken	
omnem spem dēpṓnere	jegliche Hoffnung aufgeben	
dispṓnere	verteilen, ordnen	*disponieren, Disposition disponibel, in-disponiert; **e.** to dispose, disposal*
praesídia per urbem dispṓnere	Wachposten überall in der Stadt verteilen	

	impṓnere pópulō tribū́ta impṓnere prōpṓnere lēgēs in pū́blicō prōpṓnere servō prǽmia prōpṓnere sibi spem prōpṓnere tālī condiciṓne prōpósitā mihi prōpósuī, ut …, mihi prōpósitum est + Inf. prōpósitum, -ī	hineinlegen, auf(er)legen dem Volk Abgaben aufbürden vorlegen, in Aussicht stellen; (sich) vornehmen Gesetze öffentlich bekannt machen dem Sklaven Belohnungen in Aussicht stellen sich Hoffnung machen unter solchen Umständen ich habe es mir vorgenommen, meine Absicht, mein Ziel ist es, zu ... Vorsatz, Plan; Thema	*imponieren;* *e. to impose, imposition* *Propst, apropos;* *e. to propose, proposal, proposition*
506.	**sinus,** -ūs	Gewandbausch, Brust(tasche), Busen; (Meeres-)Bucht	*(Ko-)Sinus, in-sinuieren*
507.	**sitis,** -is f.	Durst	
508.	**sōl,** sōlis m. sōlis ortū Nōndum ómnium diḗrum sōl óccidit.	Sonne bei Sonnenaufgang Es ist noch nicht aller Tage Abend.	*Söller, Solarium, Solar-energie, Para-sol; e. solar*
509.	**solḗre,** sóleō, sólitus sum Siléntium servā́re solḗbat. sólitō māior	gewohnt sein, (zu tun) pflegen Er wahrte gewöhnlich Stillschweigen. ungewöhnlich groß	
510.	**sōlus,** -a, -um Sōlus amī́cus vēnit. sōlum (Adv.) nōn sōlum – sed etiam	allein, einzig, einsam Allein der Freund, nur der Freund ist gekommen. nur nicht nur – sondern auch	*Solo, Solist, Solitär;* *e. sole, solo*
511.	**sólvere,** -ō, solvī, solū́tum áncorās sólvere pecū́niam dḗbitam sólvere absólvere cápitis absólvere	(auf)lösen; zahlen die „Anker“ lichten, absegeln Schulden bezahlen freisprechen; vollenden von der Anklage auf Leben und Tod freisprechen	*(in-)solvent, In-solvenz;* *e. to solve, solution* *absolvieren, Absolvent, ab-solut, Absolution, Absolutis-mus; e. to absolve, absolute*
512.	**somnus,** -ī	Schlaf	*Somn-ambule*
513.	**sonā́re,** sonō, sónuī	tönen, erklingen	*Sonate, Sonett, sonor; Kon-sonant, Re-sonanz, Dis-sonanz; e. (to) sound*
514.	**sórdidus,** -a, -um	schmutzig, schäbig; gemein	*e. sordid*
515.	**soror,** sorṓris f.	Schwester	
516.	**spárgere,** -ō, sparsī, -sum fāmam spárgere	(aus)streuen; (be)spritzen ein Gerücht verbreiten, ausstreuen	
517.	**spátium,** -ī tantō spátiō	Bahn, (Zwischen-)Raum; Zeit(raum); Strecke bei so großer Entfernung, bei einer so langen Strecke; bei einem so großen Zeitraum	*spazieren (gehen); e. space*

518.	**(spécere, spícere)**	(schauen, sehen)	
	aspícere, -iō, aspéxī, aspéctum	anschauen, erblicken	*Au-spizien*
	lūcem aspícere	das Tageslicht erblicken, leben	
	aspéctus, -ūs	Anblick	*Aspekt; e. aspect*
	cōnspícere	erblicken, ansehen	*e. conspicuous*
	cōnspéctus, -ūs	Anblick, Blickfeld	
	paene in cōnspéctū tuō	fast vor deinen Augen	
	equos e conspéctū removḗre	die Pferde aus dem Blickfeld entfernen	
	dēspícere	herabschauen, verachten	*despektierlich; e. to despise*
	īnspícere	anschauen, prüfen	*in-spizieren, Inspektor, -teur, Inspektion; e. to inspect*
	respícere	zurückblicken, berücksichtigen	*respektieren, Respekt, respektabel, respektive;*
	Orpheus uxṓrem respexit.	Orpheus blickte auf seine Gattin zurück.	*e. (to) respect*
	auctōritā́tem senātṓris respícere	auf das Ansehen des Senators Rücksicht nehmen	
	spectā́re	(an)schauen; erstreben	*spekulieren, Spekulant, Spekulation, spekulativ, Spektrum, Spektral-(Analyse)*
	ad oriéntem sōlem spectā́re	nach Osten hin liegen („schauen“)	
	bellum et arma spectā́re	Krieg und Waffen im Auge haben	
	ex(s)pectā́re	ausschauen, (er)warten	*e. to expect*
	sorṓrem exspectā́re	die Schwester erwarten, auf die … warten	
	exspectā́tiō, -ṓnis f.	Erwartung	*e. expectation*
	exspectātiṓne prius	unerwartet früh	
	spectā́tor, -tṓris m.	Zuschauer	*e. spectator*
	spectā́culum, -ī	Schauspiel	*Spektakel; e. spectacle*
	spéciēs, -ēī	Anblick, Aussehen; (An)Schein	*Spezies, speziell, spezial, Spezialität, Spezialist, spezifisch, spezi-fizieren;*
	prīmā spéciē	auf den ersten Blick	
	spéciē, per spéciem, sub spéciē	unter dem Anschein, Vorwand, zum Schein, scheinbar	*e. species, specific*
	spéciē – rē	dem Anschein nach – in Wirklichkeit	
519.	**spērā́re**	hoffen, erwarten	*E-speranto*
	dēspērā́re	verzweifeln, (die Hoffnung) aufgeben	*Desperado, desperat; e. desperate, (to) dispair*
	salū́tem, dē salū́te dēspērā́re	an der Rettung verzweifeln, die Hoffnung auf Rettung aufgeben	
	spēs, spéī	Hoffnung, Erwartung	*„in spe“*
	summam in spem venī́re	sich die größte Hoffnung machen	
	hostī spem pācis tóllere	dem Feind die Hoffnung auf Frieden nehmen	
	prósper(us), -era, -erum	günstig, erwünscht	*Prosperität, e. prosperous, prosperity*
520.	**spī́ritus,** -ūs	Geist; Hauch, Atem; Gesinnung	*Spiritus, Spirituosen, Sprit, Spiritismus, spiritistisch, A-spirata; „Spiritus rector“; e. (to) spirit*
	extrḗmō spī́ritū	beim letzten Atemzug	
521.	**spoliā́re** + Abl.	rauben, berauben	*Spolien, Spoiler; e. to spoil*
	incolās pecū́niā spoliā́re	die Bewohner des Geldes berauben, den Bewohnern das Geld rauben	

522. **spondḗre,** spóndeō, spopóndī, spōnsum	geloben, versprechen	*Sponsor;* ***e.*** *(to) sponsor*
respondḗre, -spóndeō, -spóndī, -spōnsum	antworten, entsprechen	*kor-respondieren, Kor-respondenz, -dent;* ***e.*** *to respond*
lēgātīs respondḗtur + AcI	die Gesandten erhalten die Antwort, den Bescheid, dass ...	
voluntā́tī paucṓrum respondḗre	dem Wunsch weniger entsprechen	
respṓnsum, -ī	Antwort	***e.*** *response*
523. **sponte** meā (tuā ...)	freiwillig, von selbst	*spontan, Spontaneität*
524. **stádium,** -ī	das „Stadion" *(Sportstätte und Längenmaß: ca. 190 m)*	*„Stadium"*
525. **stāre,** stō, stetī, stātū́rus	stehen	*Statist(ik), Statik, Station, stationär, stationieren, Stativ, statarisch, Sta-bilität, stabilisieren;* ***e.*** *(to) station*
prōmíssīs stāre	zu seinen Versprechungen stehen, seine Versprechungen halten	
„stānte pede"	sogleich	
cōnstā́re, cṓnstō, -stitī, ~	bestehen (aus); „kosten"	*konstant, Konstante, Konstanz(e), Konstantin, konstatieren;* ***e.*** *constant*
cōnstat (+ AcI)	es steht fest, ist bekannt (dass)	
ex córpore et ánimō cōnstā́re	aus Leib und Seele bestehen	
parvō, māgnā pecū́niā, minōris, multō sánguine cōnstā́re	wenig, viel Geld, weniger, viel Blut kosten	
inter omnēs cōnstat	es ist allgemein bekannt	
īnstā́re + Dat.	(drohend) bevorstehen; (hart) zusetzen, bedrängen	*Instanz;* ***e.*** *instant*
Perī́culum nōbīs īnstat.	Uns droht Gefahr.	
hóstibus īnstā́re	den Feinden (hart) zusetzen, die Feinde bedrängen	
praestā́re	1. + Akk.: leisten, erweisen 2. + Dat.: voranstehen, übertreffen 3. unpers.: es ist besser	
multō praestā́re	weit überlegen sein	
cḗterīs imperātṓribus fortitū́dine praestā́re	die übrigen Feldherrn an Tapferkeit übertreffen, sich vor den .. durch .. auszeichnen	
offícium praestā́re	seine Pflicht leisten, erfüllen	
fidem praestā́re	(sein) Wort halten	
sē fortem praestā́re	sich tapfer erweisen	
morī praestat quam haec patī	es ist besser zu sterben, als dies zu erleiden	
restā́re	übrig bleiben	*Rest, Ar-rest, ar-retieren*
status, -ūs	Zustand, Verfassung	*Status, Staat, Etat;* ***e.*** *state*
dē statū movḗre	aus der Fassung bringen	
státua, -ae	Standbild, „Statue"	*Statuette*
statim (Adv.)	auf der Stelle, sofort	
statúere, státuō, -uī, statū́tum	hinstellen, feststellen, festsetzen, beschließen	*statuieren, Statut(en);* ***e.*** *statute*
cōnstitúere	festsetzen, beschließen	*konstituieren, Konstitution, konstitutionell;* ***e.*** *to constitute, constitution*
diem concíliō cōnstitúere	einen Tag / Termin für die Versammlung festsetzen	

	īnstitúere púerōs lítterīs Graecīs īnstitúere	einrichten, beginnen; unterrichten die Kinder in der griechischen Sprache unterrichten	*Institution, institutionalisieren*
	īnstitū́tum, -ī	Einrichtung	*Institut; e. institute*
	sístere, -ō, -stitī	(sich) hinstellen, zum Stehen bringen	*as-, in-sistieren, ex-istieren, As-sistent, (Ko)Ex-istenz*
	cōnsístere prope flūmen consístere In concórdiā cīvium salūs reī pūblicae cōnsístit.	sich hinstellen, Halt machen; bestehen aus (in) in der Nähe des Flusses Halt machen Auf der Eintracht der Bürger beruht das Wohl des Staates.	*konsistent, Konsistenz, Konsistorium; e. to consist*
	resístere nūllō resisténte	stehen bleiben; Widerstand leisten ohne dass jemand Widerstand leistet(e), ohne jeden (jeglichen) Widerstand	*resistent, Resistenz; fr. Résistance; e. to resist, resistance*
526.	**(stérnere / strúere)**	(hinbreiten / schichten, bauen)	*(Struktur, strukturell)*
	exstrúere, éxstruō, -strūxī, -strūctum	erbauen, errichten	
	īnstrúere áciem, exércitum, cōpiās īnstrúere	ausrüsten, einrichten; unterrichten das Heer, Truppen (geordnet, zum Kampf) aufstellen	*instruieren, Instruktion, in-, kon-struktiv; (re)kon-struieren, (Re)Kon-struktion; e. to instruct, instruction*
	īnstrūméntum, -ī	Werkzeug	*Instrument(arium), Ablativus instrumentalis; e. instrument*
	indústria, -ae	Fleiß	*Industrie; e. industry*
527.	ex-**stínguere,** -ō, -stīnxī, -stīnctum	auslöschen, vernichten	*Extinktion e. to extinguish, extinct(ion)*
528.	**stómachus,** -ī	Magen	*Stoma; e. stomach*
529.	**studḗre,** stúdeō, -uī + Dat.	streben (nach), sich bemühen (um); „studieren"	*Student, „Studiosus"; e. to study*
	id studḗre, ut ... glōriae studḗre lítterīs studḗre novīs rēbus studḗre	danach streben, dass ... nach Ruhm streben sich um die Wissenschaften (Schriften, Literatur) bemühen nach Neuerungen, nach Änderung der Verhältnisse, nach Umsturz streben	
	stúdium, -ī sine īrā et stúdiō	Eifer, Beschäftigung, Interesse ohne Zorn und Parteilichkeit (= vorurteilsfrei, objektiv)	*Studium, Studie, Studio; e. study*
530.	**stultus,** -a, -um	dumm, töricht	
531.	**(suādḗre)**	(raten, zureden)	
	persuādḗre, -suādeō, -suāsī, -sum + Dat.	1: + ut: überreden (dass) 2. + AcI: überzeugen (dass)	*persuasiv; e. to persuade, persuasion*
	Amīcō persuādeō, ut id fáciat. Amīcō persuādeō paupéribus opus esse auxíliō. mihi persuāsī, mihi persuāsum est (+ AcI)	Ich überrede den Freund, dass er das tut, das zu tun. Ich überzeuge den Freund, dass die Armen Hilfe brauchen. ich bin überzeugt (dass)	

532. **sub**	1. + Abl.: unter (wo?), unten an; 2. + Akk.: unter (wohin?); nahe	*Sub-kultur, sub-altern, Sub-kontinent;* ***e.*** *sub-marine*
sub óculīs parént(i)um	unter den Augen der Eltern	
sub monte consī́dere	sich am Fuß des Berges niederlassen	
sub montem succḗdere	unten an den Berg, an den Fuß des Berges heranrücken	
sub lūcem	gegen Tagesanbruch, früh morgens	
sub noctem	gegen Einbruch der Nacht, spät abends	
533. **sub-..., suc-..., sup-..., sus...** **in Zus. mit Verben**	darunter-..., unter-..., hinauf-...; (heimlich) weg-..., ent-...	
z.B.: sub-ígere	unterwerfen	
sub-dū́cere	(heimlich) wegführen, entziehen	
534. **super**	1. + Akk.: über, über - hin(aus) 2. + Abl.: (oben) auf; über, betreffs	*„super", Super-markt, Super-lativ, super-klug, souverän, Souveränität;* ***e.*** *super-vision*
super collēs volā́re	über die Hügel (hin) fliegen	
super haec	außerdem	
super túmulō iacḗre	oben auf, über dem Grabhügel liegen	
tibi super eā rē scrī́bam	ich werde dir darüber schreiben	
suprā + Akk.	oberhalb, über … hinaus	*Sopran*
suprā caput	oberhalb des Kopfes, über dem Kopf	
suprā vīrēs, modum	über die Kräfte, das (rechte) Maß (hinaus)	
supérior, -ius	der obere, überlegene; früher	*Superior(in);* ***e.*** *superior*
ex superiṓre locō	von einer Anhöhe aus	
superiṓre aestāte	im vorigen Sommer	
suprḗmus, -a, -um	der letzte, oberste	***e.*** *supreme*
suprḗmus diēs	der letzte Tag, der Todestag	
summus, -a, -um	der oberste, höchste	*„summa cum laude"*
in summā aquā	an der Wasseroberfläche	
summa, -ae	Hauptsache, Gesamtheit, „Summe"	*summieren, summarisch;* ***e.*** *sum*
summa impériī	die höchste Gewalt, der Oberbefehl	
superā́re	überwinden, besiegen, übertreffen	
amī́cum ánimō superā́re	den Freund an Mut übertreffen	
supérbus, -a, -um	hochmütig, stolz	*süperb;* ***e.*** *superb*
supérbia, -ae	Hochmut, Stolz	
535. **suus,** -a, -um	sein, ihr (refl.)	
as-, cōn**suḗscere**, -ō, -suḗvī, -suētum	sich gewöhnen an	*kostümieren, Kostüm*
as-, cōnsuēvísse	gewohnt sein, (zu tun) pflegen	
labṓre (labṓrī) assuḗscere	sich an Arbeit gewöhnen	
Pédibus īre as-, cōnsuḗvit.	Er geht gewöhnlich zu Fuß.	
cōnsuētū́dō, -inis f.	Gewohnheit, Sitte; Umgang	
(ex) cōnsuētū́dine	gewohnheitsgemäß	
Mihi cōnsuētū́dō tēcum est.	Ich habe Umgang mit dir.	

T

536. **tábula,** -ae	„Tafel“, Brett; Gemälde; Urkunde	*Tabelle, Tablett, „Tabula rasa“;* ***e.*** *table*
537. **tacēre,** táceō, -uī, ---	(ver)schweigen	
Sī tacuíssēs, philósophus mānsíssēs. (*Boethius*)	Wenn du geschwiegen hättest, wärest du ein Philosoph geblieben.	
538. **tam** (bei Adj. u. Adv.)	so	
tam – quam	so – wie	
nōn tam – quam	nicht so sehr – als vielmehr	
tamen	dennoch, (je)doch	
tamquam	1. Adv.: (so) wie, gleichsam 1. + Konj.: wie wenn, als ob	
tamquam (sī) tua rēs agātur	als ob es um deine Sache ginge	
tandem	endlich	
Quō ūsque tandem abūtére, Catilīna, patiéntiā nostrā? (*Cicero*)	Wie lange eigentlich noch wirst (willst) du, Catilina, unsere Geduld missbrauchen?	
tantus, -a, -um	so groß, so viel	*Tantieme; Tand(?), tändeln(?)*
tantum (Adv.)	nur	
tantum óperae et témporis cōnsūmere (in ōrātiōne)	so viel Mühe und Zeit aufwenden (für die Rede verwenden)	
tantī esse, émere	so viel wert sein, so teuer kaufen	
Nunc tantum id dīcam.	Jetzt will ich nur das, nur so viel sagen.	
tālis, -le	so beschaffen, solch	
tot (indekl.)	so viele	
Quot hóminēs, tot senténtiae.	Wie viele Köpfe, so viele Meinungen.	
tum	damals, da; dann, darauf	
cum – tum	sowohl – als (ganz) besonders, einerseits – andererseits vor allem	
tunc	damals; dann	
539. **tángere,** -ō, tétigī, tāctum	berühren	*in-takt, tangieren, Tangente, (Ko-)Tangens, Takt, taktieren, takt-los;* ***e.*** *tangent*
dē caelō tangī	vom Blitz getroffen werden	
contíngere	berühren; gelingen	*Kontingent, Kontakt;* ***e.*** *contact*
cibōs ōre contíngere	die Speisen mit dem Mund berühren	
Occāsiō rem servándī cōnsulī cóntigit.	Dem Konsul bot sich die Gelegenheit, die Lage zu retten.	
contíngit, ut …	es gelingt, glückt, dass ... / zu ...	
ínteger, -gra, -grum	unberührt, unversehrt; redlich, rein; unentschieden	*intéger, integrieren, Integration, Integral*
Íntegrī rediérunt.	Sie kehrten unversehrt zurück.	
Rem íntegram relínquō.	Ich lasse die Sache unentschieden, in der Schwebe.	
intégritās, -tātis f.	Unversehrtheit; Reinheit	*Integrität;* ***e.*** *integrity*
540. -(i)**tāre, -tārī** **als Suffix b. Verbum**	=> Verstärkung, Wiederholung	
z.B.: cap-tāre	(eifrig, wiederholt) fangen	

541. **-tās, -tūs, -tūdō** f. **als Suffix b. Subst.** z.B.: hūmāni-tās, -ātis māgni-túdō, -inis	=> Eigenschaft, Zustand Menschlichkeit Größe	
542. **taurus,** -ī	Stier	*Torero*
543. **tégere,** -ō, tēxī, tēctum Urbs mǿenibus tēcta est. dētégere tēctum, -ī tēcta urbis relínquere	(be)decken, schützen Die Stadt ist durch Mauern geschützt. entdecken „Dach“, Haus die Häuser der Stadt hinter sich lassen	*„Ziegel“, „Toga“, pro-tegie-ren, Pro-tektion, Pro-tekto-rat* *Detektiv, Detektor;* ***e.*** *to de-[tect, detective*
544. **tellūs,** tellū́ris f.	Erde, Erdboden	*Tellurium*
545. **tēlum,** -ī tēla conícere	Geschoss, Waffe Geschosse schleudern	
546. con-**témnere,** -ō, -témpsī, -témptum	verachten, nicht beachten	
547. **temptā́re** (tentā́re) fortū́nam temptā́re mǿenia urbis temptā́re	versuchen; angreifen das Glück herausfordern die Mauern der Stadt angreifen	*Tentakel, At-tentat, At-tentä-ter;* ***e.*** *to tempt, (to) attempt, temptation*
548. **tempus,** témporis n. Ō témpora, ō mōrēs! tempus cōnférre in (ad) litterās / cōnsū́mere in litterīs ex témpore in omne tempus in témpore suō témpore	Zeit, Lage; Pl.: Umstände Diese Zeiten, diese Sitten! Zeit verwenden auf die Wissen-schaften auf Grund der Zeitumstände, aus dem Stegreif für immer rechtzeitig zur rechten Zeit; zum frühest möglichen Zeitpunkt	*Tempus, temporär, Tempo, Ex-temporale, ex-temporie-ren, c.t. (= cum tepore), s.t. (=sine tempore);* ***e.*** *temporal*
tempéstās, -tā́tis f. Véhemēns tempéstās óritur. eādem tempestā́te	Unwetter, Sturm; Zeit Ein heftiger Sturm erhebt sich. zur selben Zeit	***e.*** *tempest*
temperā́re īrae suae temperā́re rem pū́blicam temperā́re (ab) iniū́riā temperā́re	1. + Dat.: schonen, mäßigen 2. + Akk.: leiten, ordnen 3. + Abl.: sich fernhalten (von) seinen Zorn mäßigen, beherrschen den Staat leiten, ordnen sich von Unrecht fernhalten, des Unrechts enthalten	*temperieren, Temperatur, Temperament, temperament-voll;* ***e.*** *(to) temper*
templum, -ī	heiliger Ort, „Tempel“	*Kon-templation;* ***e.*** *temple*
549. **téndere,** -ō, teténdī, tentum manū́s ad caelum / mātrī téndere	spannen, strecken; zielen die Hände zum Himmel strecken / der Mutter entgegenstrecken	*tendieren, Tendenz, tenden-ziös; ex-tensiv;* ***e.*** *to tend, tendency*
conténdere, ~, -téndī, ~ id conténdere, ut … Quīdam conténdunt áni-mum mortā́lem esse.	sich anstrengen: behaupten, eilen, kämpfen sich darum bemühen, dass ... Manche behaupten, dass die Seele sterblich sei.	***e.*** *to contend*

	Rōmam conténdere	nach Rom eilen	
	Domum revértī conténdit.	Er kehrte eilends nach Hause zurück.	
	dē prīncipātū conténdere	um die Vorherrschaft kämpfen	
	conténtiō, -ōnis f.	Anstrengung, Wettstreit	*e. contention*
	osténdere	zeigen	*ostentativ; e. ostentatious*
	atténtus, -a, -um	angespannt, aufmerksam	*e. attention*
	inténtus, -a, -um	(an)gespannt, eifrig	*Intention, Intendant, intensiv, Intensität; e. intent*
550.	**tenḗre,** téneō, -uī, tentum	(fest)halten, innehaben	*Tenor, Leu-tnant*
	manū tenḗre	in der Hand halten	
	memóriā tenḗre	im Gedächtnis behalten, haben	
	locum tenḗre	den Platz behaupten, die Stellung halten	
	fóedere tenḗrī	durch einen Vertrag gebunden sein, sich durch ... gebunden fühlen	
	Māgnus timor mē tenet.	Große Furcht beherrscht, erfüllt mich.	
	abstinḗre (+ Abl.)	(sich) fernhalten von	*Abstinenz(ler); (e.) abstinent*
	iniū́riā abstinḗre	sich von Unrecht fern halten, kein Unrecht tun	
	continḗre	zusammen-, in Schranken halten, fest-, enthalten	*Kontinent, kontinental, Container;*
	cupiditā́tēs continḗre	Begierden beherrschen	*e. to contain, continental*
	Salūs reī pū́blicae (in) iūstítiā continḗtur.	Das Wohl des Staates beruht auf der Gerechtigkeit.	
	contínuus, -a, -um	zusammenhängend, beständig	*kontinuierlich, Kontinuität;*
	contínuo (Adv.)	fortlaufend, fort und fort; sofort	*e. continuous, continual, continuity*
	quáttuor diēs contínuī	vier aufeinander folgende Tage, vier Tage hintereinander	
	conténtus, -a, -um	zufrieden	*e. (to) content*
	fortū́nā suā, parvō conténtus	mit seinem Schicksal, mit Wenigem zufrieden	
	obtinḗre	festhalten, innehaben	*e. to obtain*
	tōtī́us Gálliae prīncipātum obtinḗre	die Vorherrschaft, führende Stellung in ganz Gallien innehaben	
	pertinḗre	sich erstrecken, sich ausdehnen, sich beziehen auf	*im-pertinent, Im-pertinenz*
	ad vītam pertinḗre	sich auf das Leben beziehen, das .. betreffen, mit dem .. zu tun haben, zum .. beitragen	
	retinḗre	zurückhalten, festhalten, bewahren	*Retentions-raum; e. to retain*
	sustinḗre	aushalten, (er)tragen	*e. to sustain*
	ímpetum Gallṓrum sustinḗre	dem Angriff der Gallier standhalten	
551.	**tergum,** -ī	Rücken	
	(hóstibus) terga (tergum) vértere, dare	(vor den Feinden) fliehen, sich zur Flucht wenden	
552.	**terra,** -ae	Land, Erde	*Terrarium, Terrasse, Terrakotta, Terrine, Par-terre, mediterran, Terrain, Territorium, (ex-)territorial; e. terrestrial*
	Ubī terrā́rum?	Wo in aller Welt?	
553.	**terrḗre,** térreō, -uī, -itum	(er)schrecken (trans.)	*e. terrible*
	clāmṓre terrḗrī	sich vom Geschrei erschrecken lassen	

	dēterrḗre perterrḗre terror, terrṓris m.	abschrecken heftig erschrecken, einschüchtern Schrecken	*e. to deter* *Terror(ismus), Terrorist, terrorisieren; e. terror*
554.	**theā́trum,** -ī	Theater	*theatralisch; e. theatre*
555.	**timḗre,** tímeō, -uī, --- tempestā́tem timḗre lībertā́tī timḗre Tímeō, nē tempéstās oriā́tur. timor, timṓris m. timṓrem hostī ínicere tímidus, -a, -um	fürchten, Angst haben den Sturm fürchten, Angst haben vor … für die, um die Freiheit fürchten Ich fürchte, dass ein Unwetter aufkommt. Furcht, Angst dem Feind Furcht einflößen, einjagen ängstlich, furchtsam	*e. timid*
556.	**tóllere,** -ō, sústulī, sublā́tum áncorās tóllere lēgem tóllere amī́cō spem tóllere ē médiō tóllere tolerā́re	empor-, aufheben, beseitigen, wegnehmen die „Anker" lichten ein Gesetz aufheben dem Freund die Hoffnung nehmen (jem.) beseitigen ertragen, aushalten	*tolerieren, tolerant, Toleranz; e. to tolerate, tolerant, tolerable, tolerance*
557.	**-tor (f. -trix), -sor als Suffix b. Subst.** z.B.: doc-tor, -ṓris lū-sor, -ṓris	=> handelnde Person Lehrer Spieler	
558.	**torquḗre,** tórqueō, torsī, tortum	drehen, quälen, foltern	*Torsion, Torte, Tortur, Retorte; e. (to) torture*
559.	**tōtus,** -a, -um tōtus orbis terrā́rum tōtā urbe	ganz der ganze Erdkreis, die ganze Welt in der ganzen Stadt	*total, Total-schaden, Totalität, totalitär, Fak-totum; e. total(ity)*
560.	**tráhere,** -ō, trāxī, tractum ad arma tráhere bellum tráhere rápere (dū́cere) et tráhere contráhere dētráhere tractā́re	ziehen, schleppen zum Kampf verleiten, veranlassen den Krieg in die Länge ziehen rauben und plündern zusammenziehen herabziehen, wegnehmen behandeln, besprechen	*Trakt, Traktor, tränieren; porträtieren, Por-trät, abs-trahieren, abs-trakt, at-traktiv, Attraktion, ex-, sub-trahieren, Ex-trakt, Sub-traktion; e. tractor* *kontrahieren, Kontraktion, Kontrakt; e. (to) contract, [contraction* *traktieren, Traktat*
561.	**trāns** + Akk. trāns mare nāvigā́re trāns Rhēnum incólere	über (– hinüber), jenseits über das Meer segeln jenseits des Rheins wohnen, siedeln	*trans-alpin, Trans-port; e. to trans-late*
562.	**trāns-..., trā-... in Zus. mit Verben** z.B.: trā-dū́cere	hinüber-..., über-...(, durch-...) hinüberführen, übersetzen	
563.	**trepidā́re**	hasten, aufgeregt sein	

564. **trēs,** tria	„drei“	*Trio, Trinität, Trium-virat,*
Trēs fáciunt collḗgium.	Drei Leute bilden ein „Kollegium“.	*Tri-kolore, tri-vial;* ***e.*** *three*
ter (Adv.)	dreimal	
tértius, -a, -um	der dritte	*Terz*
testis, -is m. / f.	Zeuge / Zeugin (der „Dritte“)	*Testament, testieren, Testat, At-test*
(at)**tribúere,** -tríbuō, -tríbuī, -tribū́tum	zuteilen, zuweisen	*Attribut, Dis-tributiv-zahlen, Kon-tributionen;* ***e.*** *(to) attri-bute*
fīliō hoc supérbiae tribúere	dem Sohn dies als Hochmut auslegen	
tribū́tum, -ī	Abgabe, Steuer	*„Tribut“;* ***e.*** *tribute*
tribū́nus, -ī (mī́litum, plēbis)	(Militär-, Volks-)„Tribun“	*Tribüne*
tribū́nal, -nā́lis n.	Richterstuhl, Gerichtshof	*Tribunál;* ***e.*** *tribunal*
565. **trīstis,** -te	traurig, finster	*trist, Tristesse, Tristien*
566. **tū**	du	
tuus, -a, -um	dein	
Tuum est tacḗre.	Es ist (wäre) deine Pflicht zu schweigen.	
567. **tuḗrī** (meist nur Präsensst.)	im Auge haben, schützen	
dīgnitā́tem suam tuḗrī	seine Würde wahren	
intuḗrī	anschauen, betrachten	*intuitiv, Intuition*
terram intuḗrī	zu Boden sehen, blicken	
tūtus, -a, -um	geschützt, sicher	*Tutor, Tutel;* ***e.*** *tutor*
tūtus ā perī́culīs	vor Gefahren geschützt	
tūtā́rī	schützen	
568. **(tumor)**	(Geschwulst)	(„Tumor“)
túmulus, -ī	Hügel; Grabhügel	
tumúltus, -ūs	Aufruhr, Unruhe	*Tumult*
569. **-(t)ū́ra, -tus** (Gen. -tūs)		
als Suffix b. Subst.	=> Handlung, Ergebnis davon	
z.B.: cul-tū́ra	Bebauung, Pflege	
advén-tus, -ūs	Ankunft	
570. **turba,** -ae	Lärm, Unruhe, Menge	*„Trubel“, Turbine, Turbo-, turbulent, Turbulenz*
mā́ximam turbam efficere	größte Unruhe auslösen, Verwirrung anrichten, stiften	
ex hóminum turbā discḗdere	sich aus dem Menschengewühl zurückziehen	
571. **turpis,** -pe	hässlich; schändlich	***e.*** *turpitude*
572. **turris,** -is f.	„Turm“	
573. **tussis,** -is f.	Husten	
574. **-tus** (-a, -um)		
als Suffix b. Adj.	=> Ausstattung (versehen mit ...)	
z.B.: honés-tus	ehrenvoll	

U

575. **ubī**	rel. oder interrog.: wo	
ubī (prīmum)	1. + Ind. Perf.: sobald 2. + Ind. Plqupf.: sooft	
ubī́que	überall	
unde (rel. / interrog.)	woher / ?	
úndique (Adv.)	von allen Seiten	
umquam	jemals	
neque umquam	und niemals	
numquam	nie(mals)	
nūsquam	nirgends	
ut (utī)	1. allgem. + Ind.: wie 2. + Konj.: dass, sodass, damit; angenommen / nämlich dass	
ut nōn / nēmō	dass nicht / niemand *(konsekutiv)*	
Ut dēsint vīrēs, tamen est laudánda volúntās. (*Ovid*)	Wenn auch die Kräfte fehlen, ist doch der (gute) Wille zu loben.	
ut (prīmum)	~ ubī prīmum	
ut ... sīc	wie ... so; zwar ... aber	
útinam	*(Einl. eines Wunsches)* dass doch, wenn doch	
Útinam váleās!	Mögest du gesund sein, hoffentlich bist ...!	
Útinam pater vī́veret!	Wenn der Vater doch noch lebte!	
uter, utra, utrum	wer (von beiden)	
utrum – an	(ob) – oder *(in Doppelfragen)*	
Utrum herī in theā́trō fuístī an in circō?	Warst du gestern im Theater oder im Zirkus?	
Quaerō ex tē, utrum in theā́trō fúeris necne [= an nōn] (an in circō).	Ich frage dich, ob du im Theater gewesen bist oder nicht (oder im Zirkus).	
néuter, -tra, -trum	keiner von beiden	*Neutrum, neutral, Neutralität, neutralisieren, Neutralisation, Neutron;* ***e.*** *neutral(ity)*
utérque, ...	jeder (von beiden), beide	
Utérque cōnsul cécidit.	Beide Konsuln sind gefallen.	
utrā́que manū	mit beiden Händen	
utrímque (Adv.)	auf, von beiden Seiten	
576. -(c)**ulus, -a, -um; (-olus ...); -ellus ... als Suffix b. Subst.**	(Verkleinerungsform: Deminutiv) -chen, -lein	
z.B.: puér-ulus	Knäb-lein	
lib-éllus	Büch-lein	
577. **umbra,** -ae	Schatten	*Umbra-farbe, Umbral-glas;* ***e.*** *umbrella*
578. **úmerus,** -ī	Schulter	
579. **unda,** -ae	Welle, Woge, Gewässer	*Ab-undanz, ondulieren;* ***e.*** *to abound, abundance*

580. **ūnus,** -a, -um	ein(er); einzig, als einziger	*Union, UNO; USA; Unikum, Unze, uni-sono, Uni-form, uni-polar;* ***e.*** *to unite, unity*
ūnus ex / dē magistrātibus	einer der, von den Beamten	
ad ūnum / ūnam omnēs	alle ohne Ausnahme	
ūnā ex virtūte pendēre	allein von der Tugend abhängen	
ūllus, -a, -um	irgendein(er)	
sine ūllā spē	ohne jegliche Hoffnung	
nūllus, -a, -um	kein	*Null, an-nullieren*
ūnivérsus, -a, -um	gesamt, ganz; Pl.: alle	*universal, universell, Univer-sum, Universität, universitär;* ***e.*** *universal(ity)*
ūnivérsum, -ī	Weltall	
581. **urbs,** urbis f.	(Haupt-)Stadt	*urban, Urbanisierung, „urbi et orbi";* ***e.*** *urban(isation)*
ab urbe cóndità	seit Gründung der Stadt (Rom: 753 v. Chr.)	
582. **ūrere,** ūrō, ussī, ustum	(ver)brennen (trans.)	
vúlnera ūrere	Wunden ausbrennen	
583. **ūsque**	ununterbrochen, fortwährend	
ūsque ad + Akk.	bis zu	
ūsque ad noctem	bis in die Nacht	
584. **ūtī,** ūtor, ūsus sum (+ Abl.)	gebrauchen, benützen	*Utensilien;* ***e.*** *to use*
īnstrūméntō ūtī	ein Gerät benützen	
dolō ūtī – dolō ūsus	eine List anwenden – mit einer List	
lēge ūtī	sich an das Gesetz halten	
vāte ūtī amīcō	den Seher zum Freund haben	
ūtilis, -le	brauchbar, nützlich	*Utilitarist, Utilitarismus;* ***e.*** *utility*
rēs ad vītam beātam (amīcō) ūtilēs	Dinge, die für ein glückliches Leben (für den Freund) nützlich sind	
inūtilis, -le	nutzlos, unnütz	
ūtílitās, -tātis f.	Nutzen, Vorteil	
ūsus, -ūs	Gebrauch, Nutzen; Erfahrung; Bedarf	*„Usus", usu-rpieren, Usu-rpator;* ***e.*** *use, usage*
Amīcō id māgnō ūsuī fuit.	Für den Freund war das von großem Nutzen, sehr nützlich.	
ars / sciéntia et ūsus	Theorie und Praxis	
ūsus bellī	Kriegsbedarf	
585. **uxor,** uxōris f.	Gattin, Ehefrau	
Rōmānam uxōrem (in mātrimōnium) dūcere	eine Römerin heiraten	

V

586. **vacāre** + Abl.	leer sein, frei sein (von)	*vakant, Vakanz, Vakuum e-vakuieren, E-vakuierung;* ***e.*** *vacant, vacancy*
vácuus, -a, -um	leer, frei	
vácuus (vacāre) dolōribus	frei von Schmerzen (sein)	
vānus, -a, -um	leer, eitel, eingebildet	***e.*** *vain, vanity*
spēs vāna	eine nichtige, vergebliche Hoffnung	

587. **(vā́dere)**	(gehen)	Vade-mecum
invā́dere, -ō, -vā́sī, -vā́sum	eindringen, angreifen	*Invasion;* *e. to invade, invasion*
metus, terror nōs invā́dit (in) hostēs invā́dere	Angst, Schrecken befällt uns die Feinde angreifen	
588. **valḗre,** váleō, -uī	gesund sein, vermögen	*Valuta, Valenz, Rekon-vales-zent, -zenz, In-valide, In-vali-dität, äqui-valent;* *e. valid, value*
apud plēbem multum, plūs, nihil valḗre	beim Volk viel, mehr, nichts vermögen, großen, größeren, keinen Einfluss haben	
valē, valḗte!	leb, lebt wohl!	
valdē (Adv.)	sehr	
valētū́dō, -inis f.	Gesundheit(szustand)	
bonā valētū́dine ūtī	sich guter Gesundheit erfreuen, bei ... sein	
589. **vallis,** -is f.	Tal	*Wallis(er Alpen); e. valley*
590. **vallum,** -ī	„Wall"	*Inter-vall*
castra vallō fossā́que mūnī́re	das Lager mit Wall und Graben befestigen	
591. **várius,** -a, -um	bunt; mannigfaltig; wankelmütig	*variabel, Variable, variieren, Variante, Variation, Varieté;* *e. to vary, various, variety*
várium genus dīcéndī homō várius	eine unterschiedliche Redeweise ein launischer, charakterloser Mensch	
592. **vās,** vāsis n. (Pl.: vāsa, -ṓrum)	Gefäß	*Vase*
593. **vāstā́re**	ver-„wüsten"	*e. de-vastate*
vāstus, -a, -um	„wüst", öde; riesig	*Wüste, Wust"*
mare vāstum	ein riesiges, unermessliches Meer	
594. **vātēs,** -is m / f.	Seher(in), Priester(in); Dichter	
595. **vehī,** vehor, vectus sum	fahren (intrans.)	
véhemēns, -éntis	heftig, gewaltig, ungestüm	*vehement, Vehemenz*
596. **velle,** volō, vóluī	„wollen"	*„Wille"*
nōlle	nicht wollen	*nolens volens*
velim (nōlim)	*(Einl. eines erfüllb. Wunsches)* ich wünsche, hoffentlich (nicht)	
vellem (nōllem)	*(Einl. eines unerfüllb. Wunsches)* ich wünschte (nicht), dass doch, wenn doch (nicht)	
Velim (nōlim) rédeās! Nōllem id fēcíssēs! Nōlī / Nōlī́te id fácere!	Hoffentlich kehrst du (nicht) zurück! Wenn du das doch nicht getan hättest! Tu(e) / Tut das nicht!	
mālle (... quam)	lieber wollen (als…) , vorziehen	
vel	oder; sogar	
vel - vel vel vehementíssimē	entweder – oder wohl, sogar am heftigsten	
velut	wie, wie zum Beispiel	
invī́tus, -a, -um	ungern, wider Willen	
Magíster hoc invī́tus fēcit. patre invī́tō paréntibus invītíssimīs	Der Lehrer tat dies ungern, unfreiwillig. gegen den Willen des Vaters ganz gegen den Willen der Eltern	

invītā́re	einladen	*e. to invite*
volúntās, -tā́tis f.	Wille, Absicht	*volontieren, Volontär; e. voluntary*
Fīat volúntās tua!	Dein Wille geschehe!	
voluntā́te patris	mit Einwilligung des Vaters	
suā voluntā́te fácere	aus freiem Willen tun	
volúptās, -tā́tis f.	Vergnügen, Lust	
597. **véndere,** -ō, -didī, -ditum	verkaufen	
parvō, māgnā pecūniā, dēnāriō, minṓris véndere	billig, um viel Geld, um einen Denar, billiger verkaufen	
598. **venī́re,** véniō, vēnī, ventum	kommen	*Prä-ventiv-Krieg, Inter-vention*
Vēnī, vīdī, vīcī.	Ich kam, sah und siegte.	
advenī́re	ankommen	*Avenue, Abenteuer; e. adventure*
Rōmam, in urbem advenī́re	in Rom, in der Stadt ankommen	
advéntus, -ūs	Ankunft	*Advent(isten)*
convenī́re	zusammenkommen, antreffen; zusammenpassen	*Konvent(ion), -tional-Strafe, konventionell; e. to convene, convent*
ad tribū́num convenī́re	beim Tribun zusammenkommen	
uxṓrēs (flentēs) convenī́re	die Frauen besuchen (weinend antreffen)	
Nōn ómnia ómnibus (in, ad omnēs) convéniunt.	Nicht alles passt zu allen, schickt sich für alle.	
Pāx (inter adversā́riōs) cónvenit.	Friede kommt (unter den Gegnern) zustande, man einigt (die Gegner einigen) sich über den Frieden.	
cṓntiō, -ṓnis	(Volks-, Heeres-)Versammlung	
in cōntiṓnem prōdī́re	in der Volksversammlung auftreten	
ēvenī́re	zustande kommen, sich ereignen; zustoßen	*eventuell, Eventualität*
bene ḗvenit, quod …	es trifft sich gut, dass …	
(ex quō) ḗvenit, ut …	es ereignet sich, es geschieht (daher kommt es), dass ...	
ēvéntus, -ūs	Ausgang, Erfolg	*„Event" (= e. event)*
malōs ēvéntūs habḗre	ein schlimmes Ende nehmen	
invenī́re	(er)finden („draufkommen")	*Inventar, inventarisieren, Inventur, Invention(en); e. to invent, invention*
pervenī́re	(ans Ziel) gelangen, kommen	
599. **ventus,** -ī	Wind	*Ventil(ator), Ventilation, ventilieren; e. wind*
600. **vēr,** vēris n.	Frühling	
vēre	im Frühling	
vēre ineúnte	bei Frühlingsbeginn	
601. **verberā́re**	schlagen	
602. **verbum,** -ī	Wort, Äußerung	*Verb(um), verbal; Ad-verb, ad-verbial; e. verb(al)*
illud verbum Catṓnis	jene Äußerung Catos	
verba fácere	reden, einen Vortrag halten	
ad verbum	aufs Wort, wörtlich	
Multī verbō lī́berī sunt, nōn rē.	Viele sind nur dem Wort, dem Namen nach frei, nicht in Wirklichkeit.	

603. **verḗrī,** véreor, véritus sum	fürchten, (sich) scheuen; verehren	*Re-verend, Re-verenz;*
véritus, nē + Konj.	aus Furcht, dass	***e.*** *to revere, reverence*
véreor, nē cadās	ich fürchte, dass du fällst	
véreor fatḗrī	ich scheue mich zu gestehen	
deum verḗrī	Gott verehren	
604. **vértere,** -ō, vertī, versum	drehen, (um)wenden	*versiert, (In-)Version, Kontro-verse, uni-versal, Uni-versum, Uni-versität, per-vers, sub-versiv, Prosa;*
uxṓrī id vítiō vértere	der Ehefrau das als Fehler anrechnen, auslegen	***e.*** *versed, versatile*
animadvértere	1. + Akk. / AcI: bemerken, wahrnehmen; 2. + in + Akk.: vorgehen gegen	
crūCpliter in pīrā́tās animadvértere	grausam gegen die Seeräuber vorgehen	
āvértere	abwenden	*Aversion;* ***e.*** *to avert, averse*
iter ā flū́mine āvértere	vom Fluss abbiegen	
convértere	(um)wenden, hinwenden; verwandeln	*konvertieren, konvertierbar, Konverter, Konvertit, Konversation;*
ómnium óculōs ad sē convértere	die Blicke aller auf sich lenken	***e.*** *convertible, conversation*
librum ē Graecō in Latī́num convértere	ein Buch aus dem Griechischen ins Lateinische übersetzen	
in avem convértere	in einen Vogel verwandeln	
ēvértere	umstürzen, zerstören	
cīvitā́tem ēvértere	den Staat zugrunde richten	
versā́rī	sich aufhalten; sich beschäftigen	
mihi ante óculōs versā́tur	mir schwebt vor Augen	
multum in litterīs versā́rī	sich viel mit Wissenschaften beschäftigen, sich viel wissenschaftlich betätigen	
in rē pū́blicā versā́rī	sich politisch betätigen	
revértī, -or, revértī, reversū́rus	zurückkehren	*Revers, (ir-)reversibel;* ***e.*** *to revert, reverse*
versus, -ūs	Vers	*Vers;* ***e.*** *verse*
versūs fácere, compṓnere	Verse schreiben, dichten	
vertex, vérticis m.	Wirbel; Scheitel; Gipfel	*vertikal*
advérsus, -a, -um	entgegengesetzt, ungünstig; vorn	***e.*** *adverse*
advérsō flū́mine	flussaufwärts	
ventō advérsō	bei widrigem Wind	
vúlnera advérsa	Verwundungen vorn am Körper	
adversā́rius, -ī	Gegner, Feind	***e.*** *adversary*
advérsus + Akk.	gegen, gegenüber	*adversativ*
advérsus rem pū́blicam	gegen den Staat, gegen das Staatsinteresse	
advérsus ī́nsulam	gegenüber der Insel	
dīvérsus, -a, -um	entgegengesetzt, feindlich, verschieden	*divers, Divertimento;* ***e.*** *diverse, diversity*
Amī́cī dīvérsī abiḗrunt.	Die Freunde gingen in verschiedener Richtung auseinander.	
rūrsus (Adv.)	wieder	

605. **vērus,** -a, -um	„wahr“, wirklich; aufrichtig	*veri-fizieren, Veris-mus;*
vērum dī́cere	die Wahrheit sagen	***e.*** *very, veritable, to verify*
rē vērā	in Wirklichkeit	
vērē (Adv.)	wahrheitsgemäß	
vērō (Adv.)	wirklich; vollends; aber	
vērum (Adv.)	aber, sondern	
nōn sōlum – vērum étiam	nicht nur – sondern auch	
606. **vesper,** -ī	Abend(stern)	*Vesper*
véspere / vésperī	am Abend	
607. **vestī́gium,** -ī	Fußstapfen, Spur, Stelle	*FBI (Federal Bureau of Inves-tigation);* ***e.*** *to investigate, investigator, investigation*
eṓdem vestī́giō manḗre	an derselben Stelle bleiben	
ē (in) vestī́giō	auf der Stelle, sofort	
608. **vestis,** -is f. (meist Sg.)	Kleidung, Gewand; (Pl.:) Kleider	*Weste, in-vestieren, In-vesti-tion, Investitur, Tra-vestie;* ***e.*** *vest*
vestem mūtā́re	die Kleidung wechseln, Trauerkleider anlegen	
609. **vetā́re,** vétō, -uī, -itum +Akk.	verbieten	*Veto(-recht);* ***e.*** *(to) veto*
vetō tē	ich verbiete dir	
Vétitus eram haec fácere.	Mir war es untersagt, man hatte mir verboten, das zu tun.	
610. **vetus,** véteris	alt	*Veteran;* ***e.*** *veteran*
vétera omíttere	die alten Geschichten übergehen	
611. **vexā́re**	quälen; heimsuchen, verheeren	*Vexier-bild;* ***e.*** *to vex*
612. **via,** -ae	Weg, Straße	*Via Appia, Via-dukt, tri-vial, Tri-vialität, Kon-voi;* ***e.*** *via, viable*
rēctam vītae / vīvéndī viam sequī	den rechten Lebensweg einschlagen, der richtigen Lebensweise folgen	
áliā viā	auf andere Weise	
613. **vīcus,** -ī	(unbefestigtes) Dorf; Gasse	*„Weich-bild“*
vīcī́nus, -ī	benachbart, nahe; subst.: Nachbar	
vīlla, -ae	(Land)Haus, Landgut	*„Villa“, Weiler;* ***e.*** *village*
614. **vidḗre,** vídeō, vīdī, vīsum	sehen; darauf achten (dass)	*„wissen“, Video, Visum, Vi-sier, an-visieren, Visage, vis-à-vis, re-vidieren, Re-vision, Re-vue, e-vident, E-videnz, Inter-view, e. tele-vision [****e.*** *visual, evident, evidence*
Vídeō vīcī́num venī́re / veniéntem.	Ich sehe, dass der Nachbar kommt / den Nachbarn kommen.	
Vídeant cṓnsulēs, nē quid rēs pū́blica dētrīméntī cápiat.	Die Konsuln mögen darauf achten, dass der Staat keinen Schaden leidet.	
vidḗrī	scheinen	
Mihi vídeor id scī́re.	Ich bilde mir ein, ich glaube das zu wissen.	
Mihi vidḗtur id fácere.	Es scheint mir gut, richtig, das zu tun.	
Équites flūmen trānsī́re vidéntur.	Die Reiter scheinen den Fluss zu überque-ren, überqueren anscheinend den Fluss.	
vīsus, -ūs	Blick, Erscheinung	*(Tele-)Vision, visionär, (au-dio-)visuell*
invidḗre + Dat.	missgönnen, beneiden	
dīvítiīs vīcīnī invidḗre	den Nachbarn um seinen Reichtum beneiden	
invídia, -ae	Neid, Missgunst	
Invídia glṓriae comes.	Der Neid ist der Begleiter des Ruhms.	

prōvidḗre + Akk. + Dat.	vorhersehen; sorgen für	*Provision, Provisorium, provisorisch, im-provisieren, Improvisation; e. to provide, provider, provision, providence*
prōvidḗre rēs futū́rās	die Zukunft voraussehen	
prōvídeō amī́cīs	ich sorge für die Freunde	
prūdéntia, -ae	Klugheit	*e. prudence*
prū́dēns, -éntis	klug	*e. prudent*
vīsitā́re	besuchen	*visitieren, Visite, Visitation; e. to visit*
615. **vigilā́re**	wachsam sein, wachen	*Vigil; e. vigilance*
616. **vīlis,** -le	billig, wertlos	*wohl-„feil"*
perī́cula vī́lia habḗre	Gefahren gering schätzen	
617. **víncere,** -ō, vīcī, victum	(be)siegen, übertreffen	*„veni, vidi, vici", Vinzenz*
pūgnā víncere	in der Schlacht (be)siegen	
2 Ompia víncere	in den Olympischen Spielen siegen	
patrem ēloquéntiā víncere	den Vater an Beredsamkeit übertreffen	
convíncere	(vor Gericht) überführen	*e. to convince, (to) convict*
prōditiṓnis convíncere	(wegen) des Hochverrats überführen	
victor, -tṓris m.	Sieger	*Viktor*
victṓria, -ae	Sieg	*Viktoria; e. victory*
(ab, ex hóstibus) victṓriam párere, reportā́re, reférre	(über die Feinde) einen Sieg erringen, davontragen	
618. **vínculum,** -ī	Band, Fessel; Pl. Gefängnis	
in víncula cónicī	ins Gefängnis geworfen werden	
619. **vīnum,** -ī	„Wein"	*Winzer, Vignette; e. vine, wine*
In vīnō vḗr-itās!	Im Wein liegt Wahrheit!	
620. **vir,** virī	Mann	*viril, Trium-virat; e. virility*
virtūs, -tū́tis f.	Tüchtigkeit, Tapferkeit, Tugend; Vortrefflichkeit, Leistung; *Pl. (auch):* gute Eigenschaften	*Virtuosität, virtuos, virtuell; e. virtue, virtual, virtuous*
virtū́tēs ánimī	geistige Vorzüge	
621. **virgō,** vírginis f.	Mädchen, junge Frau	*Virginia; e. virgin*
622. **vīs** (vim, vī) f.	Gewalt, Kraft; Menge	
māgna vīs pecū́niae	eine große Menge (an) Geld	
vīrēs, -ium f.	Kräfte, Streitkräfte	
prō vī́ribus	nach Kräften	
violā́re	verletzen; schänden	*violent; e. to violate, violence, violent*
inviolā́tus	unverletzt, unverletzlich	
vindicā́re	beanspruchen; (be)strafen	*re-vanchieren, Re-vanche, Revanchismus; e. to vindicate*
laudem sibi vindicā́re	Ruhm für sich beanspruchen	
pátriam ē servitū́te in lībertā́tem vindicā́re	das Vaterland aus der Knechtschaft befreien	
in sóciōs gráviter / sevḗrē vindicā́re	streng gegen die Bundesgenossen verfahren	

623. **vītā́re** mortem, perī́culum vītā́re	(ver)meiden, entgehen dem Tod, der Gefahr entgehen	
624. **vítium,** -ī virō invídiam vítiō dare, vértere	Fehler, Laster; Verstoß dem Mann den Neid als Fehler anrechnen	*e. vice*
625. **vī́vere,** -ō, vīxī, vīctū́rus Ita vīvam, …! Vīvat, crēscat, flṓreat! Vīvant sequéntēs! vīvus, -a, -um paréntibus vīvīs convī́va, -ae m. vīta, -ae Vīta brevis, ars longa. (*Seneca*)	leben So wahr ich lebe, …! Er soll leben, wachsen und gedeihen! Die Nachfolgenden sollen leben! lebend; zu Lebzeiten, lebendig zu, bei Leibzeiten der Eltern Gast Leben(sweise) Das Leben ist von kurzer, die Kunst von langer Dauer.	*Modus vivendi, Viktualien-markt* *Vivi-sektion, vivi-par, Weiher; e. vivid* *Konvikt* *vital, Vitalität, Vitamin; e. vitality*
626. **vix** (Adv.)	kaum	
627. **volā́re**	fliegen; eilen	*Volley-ball (?); e. volatile*
628. **vōs** memória vestrī vester, -stra, -strum	Nom.: ihr, Akk.: euch die Erinnerung an euch euer	
629. **vōtum,** -ī	Gelübde, Wunsch	*„Votum", Votiv-bild, de-vot, De-votion; e. (to) vote*
630. **vōx,** vōcis f. ūnā vōce vōx poḗtae vocā́re amī́cum ad cēnam vocā́re vīcī́num amī́cum vocā́re advocā́re revocā́re	Stimme, Wort, Bezeichnung einstimmig die Stimme des Dichters; die Bezeichnung Dichter rufen; nennen den Freund zum Essen einladen den Nachbarn einen Freund nennen, als Freund bezeichnen herbeirufen zurückrufen, zurückbringen	*Vokal, Vokativ; e. voice, vocal* *Vokabel, Vokabular, Vogt* *Advokat; e. (to) advocate*
631. **vulgus,** -ī (nur Sg.) n.	die große Menge, das Volk, der Pöbel	*vulgär, Vulgär-latein, Vulga-rismus, Vulgata; e. vulgar*
632. **vulnus,** vúlneris n. vúlnera accípere	Wunde, Verletzung Wunden erleiden, verwundet werden	
633. **vultus,** -ūs	Miene, Gesicht(sausdruck)	

AUTORENWORTSCHÄTZE

Nr.	lateinische Wörter	deutsche Bedeutung	FW, LW, and. Spr.
	Caesar ***De bello Gallico I, IV und VII***		
1.	ábdere, -dō, -didī,-ditum sē in silvās ábdere	verbergen sich in den Wäldern verbergen	
2.	adígere, ádigō, -ḗgī, -ā́ctum	hintreiben, drängen	
3.	adiúngere, -ō, -iū́nxī, -ctum sibi sociōs adiúngere	anschließen, verbinden (als) Bundesgenossen für sich gewinnen	
4.	ádmodum post mēnsēs ádmodum septem vōce ádmodum māgnā	völlig, sehr; genau nach insgesamt sieben Monaten mit ganz lauter Stimme	
5.	adorī́rī, -órior, -órtus sum	angreifen	
6.	agger, ággeris m.	Damm, Erdwall	
7.	áncora, -ae áncoram iácere áncoram tóllere, levā́re	Anker den Anker werfen den Anker lichten	*e. anchor*
8.	angústus, -a, -um angústiae, -ārum	eng Enge, Schwierigkeit	*Angina (pectoris)*
9.	antecḗdere, -cḗdō, -céssī, -céssum legiṓnēs antecḗdere cēterīs (-ōs) glṓriā antecḗdere	vorangehen, übertreffen den Legionen vorauseilen die Übrigen an Ruhm übertreffen	
10.	appropinquā́re	sich nähern	
11.	ā́ridus, -a, -um	trocken, dürr	*e. arid*
12.	ascḗnsus, -ūs	Ersteigen, Aufstieg	
13.	attíngere, -ō, áttigī, -tā́ctum Británniam attíngere	berühren in Britannien landen	
14.	bī́duum, -ī bī́duō bī́duō intermíssō	Zeitraum von zwei Tagen in(nerhalb von) zwei Tagen nach Verlauf zweier Tage	
15.	captī́vus, -a, -um captī́vōs redímere	(kriegs)gefangen, erbeutet; subst.: (Kriegs-)Gefangener Gefangene loskaufen	*„Kabel"; e. captive*
16.	carrus, -ī	Karren, (vierrädriger) Wagen	*Schub-karren, Karosserie, Karriere, Karikatur; e. car*
17.	castéllum, -ī castélla mūnī́re	kleines Lager, befestigter Platz befestigte Plätze anlegen	*Kastell(an), Kastilien; e. castle*
18.	circumsístere, -sístō, circúmstitī (-stetī)	sich herumstellen, umringen	

19.	circumvalláre	rings mit einem Wall umschließen	
20.	circumveníre, -véniō, -vēnī, -véntum	umzingeln, bedrängen	
21.	cliēns, -éntis m.	Abhängiger, Schützling	*Klient(el); e. client*
22.	cohortárī	ermutigen, anfeuern	
23.	collóquium, -ī	Unterredung, Gespräch	*Kolloquium; e.colloquy*
24.	commeátus, -ūs hostem commeátū interclúdere	Nachschub, Verpflegung dem Feind den Nachschub absperren	
25.	commemoráre	erwähnen, berichten	*memorieren; e. commemorate*
26.	commūnicáre pecūniam commūnicáre cōnsilium commūnicáre	gemeinsam machen, (mit)teilen Geld teilen einen Plan gemeinsam fassen	*Kommunikation; e. to communicate*
27.	compéllere, -péllō, cómpulī, -púlsum	(zusammen)treiben	
28.	comprehéndere, -héndō, -héndī, -hēnsum	(er)fassen, ergreifen	*e. to comprehend, comprehensive, comprehension*
29.	concídere, -ō, -cīdī, -cīsum hostem concídere	niederhauen, töten den Feind niedermachen	
30.	concídere, cóncĭdō, -cĭdī, --- turris súbitō cóncĭdit	niederstürzen, hinfallen der Turm stürzt(e) plötzlich ein	
31.	conclāmáre	(zusammen) laut rufen, schreien	
32.	concúrsus, -ūs	Zusammenlaufen, Zusammenstoß	*Konkurs*
33.	cóngredī, -grédior, -gréssus sum	zusammenstoßen, kämpfen	*Kongress; e. congress*
34.	cōnsénsus, -ūs consénsus ómnium	Übereinstimmung, einstimmiger Wunsch die allgemeine Übereinstimmung	*Konsens*
35.	cōnspicárī	erblicken	
36.	contrōvérsia,-ae contrōvérsiam movḗre	Streit, Widerspruch einen Streit vom Zaun brechen	*kontrovers, Kontroverse; e. controversy*
37.	convocáre lēgátōs ad concílium convocáre	zusammenrufen die Legaten zur Versammlung rufen	
38.	cotīdiānus, -a, -um	(all)täglich	
39.	crātēs, -ium f.	Flechtwerk, Geflecht	
40.	cruciátus, -ūs per cruciátum interfícere	Folter, Qual unter Folterqualen töten	
41.	dēcertáre próeliō dēcertáre	um die Entscheidung kämpfen in einer Schlacht um die Entscheidung kämpfen	
42.	dēdítiō, -ṓnis f. hostem in dēditiṓnem accípere	Übergabe, Kapitulation die Kapitulation des Feindes annehmen	
43.	dēfatīgáre labṓre et vulnéribus dēfatīgátus	jem. völlig ermüden, zusetzen durch Anstrengung und Wunden (Verwundungen) völlig erschöpft	

44. dēféctiō, -ṓnis f. dēféctiō sōlis	Abfall, Schwächung, Ermüdung die Sonnenfinsternis	
45. dēícere, -íciō, -iḗcī, -iéctum équitēs dē colle dēícere	(herab)werfen, niederwerfen die Reiter vom Hügel herabjagen	
46. dēminúere, -mínuō, -mínuī, -minū́tum	(ver)mindern	*e. to diminish*
47. dēsístere, -sístō, dḗstitī	aufhören (zu ...), ablassen (von ...)	*e. to desist*
48. dētrīméntum, -ī Vídeant cṓnsulēs, nē quid dētrīméntī cápiat rēs pū́blica. Hoc tibi praesídiō, nōn dētrīméntō est.	Verlust, Schaden Die Konsuln sollen zusehen, dass der Staat keinen Schaden erleide. Das bringt dir Schutz, nicht Schaden.	
49. dīligéntia, -ae māgnā cum dīligéntiā	Sorgfalt, Umsicht äußerst umsichtig	*e. diligence*
50. dīrḗctus, -a, -um	gerade, aufrecht	*(in)direkt, Direktive, Direktion, Direktor(ium), Dirigent; e. (to) direct, direction*
51. dispérgere, -ō, -pérsī, -sum falsōs rūmṓrēs dispérgere	zerstreuen falsche Gerüchte verbreiten	*e. to disperse*
52. distā́re, dístō	entfernt sein, sich unterscheiden	*Distanz; e. distant, distance*
53. distinḗre, distíneō, -uī	auseinander halten, trennen	
54. ēnūntiā́re	aussagen, verraten	
55. ērúptiō, -ṓnis f.	Ausbruch, Ausfall	*Eruption; e. eruption*
56. ēvocā́re	herbeirufen, herausfordern	*evozieren*
57. exercitā́tiō, ṓnis f.	Übung	*e. exercise*
58. explōrā́re explōrā́tor, -tṓris m.	erkunden, erforschen Kundschafter, Späher	*e. to explore, explorer*
59. famēs, -is f.	Hunger	*e. famine, to famish*
60. fossa, -ae	Graben	*Fossilien; e. fossil*
61. frūmentā́rī Caesar mī́litēs ē castrīs exī́re iussit frūmentā́tum. frūmentā́rius, -a, -um rēs frūmentā́ria	Getreide holen Cäsar befahl Soldaten, das Lager zu verlassen, um Getreide zu beschaffen. den Proviant betreffend, Getreide- Getreideversorgung, Verpflegung	
62. hiemā́re hī́berna, -ṓrum	überwintern Winterlager	
63. īgnṓscere, -ō, -nṓvī, -nṓtum	verzeihen	
64. impedī́tus, -a, -um	behindert, schwer bepackt, nicht kampfbereit	
65. importā́re	einführen	*importieren, Import; e. to import*
66. incólumis, -me suōs incólumēs redū́cere	unversehrt, wohlbehalten seine Leute wohlbehalten zurückbringen	
67. incómmodum, -ī	Schaden, Nachteil, Unglück	*inkommodieren*
68. īnflúere, ī́nfluō, -flúxī	hineinfließen, sich ergießen	*Influenz(a); e. (to) influence*

69.	inī́quitās, -tā́tis f. inī́quitās locī	Ungleichheit, Ungerechtigkeit die Unebenheit des Geländes	
70.	intercḗdere, -cēdō, -céssī, -céssum māgnae silvae intercēdḗbant	dazwischentreten, sich widersetzen große Wälder lagen dazwischen	*Interzession*
71.	interclū́dere, -ō, -clū́sī, -sum hostēs commeā́tū interclū́dere	(ab)sperren den Feinden die Zufuhr sperren, die F. vom Nachschub abschneiden	
72.	intermíttere, -míttō, -mī́sī, -míssum valle intermíssā brevī témpore intermíssō	dazwischen offen lassen, unterbrechen; Pass.: dazwischen liegen da ein Tal dazwischen lag nach kurzer Zeit	*intermittierend; **e.** to intermit*
73.	interpṓnere, -pṓnō, -pósuī, -pósitum paucīs diḗbus interpósitīs	dazwischen stellen, einschieben nach Verlauf weniger Tage	
74.	intervállum, -ī	Zwischenraum, Entfernung	*Intervall; **e.** interval*
75.	iūméntum, -ī	Zugtier, Lasttier	
76.	lēgā́tiō, -ṓnis f. lēgātiṓnem suscípere	Gesandtschaft eine Gesandtschaft übernehmen	*(De)Legation*
77.	legiōnā́rius, -a, -um	zur Legion gehörig, Legions-	*Legionär*
78.	lēnis, -ne	mild, sanft	
79.	longínquus, -a, -um longitū́dō, -inis f.	(weit) entfernt, lang (dauernd) Länge	 *longitudinal; **e.** longitude*
80.	māgnópere (Adv.)	in hohem Grad, sehr	
81.	mātū́rus, -a, -um satis mātū́rē	reif, (früh)zeitig noch zeitig genug	*Maturität, Matura; **e.** (to) mature*
82.	medíocris, -cre	mittelmäßig, gering	
83.	merī́diēs, -ḗī m. ad merī́diem spectā́re, iacḗre	Mittag, Süden im Süden liegen	*Meridian*
84.	neu (nēve) + Konj.	und nicht, oder nicht	
85.	obtestā́rī ōrā́re atque obtestā́rī, obsecrā́re et obtestā́rī	beschwören inständig bitten, bitten und beschwören	
86.	occultā́re occúltus, -a, -um	verbergen verborgen, versteckt	 *okkult, Okkultismus*
87.	onerā́rius, -a, -um nāvis onerā́ria	Last tragend, Last- Lastschiff, Frachtschiff	
88.	oppūgnā́tiō, -ṓnis f.	Belagerung, Sturmangriff	
89.	pā́bulum, -ī pābulā́tiō, -ṓnis f.	Futter, Nahrung Futterholen	
90.	pācā́re omnī pācā́tā Gálliā	befrieden, unterwerfen nach der Unterwerfung ganz Galliens	
91.	pāgus, -ī	Bezirk, Dorfgemeinde	

92. paulā́tim (Adv.)	allmählich, nach und nach	
93. pedéster, -tris, -tre pūgna pedéstris peditā́tus, -ūs	zu Fuß, zu Land Kampf der Fußtruppen, der Landkampf Fußvolk, Infanterie	
94. perfídia, -ae	Treulosigkeit	*Perfidie, perfide*
95. perrúmpere, -rúmpō, -rū́pī, -rúptum	(hin)durchbrechen, gewaltsam eindringen	
96. perspícere, -spíciō, -spéxī, -spéctum	durchschauen, erkennen; untersuchen	*Perspektive, perspektivisch;* ***e.*** *perspective*
97. perturbā́re áciem perturbā́re	(ganz) verwirren, stören eine Schlachtreihe (ein Heer) in Unordnung stürzen	
98. phálanx, -langis f.	Schlachtreihe, -ordnung	*Phalanx*
99. pīlum, -ī	Wurfspieß	
100. plānítiēs, -ḗī	Fläche, Ebene	*planieren;* ***e.*** *plane*
101. praeacū́tus, -a, -um	vorne zugespitzt	
102. praemíttere, -míttō, -mī́sī, -míssum	vorausschicken	
103. praesértim (cum + Konj.)	zumal, besonders (da)	
104. prī́stinus, -a, -um	früher, ehemalig	
105. proeliā́rī	kämpfen	
106. profúgere, -fúgio, -fū́gī	entfliehen, (sich) flüchten	
107. prṓgredī, -grédior, -gréssus sum	vorrücken	*progressiv, Progression;* ***e.*** *progress*
108. prōícere, -iō, -iḗcī, -iéctum arma prōícere Helvḗtiī sē ad pedēs Cáesaris prōiēcḗrunt.	vor-, hinwerfen, ablegen die Waffen niederlegen Die Helvetier warfen sich Cäsar zu Füßen.	*projektieren, Projekt(or), projezieren;* ***e.*** *(to) project*
109. prōnūntiā́re	verkünden, bekannt machen	***e.*** *to pronounce*
110. proptéreā (quod)	deswegen (weil)	
111. rādīx, rādī́cis f. sub rādī́cibus montis	Wurzel, Ursprung am Fuß des Berges	*Rettich, Radi(eschen), radizieren, radikal, Radikalismus*
112. recuperā́re	wiedererlangen, zurückgewinnen	
113. recūsā́re	ablehnen, sich weigern	
114. refícere, -iō, -fḗcī, -féctum sē (vīrēs, ánimum) ex labṓre refícere nāvēs afflī́ctās refícere	wiederherstellen sich von, nach der Anstrengung erholen die beschädigten Schiffe wiederherstellen	*Refektorium*
115. rēmus, -ī nāvígium rēmīs incitā́re	Ruder das Schiff mit Rudern fortbewegen	*Riemen*
116. renūntiā́re rem ad senā́tum renūntiā́re cómitī amī́citiam renūntiā́re	melden; aufkündigen über eine Sache vor dem Senat berichten dem Gefährten die Freundschaft aufkündigen	

117. repentīnus, -a, -um	plötzlich, unerwartet	
118. rescíndere, -scíndō, réscidī, rescíssum pontem rescíndere	einreißen die Brücke abreißen	
119. revíncere, -ō, -vīcī, -víctum	besiegen; widerlegen	
120. sagittārius, -ī	Bogenschütze	
121. sēdātus, -a, -um	ruhig, gelassen	*Sedativum*
122. sīgnificāre (sīgníficō)	bezeichnen, ein Zeichen geben	*signifikant; e. significant*
123. simulātiō, -ōnis f. simulātiōne, per simulātiōnem amīcítiae	Verstellung, Schein, Täuschung unter dem Schein von Freundschaft	*Simulation, simulieren*
124. singulāris, -re	einzeln, einzigartig, ausgezeichnet	*singulär, Singular*
125. sinister, -stra, -strum sinistra (manus)	links; ungeschickt; unheilvoll die linke Hand	
126. sollicitāre (sollícitō) gentēs Gallōrum sollicitāre	erregen, beunruhigen, aufwiegeln gallische Stämme aufwiegeln	*e. to solicit*
127. statiō, -ōnis f. statiōnem habēre, ágere	Stellung, Platz; (Wach)Posten Wachdienst haben, Wache halten	*Station, stationieren;* *e. station*
128. stipéndium, -ī stipéndia merēre stipéndium péndere / impōnere	Sold, Kriegsdienst; Abgabe Kriegsdienst leisten, Soldat sein eine Abgabe zahlen / auferlegen	*Stipendium*
129. sublevāre	hochheben, unterstützen	
130. submíttere, -míttō, -mīsī, -míssum	herablassen; zu Hilfe schicken	
131. súbsequī, -sequor, -secūtus sum	(unmittelbar) folgen	*e. subsequent*
132. suppétere, -ō, -īvī, -ītum	vorhanden sein, ausreichen	
133. supplicātiō, -ōnis f.	Bittfest, Dankfest	
134. suspicārī suspīciō, -ōnis f. in suspīciōnem venīre	argwöhnen, vermuten Verdacht, Vermutung Verdacht schöpfen, in Verdacht geraten	 *e. suspicion*
135. tardāre	verzögern, aufhalten	*re-tardierendes Moment* *it. Ri-tardando*
136. torméntum, -ī	Wurfgeschütz; Folter, Qual	*e. torment*
137. trabs, trabis f.	Balken, Baumstamm	
138. trānsportāre exércitum flūmen trānsportāre	hinüberbringen das Heer über den Fluss (über)setzen	*transportieren, Transport;* *e. to transport*
139. trīduum, -ī	Zeitraum von drei Tagen	
140. tríplex, -plicis	dreifach	*e. triple*
141. tuba, -ae	Trompete	*Tube, Tuba, Tubus; e. tube*
142. turma, -ae	Schar, Reiterabteilung	
143. vadum, -ī	Furt, seichtes Wasser	
144. vagārī	umherschweifen, sich ausbreiten	*extra-vagant, Vagabund, vage*

145.	vestī́re	bekleiden	*in-vestieren, In-vestiturstreit, Tra-vestie; **e.** to invest*
146.	vigília, -ae dē tértiā vigíliā vigíliās ágere vigíliās pōnere	(Nacht)Wache, Wachtposten von der dritten Nachtwache an, schon (noch) während der dritten Nachtwache Wache halten Wachtposten aufstellen	*Vigil; **e.** vigilant, vigilance*
147.	vulnerā́re	verwunden, verletzen	

Carmina Burana

(Auswahl)

1.	affféctus, -ūs afféctus et dēféctus	(Gemüts)Verfassung, Leidenschaft Willensstärke und Entkräftung	*Affekt, affektiert; **e.** (to) affect*
2.	arcus, -ūs	Bogen	*Arkaden, Erker, Arkus; **e.** arch*
3.	calḗre, cáleō, -uī calḗre puéllā	warm, entbrannt sein, glühen in Liebe zu einem Mädchen entbrannt sein	*Kalorie*
4.	cándidus, -a, -um	glänzend, weiß	*kandidieren, Kandidat(ur); **e.** candid*
5.	cánticum, -ī cantilḗna, -ae	Gesang, Lied allgemein bekanntes Lied, Singsang	*Kantate, Chanson Kantilene*
6.	celebrā́re (célebrō) cantū celebrā́re	(häufig) besuchen, feiern im Lied verherrlichen	*zelebrieren*
7.	chorus, -ī	Reigen, Chor	*Chor(raum)*
8.	cōnsors, -sórtis	gleichen Anteil habend, gemeinsam	*Konsortium*
9.	dēcrḗscere, -scō, -ēvī	kleiner werden, abnehmen	*decrescendo*
10.	dēnūdā́re	entblößen, berauben	
11.	dorsum (dorsus), -ī	Rücken	
12.	foedus, -a, -um	hässlich, schändlich	
13.	glōriā́rī victṓriā suā glōriā́rī	sich rühmen, prahlen sich mit seinem Sieg brüsten	*glori-fizieren*
14.	herus, -i / hera, -ae	Herr, Gebieter / Herrin	
15.	laetā́rī laetitia, -ae	sich freuen Freude, Fröhlichkeit	
16.	lascīvī́re ánimō vernā́lī lascīvī́re	ausgelassen sein mit frühlingshaftem Herzen ausgelassen, in ausgelassener Frühlingsstimmung sein	*lasziv*
17.	mendāx, -dā́cis	lügnerisch, trügerisch, erlogen	
18.	nix, nivis f.	Schnee	
19.	nummā́tus, -a, -um nummā́ta, -ae	mit Geld versehen, reich Bezahlung, Zeche	
20.	philomḗna (philomḗla), -ae	Nachtigall	
21.	plángere, -ō, plā́nxī, -ctum Fortūnae plangō vúlnera.	schlagen, laut (be)trauern Ich klage über die Wunden, die das Schicksal geschlagen hat.	

22. prātum, -ī	Wiese	*Prater, Prado, Prärie*
23. pr(a)esul, -sulis m.	(Erz)Bischof, Fürst	
24. psállere	(Psalmen) singen	
25. quántitās, -ātis f.	Größe, Menge	*Quant(um), Quantität, quantitativ; **e.** quantity*
26. remédium, -ī	Heilmittel, Medizin	*Medikament; **e.** (to) remedy*
27. rōdere, rōdō, rōsī, rōsum	nagen, herabsetzen	*E-rosion*
28. rosa, -ae	Rose	*Rosarium, Rosette, rosa*
29. rota, -ae rota volūbilis Fortūnae rota vólvitur.	Rad das kreisende Rad Das Rad des Schicksals dreht sich.	*rotieren, Rotation, Rotor, Rolle, Rollo, Roulade, Roulett, Rotunde, Rondell; **e.** to rotate*
30. sapor, -ōris m.	Geschmack, Verstand	
31. scyphus, -ī	Becher, Pokal	
32. succrēscere, -scō, -crēvī	nachwachsen, sich ergänzen	*crescendo*
33. tabérna, -ae	(Verkaufs)Bude, Wirtshaus	*Tabernakel, Taverne*
34. táedium, -ī	Ekel, Überdruss	***e.** tedious*
35. virginālis, -le amor virginālis	jungfräulich, mädchenhaft die Liebe zu einem Mädchen	*Virginia*

Catull

Carmina 1, 2, 3, 5, 7, 8, 10, 11, 13, 23, 27, 31, 39, 45, 49, 51, 52, 58, 70, 72, 75, 83, 85, 87, 92, 93

1. acquiēscere, -scō, -quiēvī ārdor acquiēscit	zur Ruhe kommen, sich beruhigen die Liebesglut kommt zur Ruhe	
2. approbātiō, -ōnis f. approbātiōnem stértere	Billigung, Anerkennung durch Niesen Zustimmung bekunden; zustimmend niesen	
3. arāneus, -ī	Spinne	
4. āridus, -a, -um	trocken, dürr, mager	***e.** arid*
5. bāsiāre bāsium, -ī Dā mī bāsia mīlle!	(zärtlich) küssen Kuss Küss´ mich tausendmal!	***it.** baccio*
6. bellus, -a, -um bellus passer ómnia bella	hübsch, anmutig ein hübscher Spatz alles Schöne	*Belle-vue, Bel-vedere, Belletristik, Bel-canto*
7. cachínnus, -ī cachínnum amīcī commovēre	lautes Gelächter den Freund zu lautem Lachen bringen	
8. cándidus, -a, -um cándidī sōlēs	glänzend, weiß strahlende Sonnen (= Liebes)tage	*kandidieren, Kandidat(ur)*
9. dēlíciae, -ārum dēlíciās fácere	Vergnügen, Lust; Liebling scherzen	*deliziös; **e.** delicious*
10. disperīre, -péreō, -périī dispéream, nī	ganz zugrunde gehen ich will des Todes sein, wenn nicht	
11. fulgēre, fúlgeō, fulsī Fulsēre quondam cándidī tibi sōlēs.	blitzen, glänzen Es glänzten einst dir strahlende Sonnentage.	

12.	grémium, -ī	Schoß	*Gremium*
13.	idéntidem (Adv.)	wiederholt, immer wieder	
14.	illūc (Adv.)	dahin, dorthin	
15.	inéptus, -a, -um Rīsū inéptō rēs inéptior nūlla est.	unpassend, albern Nichts ist alberner als albernes Lachen.	
16.	libet / lubet, líbuit	es beliebt, gefällt, passt	*„ad libitum"*
17.	liquēre, líqueō	flüssig sein, klar sein	*Likör, liquidieren;* ***e.*** *liquid*
18.	lūgére, lū́geō, lūxī Lūgéte, ō Vénerēs Cupī́dinēsque!	trauern, betrauern Trauert, ihr Göttinnen und Götter der Liebe!	
19.	misélllus, -a, -um Ō misélle passer!	recht unglücklich, elend O du armer Spatz!	
20.	nāsus, -ī	(feine) Nase	*Nase, nasal*
21.	obdūrā́re Sed obstinā́tā mente perfer, obdū́rā!	hart sein, aushalten Doch halt´s mit festem Herzen aus und bleib hart!	*„dauern"*
22.	océllus, -ī Turgídulī rubent océllī.	Äuglein, Augapfel Die geschwollen Äuglein sind rot.	*Okular*
23.	passer, pásseris m.	Sperling, Spatz	
24.	patrṓnus, -ī / patrṓna, -ae	Schutzherr(in), Beschützer(in)	*Patron(in), Patronat, Patrone*
25.	perníciēs, -ḗī	Verderben, Untergang	*perniziös*
26.	renīdḗre, -nī́deō	zurückstrahlen, vor Freude lächeln	
27.	sevḗrus, -a, -um	ernst, streng	***e.*** *severe*
28.	siníster, -stra, -strum sinistra (manus)	links, ungeschickt, unheilvoll die linke Hand	
29.	urbā́nus, -a, -um	städtisch, kultiviert	*urban, Urban;* ***e.*** *urban*
30.	venústus, -a, -um hómines venústī	reizend, nett liebenswürdige Menschen	*Venus*

Cicero

De amicitia, De senectute, Somnium Scipionis

1.	acū́tus, -a, -um homō acū́tus magis quam ērudī́tus	spitz, scharf(sinnig) ein mehr scharfsinniger als gebildeter Mensch	*akut*
2.	ádmodum Litterā́rum ádmodum nihil sciḗbat.	völlig, sehr; genau Von den Wissenschaften wusste er überhaupt (ganz und gar, so gut wie) nichts.	
3.	agnṓscere, -scō, -nṓvī, ágnitum deum ex opéribus eius agnṓscere	erkennen, anerkennen Gott an seinen Werken erkennen	
4.	ángere, angō, ānxī ánimō angī	beengen, ängstigen, beunruhigen sich im Herzen ängstigen	*Angina (pectoris);* ***e.*** *anxious*
5.	anquī́rere, -quī́rō, -quīsī́vī, -quīsī́tum caedem anquī́rere	(auf)suchen, untersuchen, nachforschen einen Mordfall genau untersuchen	

6. antepṓnere, -pōnō, -pósuī, -pósitum virtūtem ómnibus rēbus antepṓnere	voranstellen, vorziehen die Tugend allen anderen Dingen vorziehen	*Prä-position*
7. assentā́tiō, -ṓnis f.	Zustimmung, Schmeichelei	
8. atquī	aber doch, vielmehr, allerdings	
9. augur, áuguris m.	Zeichendeuter, Seher	*Augur, inaugurieren*
10. benevoléntia, -ae	Wohlwollen, Milde	
11. blandítiae, -ā́rum blandítiae et assentātiṓnēs	Schmeichelei(en), Komplimente schmeichlerische Zustimmung	
12. bónitās, -tā́tis f.	Güte, gute Beschaffenheit, edle Gesinnung	*Bonität*
13. cadū́cus, -a, -um	(herab)gefallen, hinfällig	*de-kadent*
14. caeléstis, -te	göttlich, himmlisch; subst. Pl.: Götter	
15. cā́ritās, -ā́tis f. cā́ritās, quae est inter nātōs et paréntēs	Liebe; Teuerung die Liebe zwischen Kindern und Eltern	*Caritas, karitativ, Charité;* ***e.*** *charity*
16. coetus, -ūs	Zusammenkunft, Versammlung	
17. cṓmitās, -tā́tis f.	Heiterkeit, Freundlichkeit	
18. commemorā́re	erwähnen, erinnern an	*memorieren*
19. cōnservā́re	bewahren, retten	*konservieren, Konserve, Konservator(ium), konservativ*
20. cōnstāns, -ántis cōnstánter fácere cōnstántia, -ae	beständig, standhaft, konsequent folgerichtig handeln Beständigkeit, Charakterfestigkeit	*konstant, Konstante, Konstanz(e), Konstantin(o-pel), konstatieren;* ***e.*** *constant*
21. contemplā́rī	beobachten, betrachten	*Kontemplation, kontemplativ;* ***e.*** *to contemplate*
22. convī́vium, -ī	Gastmahl, Gelage	
23. cultū́ra, -ae cultū́ra ánimī cultū́ra amī́cī poténtis	Anbau, Pflege; Bildung; Verehrung geistige Ausbildung die Verehrung (Huldigung) eines mächtigen Freundes	*(Agri)Kultur, kulturell, kultivieren;* ***e.*** *culture*
24. dēlectā́tiō, -ṓnis f.	Unterhaltung, Genuss, Vergnügen	
25. dīligéntia, -ae cum cūrā atque dīligéntiā	Sorgfalt, Umsicht mit größter Gewissenhaftigkeit	
26. disputā́re (dísputō) disputā́tiō, -ṓnis f.	erörtern, diskutieren wissenschaftliche Untersuchung, Erörterung	 *Disput*
27. dissólvere, -sólvō, -sólvī, -solū́tum societā́tem dissólvere crī́mina dissólvere	auflösen, aufheben eine Gemeinschaft auflösen Vorwürfe entkräften	

28. diutúrnus, -a, -um diutúrna pāx	lange dauernd, lange langer Friede	
29. ergā + Akk. fidēs ergā pópulum	gegen (freundlich) die Treue zum (eigenen) Volk	
30. étenim	denn; ferner	
31. excūsātiō, -ōnis f. excūsātiōnem accípere	Entschuldigung, Rechtfertigung; Vorwand eine Entschuldigung annehmen, gelten lassen	*e. (to) excuse*
32. exercitātiō, -ōnis f.	(Aus)Übung, Gewandtheit	*e. exercise*
33. exsístere, -sístō, éxstitī ab īnferīs exsístere Exsístit hōc locō quaedam quáestiō sub-diffícilis. In cīvitāte tyránnus éxstitit.	auftreten, entstehen von den Toten auferstehen Es stellt sich an dieser Stelle eine ziemlich schwierige Frage. Im Staat erhob sich ein Tyrann.	*existieren, Existenz(ialismus); e. to exist*
34. familiāritās, -tātis f.	vertrauter Umgang, Freundschaft	*Familie, familiär; e. familiar(ity)*
35. fortásse (Adv.)	vielleicht	
36. globus, -ī	Kugel, Ball, Schar	*Globus, global, Globalisierung, Globe-trotter, Hämoglobin; e. globe, global*
37. glōriārī victōriā suā glōriārī	sich rühmen, prahlen sich mit seinem Sieg brüsten	*glori-fizieren*
38. gravitās, -tātis f.	Gewicht; Ansehen, Ernst, Würde	*gravitätisch, Gravitation; e. gravity*
39. imbēcíllus, -a, -um	hinfällig, schwach, haltlos	
40. immortālitās, -tātis f. immortālitās ánimī	Unsterblichkeit die Unsterblichkeit der Seele	
41. incómmodum, -ī	Nachteil, Schaden, Unglück	*inkommodieren*
42. indigéntia, -ae	Bedürfnis, Not	
43. īnésse, īnsum, īnfuī	darin sein, innewohnen	
44. īnsípiēns, -éntis	unverständig, töricht	
45. mentiō, -ōnis f. mentiōnem fácere illōrum témporum	Erwähnung, Erinnerung jene Zeiten erwähnen	*Kom-mentar; e. (to) mention*
46. módicus, -a, -um módica sevēritās	(mittel)mäßig, besonnen mäßige (maßvolle, geringe) Strenge	
47. moléstia, -ae moléstiā áffici	Belästigung, Verdruss, Ärger sich ärgern, Verdruss haben	
48. multa, -ae reō multam dīcere	(Geld)Strafe dem Angeklagten eine Strafe auferlegen	
49. multíplex, -plicis	vielfach, vielseitig	*multiplizieren, Multiplikation*
50. nātū (Abl.) grandis, māior nātū	der Geburt, dem Alter nach hochbetagt, älter	*Re-nate*
51. nātūrālis, -le	natürlich, die Natur betreffend	*Naturalien, Natural-wirtschaft*

52. obséquium, -ī	Nachgiebigkeit, Gehorsam	
53. odiṓsus, -a, -um	verhasst, widerwärtig	
54. offḗnsiō, -ṓnis f.	Anstoß, Ärgernis	*Offensive, offensiv; **e.** offence*
55. pactum, -ī Pacta sunt servánda. nūllō pactō Quō pactō? Nésciō quō pactō īrā́tus fuī.	Vertrag, Art und Weise Verträge müssen eingehalten werden. ganz und gar nicht Wie? Auf welche Weise? Unwillkürlich (unbegreiflicherweise) war ich zornig.	*Pakt, paktieren, Pacht, Pächter, (ver)pachten*
56. partim (Adv.)	zum Teil, teils	*partiell*
57. peccā́tum, -ī	Vergehen, Fehler, Irrtum	
58. percípere, -cípiō, -cḗpī, -céptum óculīs, áuribus, sḗnsibus percípere voluptā́tem percípere artem percípere	erfassen, wahrnehmen mit den Augen, den Ohren, den Sinnen wahrnehmen Vergnügen empfinden sich eine Kunst aneignen	***e.** to perceive, perception*
59. persṓna, -ae persṓna trágica mūtam persṓnam praebḗre (in, ex) persṓnā amī́cī fácere	Maske, Rolle; Person Tragödienmaske eine stumme Rolle spielen in der Eigenschaft des Freundes handeln	*Person, Persönlichkeit, Personal(ien), personi-fizieren, Personi-fikation, „persona non grata"; **e.** person*
60. perspícere, -spíciō, -spéxī, -spéctum fraudem perspéctam habḗre	durchschauen, erkennnen; untersuchen den Betrug völlig durchschaut haben	*Perspektive, perspektivisch*
61. plāne (Adv.) plāne ērudī́tus plāne bene fácere	völlig, deutlich gründlich gebildet ganz vortrefflich handeln	*plan, planieren; **e.** plain*
62. populā́ris, -re populā́rēs, -ium aura populā́ris	volkstümlich, volksfreundlich, Volks- 1. die Volkspartei, Demokraten 2. die Einwohner einer Stadt, „Volksgenossen" Volksgunst	*populär, Popularität; **e.** popular*
63. praesértim(cum + Konj.)	zumal, besonders (da)	
64. praestāns, -ántis	vorzüglich, ausgezeichnet	
65. próbitās, -tā́tis f.	Rechtschaffenheit, Redlichkeit	
66. profḗctō (Adv.)	in der Tat, wirklich	
67. propínquitās, -tā́tis f.	Nähe, Verwandtschaft	
68. prōspícere, -spíciō, -spéxī, -spéctum rēs futū́rās prōspícere salū́tī cī́vium prōspícere	(voraus)schauen, sorgen für die Zukunft voraussehen für das Wohl der Bürger (vor)sorgen	*Prospekt; **e.** (to) prospect*
69. prṓvehī, -vehor, -véctus sum in altum prṓvehī longius in amīcítiā prṓvehī	vordringen, vorrücken auf das hohe Meer hinausfahren in der Freundschaft noch weiter gehen	*Vektor*
70. quaesō	(ich) bitte	

71	querēla, -ae querēlam iūstam habēre dē …	Klage, Beschwerde eine berechtigte Klage führen über …	*Querelen, Querulant*
72	quiētus, -a, -um	ruhig, friedlich	*quitt; e. quiet*
73	quīre, queō, quīvī	können, imstande sein	
74	quīvīs, quaevīs, quidvīs / quodvīs (adj.)	jeder (Beliebige / beliebige)	
75	quōcírca (Adv.)	daher, demnach	
76	quōrsum, quōrsus? (Adv.)	wohin? wozu?	
77	réditus, -ūs	Rückkehr	
78	repudiāre	zurückweisen, ablehnen	
79	repūgnāre māximē amīcítiae repūgnāre	sich widersetzen, im Widerspruch stehen in schärfstem Widerspruch zur Freundschaft stehen	
80	rūsticus, -a, -um rēs rūsticae	ländlich, bäuerlich; einfach; subst.: Bauer die Landwirtschaft	*rustikal*
81	satíetās, -tātis f.	(Über)Sättigung, Überdruss	*„satt"*
82	senīlis, -le	greisenhaft, Greisen-	*senil*
83	síquidem	wenn wirklich, da ja	
84	socer, sócerī	Schwiegervater	
85	sollícitus, -a, -um ánxius ánimus et sollícitus	(stark) erregt, unruhig, besorgt ein ängstlicher und bekümmerter Geist	
86	sómnium, -ī	Traum	
87	stábilis, -le certa stabilísque senténtia	fest(stehend), dauerhaft eine dauerhafte, unveränderliche Meinung	*stabil, Stabilität, stabilisieren; e. stable*
88	stēlla, -ae stēllae erràntēs	Stern(bild), Gestirn Planeten	*Kon-stellation, inter-stellar*
89	studiōsus, -a, -um studiōsus populārium studiōsus legéndī	eifrig, strebend nach, interessiert ein Anhänger der Volkspartei um das Lesen bemüht, am Lesen interessiert, ein eifriger Leser	*studieren, Student, „Studiosus", Studie; e. study*
90	suāvitās, -tātis f.	Annehmlichkeit, Liebenswürdigkeit	
91	suspicārī	verdächtigen, vermuten	*suspekt*
92	temérìtās, -tātis f.	Unüberlegtheit, Unbesonnenheit	
93	tolerābilis, -le	erträglich	*(in-)tolerant, (In-)Toleranz; e. tolerable*
94	vēritās, -tātis f. Amīcōrum aurēs vēritātī clausae nōn sunt.	Wahrheit, Wirklichkeit Die Ohren der Freunde sind der (für die) Wahrheit nicht verschlossen.	*„In vino veritas"*
95	vetústās, -tātis f.	Alter(tum), lange Dauer	*Veteran*
96	vicíssim (Adv.)	wiederum, abwechselnd	*„Wechsel"*
97	vītis, -is f.	Rebe, Weinstock	

Cicero

Oratio in Catilinam 1 u. 2, Pro Archia poeta, Pompeiana

1.	abhorrḗre, -hórreō, -uī (ā) caede abhorrḗre ab eā sententiā abhorrḗre	zurückschrecken, abweichen vor einem Mord zurückschrecken von dieser Ansicht abweichen	*Horror*
2.	āméntia, -ae	Wahnsinn, verrücktes Benehmen	
3.	ascrī́bere, -ō, ascrī́psī, -ptum áliquem in cīvitā́tem ascrī́bere	schriftlich hinzufügen, eintragen jmd. in die Bürgerliste aufnehmen	*„Schrift", Skriptum*
4.	ássequī, -or, -secū́tus sum	einholen, erreichen	
5.	attíngere, -ō, áttigī, -tā́ctum rem pū́blicam attíngere áliquid ōrātiṓne attíngere	berühren, betreffen sich mit Politik befassen etwas in seiner Rede nur streifen	
6.	celebrā́re (célebrō)	(häufig) besuchen, feiern	*zelebrieren;* ***e.*** *to celebrate*
7.	commemorā́re	erwähnen, erinnern an	*memorieren*
8.	cōnā́tus, -ūs cōnā́tus bellī geréndī	Versuch, Unternehmen; Wagnis das Wagnis, Krieg zu führen	
9.	cōnservā́re	bewahren, retten	*konservieren, Konserve, Konservator(ium), konservativ*
10.	cōnsīderā́re	beobachten, überlegen	***e.*** *to consider*
11.	convī́vium, -ī	Gastmahl, Gelage	
12.	dēpóscere, -póscō, -popóscī sibi cōnsulā́tum dēpóscere	fordern, sich ausbedingen sich das Konsulat ausbedingen	
13.	dīligéntia, -ae	Sorgfalt, Umsicht	
14.	doméstícus, -a, -um bellum doméstícum	häuslich, familiär; einheimisch Bürgerkrieg	*domestizieren;* ***e.*** *domestic*
15.	domicílium, -ī	Wohnung, (Wohn)Sitz	*Domizil*
16.	ēmíttere, -ō, ēmī́sī, ēmíssum áliquem ē (dē) cárcere (víncu-lī́s) ēmíttere ánimam ēmíttere	aussenden, herauslassen jmd. aus dem Gefängnis entlassen den Geist aufgeben, sterben	*emittieren, Emission;* ***e.*** *to emit, emission*
17.	étenim	denn; ferner	
18.	exercitā́tiō, -ṓnis f.	(Aus)Übung, Gewandtheit	***e.*** *(to) exercise*
19.	exítium, -ī Malī mōrēs íncolīs exítiō erant.	Untergang, Vernichtung Verdorbene Sitten brachten den Bewohnern den Untergang.	
20.	éxter(us), -a, -um gentēs éxterae	ausländisch, auswärtig ausländische Völker	
21.	forḗnsis, -se ōrā́tiō forḗnsis	öffentlich, gerichtlich Gerichtsrede	*forensisch;* ***e.*** *forensic*
22.	fortásse (Adv.)	vielleicht	
23.	hūmā́nitās, -tā́tis f. Hoc est hūmānitā́tis tuae.	Menschlichkeit; Bildung Das ist ein Zeichen deiner Menschlichkeit, das verlangt deine Menschlichkeit	*Humanität, human(itär), Humanisten, Humanismus;* ***e.*** *humanity*

24.	illinc (Adv.)	(von) dort, seit damals	
25.	īnsidiā́rī	auflauern, nachstellen	
26.	latrōcínium, -ī	Räuberei, Raubzug; Räuberbande	
27.	lḗnitās, -tā́tis f. lḗnitās ánimī	Milde, Ruhe; Langsamkeit innerliche Gelassenheit	
28.	lócuplēs, -plḗtis ōrā́tiō lócuplēs	begütert, wohlhabend; ergiebig eine reich ausgeschmückte Rede	
29.	mā́nēs, -ium m.	Seelen der Toten, Manen	
30.	marítimus, -a, -um bellum marítimum	am Meer liegend, Meer- der Seekrieg, Krieg gegen Seeräuber	*maritim, Marine*
31.	medíocris, -cre ēloquéntia medíocris	mittelmäßig, gering eine mittelmäßige, ziemlich unbedeutende Beredsamkeit	
32.	moderā́tus, -a, -um	gemäßigt, besonnen	*moderat;* ***e.*** *moderate*
33.	multa, -ae reō multam dī́cere	(Geld)Strafe dem Angeklagten eine Strafe auferlegen	
34.	nāvā́lis, -le	zu Schiff, zur See, Schiffs-	*Navigation*
35.	nefā́rius, -a, -um	frevelhaft, gottlos	
36.	obsidēre, -sídeō, -sḗdī, -séssum	belagern, bedrängen	*Obsession;* ***e.*** *to obsess, obsession*
37.	opīnā́rī	meinen, glauben	***e.*** *opinion*
38.	ōrnā́tus, -a, -um ōrnā́tus, -ūs mīlitā́ris ōrnā́tus	ausgerüstet, geschmackvoll, geehrt Ausstattung, Kleidung, Schmuck Rüstung	 *Ornat, Ornament*
39.	pācā́re	befrieden, unterwerfen	
40.	partim (Adv.)	zum Teil, teils	*partiell*
41.	patefácere, -fáciō, -fḗcī, -fáctum	öffnen, aufdecken	
42.	pénitus (Adv.)	tief hinein, im Innersten, völlig	*Penaten, penetrant*
43.	percípere, -cípiō, -cḗpī, -céptum óculīs, áuribus, sḗnsibus percípere	erhalten; erfassen, wahrnehmen mit Augen, Ohren, Sinnen wahrnehmen	
44.	pérditus, -a, -um	verloren, verkommen	
45.	perníciēs, -ḗī Mōrēs pérditī cī́vibus perniciḗī erant. perniciṓsus, -a, -um	Verderben, Untergang Verdorbene Sitten brachten den Bürgern Verderben. verderblich, schädlich	*perniziös*
46.	perspícere, -spíciō, -spéxī, -spéctum fraudem perspéctam habḗre	durchschauen, erkennnen; untersuchen den Betrug völlig durchschaut haben, von ...völlig überzeugt sein	*Perspektive, perspektivisch*
47.	pertimḗscere, -scō, -tímuī	in große Furcht geraten, (sich) sehr fürchten	

48.	pestis, -is f.	Seuche, Unglück	*Pest*
49.	praedō, -ṓnis m.	Räuber, Plünderer	
50.	praemíttere, -míttō, -mī́sī, -míssum	vorausschicken	
51.	praesértim (cum + Konj.)	zumal, besonders (da)	
52.	prīdem (Adv.) iam prīdem	längst, vor, seit langer Zeit schon längst	
53.	profitḗrī, -fíteor, -féssus sum	offen bekennen, angeben, versprechen	*Professor, Profession(al)*
54.	próprius, -a, -um próprium virtū́tis	eigen(tümlich), charakteristisch das Wesen der Tugend	*proper, Ex-propriation*
55.	proptéreā	deswegen	
56.	refértus, -a, -um	voll gestopft, gedrängt	*In-farkt*
57.	relevā́re (rélevō)	erleichtern, heben, lindern	*(ir)relevant, (Ir)Relevanz;* ***e.*** *relevant, relevance*
58.	repudiā́re	zurückweisen, ablehnen	
59.	retardā́re	verzögern, aufhalten	*retardierendes Moment;* ***it.*** *Ritardando*
60.	saltā́re	tanzen	*Salto (mortale)*
61.	sciéntia, -ae sciéntia optimā́rum ártium	Wissen, Kenntnis, Einsicht Vertrautheit mit den schönen Künsten, wissenschaftliche Bildung	*Science-fiction*
62.	singulā́ris, -re Cícerō singulā́rī ēloquéntiā fuit.	einzeln, einzigartig, ausgezeichnet Cicero besaß einzigartige Beredsamkeit.	*singulär, Singular*
63.	stuprum, -ī	Schändung, Unzucht	
64.	tácitus, -a, -um	verschwiegen, still, unbemerkt	***e.*** *tacit*
65.	tamétsi	obwohl	
66.	temperántia, -ae Temperántia in praetermitténdīs voluptā́tibus cérnitur.	Mäßigung, Selbstbeherrschung Selbstbeherrschung zeigt sich, wenn man auf Vergnügen verzichtet.	*Tempera(ment), temperament-voll*
67.	testis, -is m./f.	Zeuge / Zeugin	*Testament, Test(at), At-test*
68.	vectī́gal, -gā́lis n. vectīgā́lia exercḗre et exígere	Abgabe, Steuer Steuern erheben und eintreiben	
69.	vidḗlicet (Adv.)	offenbar, natürlich	***e.*** *viz (= videlicet)*
70.	vigília, -ae dē tértiā vigíliā vigíliās ágere vigíliās pṓnere	(Nacht)Wache, Wachtposten von der dritten Nachtwache an, schon (noch) während der dritten Nachtwache Wache halten Wachtposten aufstellen	*Vigil*

Einhard

Karolus Magnus

1.	ampliāre	erweitern, vermehren	*Amplitude; **e.** ample*
2.	animōsus, -a, -um animōsitās, -tātis f.	mutig; eifrig Tapferkeit; Erbitterung	 *Animosität*
3.	augústus, -a , -um	ehrwürdig, erhaben, geweiht	*August(us)*
4.	aula, -ae praeféctus aulae	(Königs-)Hof Vorsteher des Königshofes	
5.	basílica, -ae	Halle, große Kirche	*Basilika*
6.	calciāre calciāméntum, -ī cálceus, -ī	beschuhen, mit Schuhen versehen Schuhwerk, Fußbekleidung Schuh(sohle)	
7.	Chrīstiānus, -a, -um	christlich; subst.: Christ	*christlich; Christ, **(e.)** Christian*
8.	coenóbium, -ī	Kloster	
9.	comes, cómitis m.	Graf	
10.	compéllere, -péllō, cómpulī, -púlsum Hostem Itáliā excēdere compúlsit.	(zusammen)treiben, jagen; (+ Inf.) zwingen Er zwang den Feind; Italien zu verlassen.	
11.	concubīna, -ae	Nebenfrau	*Konkubine*
12.	cōnstrúere, cōnstruō, cōnstrūxī, -strūctum	aufschichten, errichten	*konstruieren, Konstrukteur, -tion, konstruktiv; **e.** to construct*
13.	contíguus, -a, -um	angrenzend, benachbart	*Kontakt*
14.	conversārī	sich aufhalten, Umgang haben mit	*Konversation*
15.	dēditiō, -ōnis f.	Unterwerfung, Kapitulation	
16.	dēfúngī, dēfúngor, dēfūnctus sum dēfúngī ómnibus honōribus	erledigen; sterben alle Ehrenämter durchlaufen	
17.	dēscrībere, -scrībō, -scrīpsī, -scrīptum	beschreiben, darstellen; einteilen	*deskriptiv; **e.** to describe*
18.	dominārī	herrschen	*dominieren, dominant, Dominanz; **e.** to dominate*
19.	ecclēsia, -ae	Kirche	
20.	ēminēre, ēmíneō, -uī	herausragen, hervortreten	*pro-, eminent, Pro-, Eminenz*
21.	equitāre adequitāre	reiten heranreiten	
22.	exorīrī, -órior, -órtus sum	sich erheben, erscheinen, entstehen	
23.	expedītiō, -ōnis f.	Feldzug, Unternehmen	*Expedition, S-pedition*
24.	exsístere, -ō, -éxstitī Ex amīcīs inimīcī exsístunt.	auftreten, entstehen Aus Freunden werden Feinde.	*existieren, (Ko-)Existenz, Existenzialismus; **e.** to exist*
25.	éxter(us), -a, -um gentēs éxterae	ausländisch, auswärtig ausländische Völker	

26.	festīnā́re (festī́nō)	eilen, beschleunigen	
27.	fēstī́vitās, -tā́tis f.	(Heiterkeit, Humor) Festlichkeit	*Festivität, Festival*
28.	gemma, -ae gemmā́tus, -a, -um	Edel-, Spielstein; Siegelring mit Edelsteinen besetzt	*Gemme*
29.	huiús(cé)modī	derartig	
30.	incohā́re	anfangen, beginnen	*verba incohativa*
31.	indúere, índuō, -uī, -ū́tum indūméntum, -i	anziehen, anlegen Kleidungsstück, Gewand	
32.	licet + Konj.	wenn auch, mag auch	
33.	longitū́dō, -inis f.	Länge, Dauer	
34.	merīdiā́nus, -a, -um	mittägig, südlich	*Meridian*
35.	mōlī́rī, mṓlior, mōlītus sum	bewegen; ins Werk setzen, unternehmen	*de-molieren, A-mulett*
36.	monastḗrium, -ī	Kloster	*Münster;* ***e.*** *monastery*
37.	óbitus, -ūs	Tod	
38.	palā́tium, -ī	Pfalz	*Palas(t), Palais, Pfalz;* ***e.*** *palace*
39.	partim (Adv.)	zum Teil, teils	*partiell;* ***e.*** *partial*
40.	partī́rī	(ein)teilen, zuteilen	*Partitur, Gen. partitivus*
41.	praeféctus, -ī praeféctus vígilum	Vorgesetzter, Befehlshaber Feuerwehrkommandant	*Präfekt(ur)*
42.	prīmṓrēs, -um m.	die Vornehmsten, Fürsten	
43.	quī́libet, quáelibet, quídlibet (subst.) / quódlibet (adj.)	jeder Beliebige, irgendeiner	
44.	rḗgia, -ae	Pfalz	*regieren, Regent*
45.	relígiō, -ṓnis f. summā religiṓne religiṓnem alicui inícere	Religion mit größter Gewissenhaftigkeit jmd. Gewissenszweifel einflößen	*Religion, religiös;* ***e.*** *religion*
46.	restitúere, -stítuō, -uī, -ū́tum	wiederherstellen, wieder liefern	*Restitutions-edikt*
47.	síquidem	wenn wirklich, da ja	
48.	supplicā́re (súpplicō) [rēgī]	[den König] kniefällig bitten	
49.	vocā́bulum, -ī	Benennung, Wort, Name	*Vokabel*

Horaz

Carmen saeculare, Oden Buch I u. II, Epoden 7 u. 16, Satiren I 1, I 6; I 9, II 6

1.	acérvus, -ī	Haufen, Menge	
2.	acū́tus, -a, -um ingénium acū́tum aurēs acū́tae	spitz, scharf(sinnig), geistreich scharfer Verstand feines, scharfes Gehör	*akut*
3.	aestuṓsus, -a, -um	glühend, schwül; wogend	
4.	aevum, -ī	Ewigkeit, (Zeit)Alter	

5. albus, -a, -um	weiß	*Albino, Album*
6. arcus, -ūs	Bogen	*Arkaden, Erker, Arm-brust*
7. ā́ridus, -a, -um	trocken, dürr	***e.*** *arid*
8. atquī	aber doch, vielmehr, allerdings	
9. ávidus, -a, -um (cibṓrum) ávidī convī́vae	(be)gierig, habsüchtig (nach Speisen gierige) unersättliche Gäste	
10. capíllus, -ī capíllī prōmíssī	(Kopf)Haar herabwallende Haare	*Kapillar-gefäß*
11. cautus, -a, -um	vorsichtig; argwöhnisch	*Kaution*
12. cervīx, -vī́cis f. (meist Pl.) brácchia cervī́cī dare	Nacken, Genick; Kraft umarmen	*zervikal*
13. chorus, -ī	Chor(tanz), Reigen	*Chor*
14. cíthara, -ae	Kithara, „Zither", Leier	*Gitarre*
15. citus, -a, -um	schnell, rasch	
16. corṓna, -ae	Kranz, „Krone"	*Korona(r-gefäße),* ***e.*** *crown*
17. crās (Adv.)	morgen	
18. cruor, cruṓris m.	(geronnenes) Blut	
19. cubā́re, cúbō, -uī, -itum cúbitum discḗdere	liegen, ruhen schlafen gehen	*In-kubation(s-zeit)*
20. daps, dapis f.	(Fest)Mahl, Speise	
21. decṓrus, -a, -um Phoebus decṓrus fulgénte arcū decṓrē loquī	schicklich, anständig; schön Phoebus, anmutig durch den Glanz des Bogens passende Worte finden	*Dekor, dekorieren, Dekoration*
22. ēnsis, -is m.	Schwert	
23. exítium, -ī Dīvítiae multīs exítiō sunt.	Untergang, Vernichtung Reichtum bringt vielen Verderben.	*Exitus*
24. férvidus, -a, -um puer férvidus	kochend, brausend, glühend ein heißblütiger (vor Liebe glühender) Knabe	*Ferment*
25. fessus, -a, -um	müde, erschöpft	
26. flāvus, -a, -um	gelb, blond	*Flavius*
27. fors (Nom.); forte (Abl.)	Zufall; zufällig	
28. fretum, -ī	Meerenge, Meer	
29. fugāx, fugā́cis fugā́cēs annī	flüchtig, fliehend, vergänglich flüchtig dahineilende Jahre	*zentri-fugal*
30. fulgḗre, fúlgeō, fulsī	blitzen, glänzen, strahlen	
31. fúrere, furō furēns Neptū́nus	rasen, toben, wüten der tobende Neptun, das brausende Meer	*Furie;* ***e.*** *fury, furious*
32. gélidus, -a, -um	eisig, kalt; starr	*Gelee, Gelatine*
33. ímmerēns, -éntis	nicht verdienend, unschuldig	*Meriten*

34. īmus, -a, -um īmum dṓlium	unterster, tiefster (Teil) der Boden des Fasses	
35. ingénuus, -a, -um	einheimisch; frei geboren, edel	*Ingenieur, genial*
36. īnsā́nus, -a, -um	wahnsinnig (machend), rasend	*e. insane*
37. ī́nsolēns, -éntis	ungewohnt, unmäßig; frech	
38. iocus, -ī (Pl. -ī / -a) ioca et sē̍ria per iocum	Scherz, Spaß Heiteres und Ernstes im Scherz	*Jux; e. joke*
39. iuvénta, -ae	Jugend(zeit)	*juvenil, Junior*
40. lār, laris m. sine lare	Hausgott; Wohnung, Herd ohne eigenen Herd	*Laren*
41. lavā́re, lavō, lāvī, lautum	waschen, baden	*Lavoir, Lavendel, Latrine*
42. lēnis, -ne	mild, sanft	
43. libī́dō, -inis f. ex libī́dine	Begierde, Verlangen, Willkür nach Laune, nach Belieben	
44. línquere, -ō, līquī	verlassen, (über)lassen	
45. líquidus, -a, -um caelum líquidum Falérnum líquidum	flüssig, klar, rein heiterer Himmel echter (unvermischter) Falernerwein	*liquide, Likör*
46. lyra, -ae	Leier, Laute; Gesang	*lyrisch*
47. mānā́re Fāma mānat tōtā urbe.	fließen, sich verbreiten Ein Gerücht verbreitet sich in der ganzen Stadt.	*Mano-meter*
48. mel, mellis n. melle dúlcior	Honig honigsüß	
49. merum, -ī	(unvermischter) Wein	
50. minā̆x, minā́cis	drohend, emporragend	
51. mōnstrum, -ī	Wunderzeichen, Ungeheuer	*Monster, monströs*
52. myrtus, -ī f.	Myrte, Myrtenkranz	*Myrte*
53. néctere, -ō, néx(u)ī, nexum	verknüpfen, umwinden	*an-nektieren, An-nexion, Ko-nex*
54. nefās n. (indekl.) nefās est	Unrecht, Frevel es ist nicht erlaubt, man darf nicht	
55. nemus, némoris n.	(lichter) Wald, Hain	
56. neu = neve (nach nē ...)	und nicht, oder nicht	
57. nitḗre, níteō, -uī	glänzen, strahlen	
58. ṓcior, -ius	schneller, eher	
59. octṓnī, -ae, -a	je acht	
60. onus, óneris n.	Last, Mühe	
61. parcus, -a, -um vīctus parcus	sparsam, schonend, schlicht karger Lebensunterhalt	
62. párvulus, -a, -um	sehr klein, sehr jung	

63. patérnus, -a, -um	väterlich, ererbt, heimatlich	
64. pávidus, -a, -um	verängstigt, zaghaft; erschreckend	
65. pérfidus, -a, -um	treulos, wortbrüchig	*perfide, Perfidie*
66. pharétra (phάretra), -ae	Köcher	
67. pinguis, -gue Mē pinquem et nítidum bene cūrātā cute vīsēs.	fett(ig); plump Mich wirst du behäbig und glänzend sehen, die Haut gut gepflegt.	
68. pīnus, -ī f.	Fichte, Föhre	*Pinie; **e.** pine*
69. prex, precis f. (meist Pl.) precēs et vōta	Bitte, Gebet Gebete und Gelübde	*prekär*
70. protérvus, -a, -um	frech, unverschämt	
71. pulsāre	schlagen, klopfen, stoßen	*pulsieren(d), Puls; **e.** (to) pulse*
72. purpúreus, -a, -um	purpurn, rot; prächtig	*purpurn; **e.** purple*
73. quátere, -iō, --, quassum	schütteln, erschüttern, zerschmettern	*kassieren*
74. ratis, -is f.	Floß, Schiff	
75. remōtus, -a, -um	entfernt, fern von	***e.** remote*
76. rīvus, -ī	Bach, Strom	*Rivale, Rivalität, De-rivat; Rio, Riviera; **e.** river*
77. rosa, -ae	Rose(nstrauch)	*Rosarium, Rosette*
78. sagítta, -ae	Pfeil	
79. sēcérnere, -ō, sēcrēvī, -crētum Mē nymphārum chorī sēcérnunt pópulō.	absondern, trennen, unterscheiden Mich scheiden die Chöre der Nymphen vom (gemeinen) Volk.	*Sekret(ion), Sekretär; **e.** secret*
80. sērus, -a, -um	spät, zu spät	*Serenade, Soiree*
81. sevērus, -a, -um	streng, ernst	***e.** severe*
82. siccus, -a, -um	trocken, dürr, nüchtern	*Sekt*
83. siquis, siquid	wenn, ob jemand, etwas	
84. sodālis, -le	kameradschaftlich, befreundet; subst.: Gefährte, Kamerad	*Sodale*
85. sollícitus, -a, -um vīta sollícita	(stark) erregt, unruhig, besorgt ein Leben voller Sorge	
86. sospes, sóspitis	wohlbehalten, unversehrt; günstig	
87. spérnere, -ō, sprēvī, sprētum	verschmähen, verachten	
88. ténuis, -e vīctus ténuis	dünn, schwach, gering schmale Kost	
89. térere, -ō, trīvī, trītum	reiben, abnutzen; (Zeit) verbringen	
90. triúmphus, -ī triúmphum dēcérnere	Triumph(zug) einen Triumph zuerkennen	*Triumph, triumphieren, Trumpf, auf-, übertrumpfen; **e.** triumph*

91. ū́dus, -a, -um	feucht, betrunken	
92. únguere, -ō, ūnxī, ūnctum	salben, fett machen; benetzen	
93. urgḗre, úrgeō, ursī iter urgḗre	(be)drängen, beharren auf den Marsch beschleunigen	*e. (to) urge*
94. urna, -ae	Krug, „Urne"	*e. urn*
95. vagus, -a, -um mercā́tor vagus	(umher)schweifend, unstet (umher)reisender Kaufmann	*„vage", Vaganten, Vagabund;* *e. vague*
96. venḗnum, -ī	Gift, (Liebes)Trank	*e. venom*
97. víridis, -de	grün, jugendlich	*Wirsing, Kap Verde*
98. vī́sere, -ō, vī́sī	besichtigen, besuchen	*an-visieren, visitieren, Visitation*
99. vītis, -is f.	Rebe, Weinstock	

Livius

Praefatio, Buch I u. IV

1. abdicā́re (sē) magistrā́tū abdicā́re	(sich) lossagen von, aufgeben ein Amt niederlegen, abdanken	
2. accī́re, ácciō, -cīvī, -cītum	herbeirufen, kommen lassen	
3. ā́ctiō, -ṓnis f. grātiā́rum ā́ctiō sēditiṓsae āctiṓnēs tribūnṓrum	Tätigkeit, Handlung; Gerichtsverhandlung, Prozess Danksagung aufrührerisches Handeln der Tribunen	*Aktion(ismus), Akt(en), aktiv;* *e. action*
4. adorī́rī, -órior, -ortus sum	angreifen, angehen	
5. ádvena, -ae m.	Ankömmling, Fremder	
6. advértere, -ō, -vértī, -vérsum ánimum advértere ad ómnium óculōs in sē advértere	hinwenden, hinlenken die Aufmerksamkeit lenken, richten auf aller Augen auf sich ziehen	*adversativ; e. to advertise*
7. aeger, aegra, aegrum aegrē (Adv.)	krank, bekümmert mit Mühe, kaum, ungern	
8. aerā́rium, -ī	Staatskasse	
9. agrā́rius, -a, -um lēx agrā́ria rem agrā́riam temptā́re sēditiṓnes agrā́riae agréstis, -te	Acker-, Feld- Ackergesetz eine Ackerreform in Angriff nehmen Unruhen wegen einer Ackerreform auf dem Feld befindlich, ländlich; subst.: der Bauer	*Agrar-reform, -staat*
10. albus, -a, -um	weiß	*Albino, Album, Albe*
11. áliquot (indekl.)	einige, ein paar	
12. amnis, -is m.	Strom	
13. anceps, ancípitis perī́culum anceps ancípitī próeliō pūgnā́re	zweiseitig, ungewiss Gefahr von zwei Seiten unentschieden kämpfen	

14.	ánnuus, -a, -um annṓna, -ae	jährlich, für ein Jahr Getreide(versorgung); (Lebensmittel)Preis, Teuerung	*Annuität, Bi-ennale; e. annual*
15.	apparā́tus, -ūs apparā́tus sacrṓrum bellī apparā́tus terréster maritimúsque	Werkzeug; Aufwand, Prunk Opfergeräte Rüstung zum Krieg zu Wasser und zu Land	*Apparat(ur)*
16.	arbítrium, -ī arbítrium fácere Nōn vestrī arbítriī erit.	Schiedsspruch; (freie) Entscheidung, Willkür die freie Wahl lassen Es wird nicht in euerer Entscheidung liegen.	
17.	assīgnā́re veterā́nīs agrōs assīgnā́re	anweisen, zuschreiben Veteranen Ackerland zuweisen	*signieren, Signatur; e. to assign*
18.	atrōx, atrṓcis impérium atrōx	schrecklich, wild Schreckensherrschaft	*e. atrocious*
19.	augur, áuguris m. (f.) augúrium, -ī	Vogelschauer, Seher(in) Prophezeiung, Ahnung; Vorzeichen	*Augur, inaugurieren*
20.	auspícium, -ī māiṓribus (meīs, cṓnsulis) auspíciīs	Vogelschau, Vorzeichen; Oberbefehl unter höherer (meiner, des Konsuls) Leitung	*Auspizien*
21.	avī́tus, -a, -um	großväterlich, ererbt	
22.	benīgnus, -a, -um	wohlwollend, gütig, freigebig	
23.	caeléstis, -te	himmlisch, göttlich	
24.	captī́vus, -a, -um	(kriegs)gefangen, erbeutet; subst.: (Kriegs-)Gefangener	*„Kabel"; e. captive*
25.	cā́ritās, -ā́tis f. pátriae cā́ritās tantā cāritā́te esse (in) cāritā́te et honṓre esse	Liebe; Teuerung die Liebe zum Vaterland in so hoher Achtung stehen Liebe und Hochachtung genießen	*Caritas, karitativ, Charité; e. charity*
26.	carpéntum, -ī	Reisewagen, Karren	
27.	cēnsōr, -sṓris m. cēnsū́ra, -ae cēnsus, -ūs	Zensor Amt des Zensors Volkszählung, Vermögen(s-einschätzung), Steuerliste	*Zensor, zensieren* *Zensur, Re-zension* *Zensus, Zins*
28.	centúria, -ae	Hundertschaft, Stimmbezirk	*„Zenturie"*
29.	circumvenī́re, -véniō, -vēnī, -véntum	umzingeln, bedrängen	
30.	cognítiō, -ṓnis f. cognitiṓnem prōditiṓnis senā́tuī reservā́re	Erkenntnis, Bekanntschaft; (gerichtliche) Untersuchung die Untersuchung wegen Hochverrats dem Senat vorbehalten	*kognitiv*
31.	collḗgium, -ī	Gremium; „Kollegium"	*Kollegialität, Kolleg*

32. compéllere, -péllō, cómpulī, -púlsum áliquem in metum compéllere	(zusammen)treiben jmd. in Furcht stürzen	
33. conciliā́re sibi legiṓnēs pecūniā conciliā́re	gewinnen; zustande bringen die Legionen mit Geld für sich gewinnen	*konziliant*
34. concípere, concípiō, concēpī, concéptum spem rēgnī concípere ánimō concípere preces concípere	erfassen, erkennen; aussprechen Hoffnung auf die Königsherrschaft schöpfen geistig erfassen, sich vorstellen Bitten feierlich vortragen	*konzipieren, Konzept(ion); e. to conceive*
35. concitā́re sē in hostēs concitā́re īrā concitā́tus	antreiben, erregen, aufwiegeln sich auf die Feinde stürzen aus (im) Zorn	
36. concúrsus, -ūs	Zusammenströmen, -stoß	*Konkurs*
37. cónditor, -ṓris m.	Gründer, Urheber	
38. cōnféstim (Adv.)	eilends, unverzüglich	
39. cóngredī, -grédior, -gréssus sum ad collóquium cóngredī	zusammenkommen, kämpfen zum Gespräch zusammenkommen	*Kongress*
40. cōnsēnsus, -ūs	Übereinstimmung, Einstimmigkeit	*Konsens*
41. cōnsultā́re trī́duum ad cōnsultándum dare (pétere, sū́mere) cōnsúltus, -a, -um iūris cōnsúltus	befragen, beratschlagen drei Tage Zeit zur Beratung geben (erbitten, nehmen) überlegt, erfahren rechtskundig, rechtsgelehrt	*konsultieren, Konsultation; e. to consult*
42. contumēlia, -ae	Misshandlung, Beleidigung	
43. coorī́rī, -órior, -órtus sum	entstehen, sich erheben	
44. corṓna, -ae	Kranz, „Krone"	*Korona(r-gefäße); e. crown*
45. decémvirī, -ṓrum decémvirī lēgibus scrībúndīs	Dezemvirn (Behörde von 10 Pers.) Zehnmännerkollegium zur Abfassung der XII-Tafel-Gesetze	
46. dēcrḗtum, -ī dēcrḗtō stā́re	Beschluss, Verordnung zu einem Beschluss stehen	*Dekret; e. decree*
47. dēcúmbere, -ō, -cúbuī, -cúbitum	sich niederlegen	
48. dḗdecus, dēdécoris n.	Schande, Schmach, Schandtat	
49. dēdítiō, -ṓnis f. hostem in dēditiṓnem accípere in dēditiṓnem venī́re	Übergabe, Unterwerfung die Kapitulation des Feindes annehmen sich ergeben	
50. dictitā́re	wiederholt, nachdrücklich sagen	*diktieren, Diktat; e. dictate*
51. dīmicā́tiō, -ṓnis f.	(gefährlicher) Kampf	
52. dīrúere, dī́ruō, -ruī, -rutum	einreißen, zerstören	
53. discrī́men, -minis n. Rēs in summō discrī́mine est.	Unterschied, Entscheidung; Gefahr, Risiko Die Sache steht auf dem Spiel, die Lage ist sehr kritisch.	*diskriminieren, Diskriminierung; e. to discriminate, discrimination*

54.	diutúrnus, -a, -um pāx diutúrna	lange dauernd, lange langer Friede	
55.	doméstīcus, -a, -um bellum doméstīcum	häuslich, familiär, einheimisch Bürgerkrieg	*domestizieren*
56.	ēdī́cere, ēdī́cō, ēdī́xī, ēdíctum	bekannt machen, verfügen	*Edikt*
57.	effū́sus, -a, -um cursū effū́sō exércitus effū́sus fuga effū́sa agrum effū́sē vāstā́re	ausgedehnt, ungeordnet, maßlos in gestrecktem (vollem) Lauf ein ungeordnetes Heer ungeordnete, wilde Flucht das Ackerland weithin verwüsten	
58.	ēlā́tus, -a, -um	hoch (gehoben), erhaben, stolz	
59.	ēmíttere, ēmíttō, ēmī́sī, ēmíssum lácrimās ēmíttere	aussenden, werfen, loslassen Tränen vergießen	*emittieren, Emission;* **e.** *to emit, emission*
60.	ēvocā́re	herbeirufen, herausfordern	*evozieren*
61.	exciḗre, excíeō hostem ad dīmicándum exciḗre	herbeirufen, erregen den Feind zum Kampf reizen	
62.	éxpers, expértis (+ Gen.)	ohne Anteil, frei (von)	
63.	expóscere, -scō, -popóscī	(die Auslieferung) verlangen, erflehen	
64.	extemplō (Adv.)	sofort	
65.	extérnus, -a, -um timor extérnus	Äußerlich; ausländisch, fremd die Furcht vor einem auswärtigen Feind	*extern*
66.	fáctiō, -ṓnis f.	Partei	
67.	famēs, -is f.	Hunger	**e.** *famine, to famish*
68.	fā́num, -ī	Heiligtum, Tempel	*fanatisch, Fanatismus, pro-fan*
69.	fā́s (indekl.) fā́s est	göttliches Recht, Gebot es ist erlaubt, möglich, schicklich	
70.	favor, -ṓris m.	Gunst, Beifall	*favorisieren, Favorit;* **e.** *favour*
71.	fessus, -a, -um	müde, erschöpft	
72.	fētiā́lis, -le iūs fētiā́le	zu den Fetialen *(Priestern für völkerrechtliche Handlungen)* gehörig das Fetialrecht	
73.	firmā́re	stärken, sichern	*Firmung, Konfirmation, Firma(ment), Fermate*
74.	flā́men, flā́minis m.	Flamen, Priester *(für eine einzelne Gottheit)*	
75.	foedus, -a, -um	hässlich, schändlich	
76.	fossa, -ae	Graben	*Fossilien;* **e.** *fossil*
77.	frémere, -ō, -uī, -itum Occúltī frémere sólitī erant.	tosen, lärmen, murren Sie waren es gewohnt gewesen, im Geheimen zu murren.	
78.	globus, -ī	Kugel, Ball, Schar	*Globus, global, Globalisierung, Globe-trotter, Hämo-globin*

79.	hērēs, hērḗdis m./f.	Erbe, Erbin	*e. heir*
80.	hostī́lis, -le metus hostī́lis condiciṓnēs hostī́lēs	feindlich, feindselig die Furcht vor dem Feind mit dem Feind vereinbarte Bedingungen	*e. hostile*
81.	ī́cere, ī́ciō / īcō, īcī, ictum foedus ī́cere	schlagen, treffen ein Bündnis schließen	
82.	īgnā́rus, -a, -um	unkundig, unwissend	*Ignoranz, ignorieren*
83.	īgnōmínia, -ae	Schande, Schmach	
84.	impḗnsus, -a, -um	kostspielig; heftig	
85.	imperitā́re	gebieten, befehlen	
86.	ímpiger, -gra, -grum	rastlos, unermüdlich	
87.	inaugurā́re	feierlich (ein)weihen	*inaugurieren*
88.	inclīnā́re In hanc senténtiam inclīnā́vit ánimōs. Inclī́nant ánimī ad pācem.	(sich) neigen, schwanken Er gewann die Herzen für diese Meinung. Die Herzen neigen dem Frieden zu.	*de-klinieren; e. to incline*
89.	ínclitus, -a, -um (= ínclutus)	berühmt, bekannt	
90.	increpā́re, íncrepō, incrépuī, -itum	lärmen, erschallen; schelten	*krepieren*
91.	indīgnā́tiō, -ṓnis f. indī́gnitās, -tā́tis f.	Unwille, Entrüstung unwürdige Behandlung, Schande	 *indigniert*
92.	indū́tiae, -ā́rum indū́tiās biénniī fácere	Waffenstillstand einen Waffenstillstand auf zwei Jahre schließen	
93.	iniússū (Abl.) [cṓnsulis]	ohne Befehl [des Konsuls]	
94.	inténdere, -ō, -dī, -téntum iter in Itáliam inténdere	anspannen, richten auf den Marsch nach Italien lenken	*intendieren, Intendant, Intention, Intensität, intensiv; e. to intend*
95.	intercḗdere, -cḗdō, -céssī, -céssum intercéssiō, -ṓnis f.	dazwischentreten, sich widersetzen Einspruch, Protest	 *Interzession*
96.	interrēx, -rḗgis m. interrḗgnum, -ī	Zwischenkönig, Reichsverwalter Zwischenregierung	 *Interregnum*
97.	intervenī́re, -véniō, -vēnī, -véntum	dazwischentreten, unterbrechen	*intervenieren, Intervention; e. to intervene*
98.	intestī́nus, -a, -um bellum intestī́num	innerlich, im Inneren der Bürgerkrieg	*„intus“; e. intestine*
99.	ínvehī, -vehor, -véctus sum	hineinfahren; losgehen auf	*Invektive*
100.	irrītā́re (irrī́tō)	(auf)reizen, erregen	*irritieren, Irritation; e. to irritate*
101.	iūniṓrēs, -um m.	die Jüngeren, Wehrpflichtige	*Junior*
102.	laevus, -a, -um	links; ungeschickt	
103.	largī́tiō, -ṓnis f.	Freigebigkeit, Bestechung	
104.	lī́ctor, -tṓris m.	Liktor *(Amtsdiener)*	

105. locā́re áliquem nōn in pátriō locā́re rēgnō	(auf)stellen, legen; vermieten jemanden nicht auf den Königsthron des Vaters setzen	*lokalisieren; e. to locate*
106. lūcus, -ī	Hain, Wald(lichtung)	
107. maestus, -a, -um	traurig, unheilvoll	
108. māiéstās, -tā́tis f. māiéstās senā́tūs māiestā́tis damnā́rī	Größe, Würde; Majestätsbeleidigung das Ansehen des Senats wegen Majestätsbeleidigung verurteilt werden	*Majestät, majestätisch; e. majesty*
109. mānēs, mā́nium m. D. M. (= Dīs Mā́nibus)	Seelen der Verstorbenen den Unterweltsgöttern	
110. mātrimṓnium, -ī Graecam in mātrimṓniō habḗre	Ehe eine Griechin zur Frau haben	*Matrone, Matri-archat*
111. méntiō, -ṓnis f. mentiṓnem fácere huius reī	Erwähnung, Anregung diese Sache zur Sprache bringen, erwähnen	*Kom-mentar, kom-mentieren; e. (to) mention*
112. mercēs, -cḗdis f.	Lohn, Sold, Preis	*Kom-merz, kom-merziell*
113. minae, -ā́rum	Drohungen	
114. mīrā́culum, -ī	Wunder(ding)	*Mirakel; e. miracle*
115. mītis, -te	mild, sanft, friedlich	
116. moderā́rī linguae moderā́rī frēna impériī moderā́rī	mäßigen, lenken die Zunge im Zaum halten die Zügel der Herrschaft in der Hand halten	*moderieren, Moderator*
117. mōlēs, -is f.	Masse, Last; Damm	*Mole(-kül), mole-kular*
118. mulíebris, -bre	weiblich, Frauen-	
119. nēquā́quam nēquī́quam	keineswegs, durchaus nicht vergeblich, zwecklos	
120. nuptiae, -ā́rum	Hochzeit, Vermählung	
121. obsī́dere, -ō, -sēdī, -séssum obsídiō, -ṓnis f.	besetzen Belagerung(szustand)	*Obsession*
122. obstā́re, óbstō, -stitī	im Wege stehen, hindern	*e. obstacle*
123. obtruncā́re	in Stücke hauen, niedermachen	
124. óbvius, -a, -um alícui óbviam īre	begegnend jmd. begegnen, entgegengehen	*e. obvious*
125. oppūgnā́tiō, -ṓnis f.	(Sturm-)Angriff, Belagerung	
126. opuléntus, -a, -um	wohlhabend, reichlich; mächtig	*opulent*
127. ostentā́re sóciīs spem prō rē ostentā́re	zeigen, prahlen; versprechen den Bundesgenossen Hoffnung statt der wirklichen Lage vor Augen stellen	*ostentativ*
128. ovā́re	jubeln, frohlocken	*Ovationen*
129. pactum, -ī Pacta sunt servánda. nūllō pactō Néscio quō pactō hoc fēcī.	Vertrag, Art und Weise Verträge müssen eingehalten werden. ganz und gar nicht Unwillkürlich habe ich das getan.	*Pakt, paktieren, Pacht, Pächter, (ver)pachten*

130. paenitḗre, páenitet, paenítuit Páenitet mē meae fortūnae. Amīcum iniūriae páenitet.	es reut, ärgert, man ist unzufrieden Ich bin unzufrieden mit meinem Schicksal. Der Freund bereut das Unrecht.	
131. palam (Adv.)	öffentlich, offen(kundig)	
132. partus, -ūs	Geburt; Kind	
133. passim (Adv.)	überall, nach allen Seiten	
134. pāstor, -ṓris m.	Hirte	*Pastor(ale)*
135. patrā́re pacem patrā́re	zustande bringen, vollenden Frieden schließen	
136. pavor, -ṓris m. pávidus, -a, -um	Angst, Furcht verängstigt, zaghaft; erschreckend	
137. penes + Akk. Penes ūnum est summum impérium.	im Besitz, in der Gewalt von, bei Die höchste Macht liegt bei einem einzigen, in den Händen eines einzigen.	
138. percéllere, -céllō, pérculī, percúlsum hostēs ímpetū percúlsī	(nieder)schlagen, zugrunde richten, erschrecken die durch den Angriff bestürzten Feinde	
139. pestiléntia, -ae	Seuche, ungesunde Luft	*Pest(ilenz)*
140. pōmḗrium, -ī	Pomerium *(unbebauter Streifen an der röm. Stadtmauer)*	
141. populā́tiō, -ṓnis f.	Verwüstung, Plünderung	
142. porténdere, -téndō, -téndī, -téntum	ankündigen, vorhersagen	***e.*** *to portend*
143. postrḗmō (Adv.)	zuletzt, schließlich	
144. praeférre, práeferō, -tulī, -lā́tum	vorantragen, zeigen; vorziehen	*Präferenz, Prälat;* ***e.*** *to prefer*
145. praeoccupā́re	vorher besetzen, einnehmen	***e.*** *preoccupy*
146. praeparā́re (práeparō)	vorbereiten, rüsten	*präparieren, Präparat(or);* ***e.*** *to prepare*
147. praetérquam	ausgenommen, außer	
148. prāvus, -a, -um	verkehrt, schlecht	
149. prīvā́re	berauben, befreien	*privatisieren, privat;* ***e.*** *private*
150. prōdígium, -ī	Wunderzeichen, Ungeheuer	
151. prōmíscuus, -a, -um	gemischt, ohne Unterschied	*Promiskuität*
152. prōmulgā́re	öffentlich anschlagen, ankündigen	
153. pūbēs, pū́beris	mannbar, erwachsen	*Pubertät*
154. quācúmque	wo nur immer, überall wo	
155. rebellā́re	den Krieg erneuern, sich erheben	*rebellieren, Rebell(ion);* ***e.*** *rebel*
156. refícere, -iō, -fḗcī, -féctum ánimum, vīrēs, sē refícere fessum viā mīlitem refícere exércitum refícere	wiederherstellen, erfrischen sich erholen den vom Marsch ermüdeten Soldaten sich erholen lassen dem Heer die Möglichkeit der Erholung schaffen	*Refektorium*

157.	relígiō, -ṓnis f.	Gottesfurcht, -verehrung, Glaube	*Religion, religiös; e. religion*
158.	repēns, repéntis repénte (Adv.) cāsūs repéntēs	plötzlich, unerwartet unerwartete Schicksalsschläge	
159.	rītus, -ūs rīte (Adv.)	(religiöser) Brauch, Sitte, Art auf rechte Weise, nach Vorschrift, mit Recht	*Ritus, Ritual, rituell*
160.	rogā́tiō, -ṓnis f. rogātiṓnem apud pópulum ferre /perférre rogitā́re	Gesetzesvorschlag, -antrag eine Gesetzesvorlage beim Volk einbringen / durchbringen wiederholt fragen, bitten	
161.	sacrā́re lēgēs sacrā́tae caput hostis sacrā́re sacrifícium, -ī	weihen, unverletzlich machen; verfluchen heilige Gesetze das Haupt des Feindes verfluchen Opfer, heilige Handlung	*sakral* *Sakristei, Sakri-leg; e. sacrifice*
162.	scīscitā́rī	zu erfahren suchen, erforschen	
163.	sēditiṓsus, -a, -um	aufrührerisch, rebellisch	
164.	sēgnis, -gne	träge, untätig	
165.	serva, -ae servítium, -ī	Sklavin Sklaverei, Knechtschaft	*servil* *Servilität*
166.	siníster, -stra, -strum sinístra (manus)	links; ungeschickt; unheilvoll die linke Hand	
167.	socer, sócerī	Schwiegervater	
168.	sollicitā́re sollicitā́tī ánimī plēbis	erregen, beunruhigen, aufwiegeln die gereizte Stimmung des Volkes	
169.	spēlúnca, -ae	Höhle, Grotte	*Spelunke*
170.	spérnere, -ō, sprḗvī, sprḗtum nēquā́quam spernéndus auctor	verschmähen, verachten ein glaubwürdiger (keineswegs zu verachtender) Autor	
171.	spólium, -ī spólia, -ṓrum	Fell, Haut (erbeutete) Rüstung, Beute	 *Spolien*
172.	stimulā́re	antreiben, beunruhigen	*stimulieren, Stimulation; e. to stimulate*
173.	stipéndium, -ī stipéndia merḗre multa stipéndia habḗre	Sold, Kriegsdienst; Abgabe Kriegsdienst leisten, Soldat sein viele Kriegsjahre hinter sich haben	*Stipendium*
174.	stirps, stirpis f.	Wurzel, Stamm, Ursprung	
175.	suffrā́gium, -ī in suffrā́gium míttere Rēs est mīlitā́ris suffrā́giī.	Abstimmung, Votum abstimmen lassen Darüber hat das Heer zu bestimmen.	
176.	suspéndere, -ō, -dī, -pḗnsum	aufhängen, in der Schwebe lassen	*e. to suspend*
177.	términus, -ī	Grenze, Grenzstein	*Termin, Terminologie, Terminus technicus, terminieren; e. term*

178.	trépidus, -a, -um	unruhig, aufgeregt	
179.	tribus, -ūs f. tribūnícius, -a, -um tribūnícia potéstās comítia tribūnícia	(Steuer-)Bezirk, Tribus den Tribun betreffend, tribunizisch die Amtsgewalt des Tribunen Volksversammlung zur Wahl der Tribunen	*Tribun*
180.	trigéminus, -a, -um	Drillings-, dreifach	
181.	triumphā́re	triumphieren, einen Triumph feiern	*triumphieren, Triumph, auf-, übertrumpfen, Trumpf*
182.	trucīdā́re (trucī́dō)	abschlachten, niedermetzeln	
183.	turbā́re	verwirren, in Unruhe, Unordnung bringen, stören	*Turbine, Turbo-, Turbulenz, turbulent, Trubel*
184.	tūtor, -tṓris m.	Beschützer, Vormund	*tutor*
185.	usquam	irgendwo	
186.	válidus, -a, -um	gesund, stark, kräftig	*In-valide, In-validität;* ***e.*** *valid*
187.	venerā́bilis, -le	(ver)ehr(ungs)würdig	***e.*** *venerable*
188.	verēcúndia, -ae	Scheu, Anstandsgefühl, Achtung	*Re-verenz*
189.	versā́re	hin- und her wenden, erwägen	*versiert*
190.	vicis f. (Gen. Sg.), vicem, vice	Wechsel, Stelle	*Vize-, Vikar*
191.	vōciferā́rī/ -re	laut rufen, schreien	
192.	voluntā́rius, -a, -um mors voluntā́ria	freiwillig Selbstmord	*Volontär;* ***e.*** *voluntary*
193.	vorā́gō, -inis f.	Schlund, Abgrund	
194.	vovḗre, vóveō, vōvī, vōtum	geloben, wünschen	*Votum, Votiv-gabe, de-vot*

Martial

Liber spectaculorum und Buch I u. II

1.	aper, aprī	Eber, Wildschwein	
2.	arca, -ae	Kasten, Kiste	*Arche*
3.	astrum, -ī áliquem tóllere in (ad) astra, astrīs īnférre, in astrīs collocā́re	Gestirn, Stern(bild) jmd. zu den Sternen erheben, unter die Sterne versetzen	*Astro-nom(ie), Astro-log(i)e*
4.	bā́sium, -ī bā́sia iactā́re	Kuss Kusshände werfen	***it.*** *baccio*
5.	bellus, -a, -um ómnia bellē fácere	hübsch, charmant alles hübsch ausführen	*Bel-letristik, Bel-vedere, Bel-vue*
6.	blandus, -a, -um vōcēs blandae	schmeichelnd, reizend schmeichelnde Worte	
7.	cándidus, -a, -um	strahlend, weiß; redlich	*Kandidat, kandidieren*
8.	charta, -ae	Papyrus, Papier, Schrift(werk)	*Charta, Karte, Karton, Kartei, Kartell, Skat;* ***e.*** *chart(er)*
9.	cinis, cíneris m. post cínerem	Asche; Vernichtung nach dem Tod	***e.*** *to incinerate, incineration*

10.	clássicus, -a, -um	zur Flotte gehörig; erstklassig	*Klasse, Klassik, klassisch; e. classic(al)*
11.	coma, -ae	Haar, Laub	
12.	cūlus, -ī	Hintern	
13.	cū́riō, -ṓnis m.	Kurienvorsteher; Ausrufer	
14.	dēlíciae, -ā́rum dēlíciās fácere	Vergnügen, Lust Scherze treiben	*delikat, Delikatesse*
15.	dīmídium, -ī	Hälfte	
16.	epigrámma, -matis n.	Epigramm, Gedicht	*Epigramm*
17.	explicā́re (éxplicō)	entfalten, erklären	*explizit*
18.	Falérnus, -a, -um vīnum Falérnum	falernisch (in NW-Kampanien) Falernerwein	
19.	fēl(l)ā́re	saugen, lecken	
20.	focus, -ī	Feuerstelle, Herd, Heim	*Fokus, fokussieren, Foyer*
21.	futúere, fútuō, -uī, -ū́tum	mit jem. schlafen	
22.	hestérnus, -a, -um	gestrig, von gestern	
23.	iocus, -ī iocṓsus, -a, -um	Scherz, Spaß, Spiel scherzhaft, neckisch	*Jux, Jongleur; e. (to) joke*
24.	issa	= *ipsa:* selbst (Fem.)	
25.	iuvéncus, -ī	junger Stier; Jüngling	
26.	lacérna, -ae	Mantel, Umhang	
27.	lascī́vus, -a, -um	ausgelassen, ausschweifend	*lasziv*
28.	lavā́re, lávō, lāvī, lautum	waschen	*Lavendel, „Latrine", Lava*
29.	lentus, -a, -um	langsam, träge, zäh	
30.	lepus, léporis m.	Hase; „Häschen"	
31.	lūsus, -ūs Dēlíciās, Caesar, lūsū́sque iocṓsque leṓnum vī́dimus.	(Liebes-)Spiel, Scherz Cäsar, wir haben die Vergnügungen, die Spiele, die Scherze der Löwen gesehen.	*Prä-ludium, Il-lusion*
32.	méntula, -ae	Schwanz, Penis	
33.	merus, -a, -um amor merus	ungemischt, rein wahre Liebe	*e. mere*
34.	moechus, -ī	Ehebrecher	
35.	nemus, némoris n.	(lichter) Wald, Hain	
36.	olḗre, óleō, -uī Póstume, nōn bene olet, quī bene semper olet.	riechen, stinken, duften Postumus, nicht riecht gut, wer immer gut riecht.	
37.	pā́gina, -ae	Blatt (Papier), Seite	*paginieren; e. page*
38.	pallḗre, pálleō, -uī	blaß sein, sich ängstigen	*e. (to) pale, pallid*
39.	patrṓnus, -ī / patrṓna, -ae	(Schutz-)Herr, Beschützer / Beschützerin, Herrin	*Patron/in, Patronat, Patrone; e. patron*
40.	pila,-ae	Ball(spiel)	*Pille*

41. pīlum, -ī	Wurfspieß	*Pfeil*
42. píngere, -ō, pīnxī, pictum	(aus)malen, färben	*Pig-ment, pitto-resk*
43. prṓtinus (Adv.)	vorwärts; ununterbrochen, sofort	
44. rudis, -de	roh, ungebildet, unerfahren	*rüde, rudimentär, Rudiment*
45. salūtā́re	(be)grüßen	*salutieren, Salut*
46. sápere, -iō, -ī́vī (-iī) hóminem sápere	schmecken, Geschmack haben, verständig sein einen Menschen verstehen, kennen	
47. sērus, -a, -um	(zu) spät	*Serenade, Soiree*
48. sodā́lis, -le	kameradschaftlich, befreundet; subst.:Gefährte, Kamerad	*Sodale*
49. toga, -ae	Gewand, Toga	
50. totiēns	so oft	
51. ursus, -ī	Bär	*„Ursula"*
52. véllere, -ō, vulsī, vulsum	zupfen, ausreißen	*Kon-vulsion*
53. vēlōx, vēlṓcis mū́nera vēlṓcia	schnell, behänd schnell erbaute Theater	***e.*** *velocity*

Nepos

Miltiades, Themistocles u. Hannibal

1. absēns, -séntis mē absénte	abwesend in meiner Abwesenheit	*absent, Absenz*
2. adiúngere, -ō, -iū́nxī, -ctum sibi sóciōs adiúngere	anschließen, verbinden (als) Bundesgenossen für sich gewinnen	
3. angústiae, -ā́rum	Enge, Engpass; Schwierigkeit	*Angina*
4. antecḗdere, -cḗdō, -céssī, -céssum	vorangehen, übertreffen	
5. bellā́re	Krieg führen, kämpfen	*re-bellieren, Re-bell*
6. cállidus, -a, -um	schlau, raffiniert	
7. castéllum, -ī castélla mūnī́re	kleines Lager, befestigter Platz befestigte Plätze anlegen	*Kastell(an), Kastilien*
8. classiā́rius, -a, -um	zur Flotte gehörig; subst.: Matrose	*Klasse*
9. comprehéndere, -héndō, -héndī, -hēnsum	(er)fassen, ergreifen	***e.*** *to comprehend, comprehension*
10. conciliā́re tālem virum sibi conciliā́re pācem inter pópulōs conciliā́re	gewinnen, zustande bringen einen solchen Mann für sich gewinnen Frieden unter Völkern stiften	*konziliant*
11. cōnflī́gere, -ō, -flī́xī, -ctum	zusammenstoßen, kämpfen	*Konflikt;* ***e.*** *(to) conflict*
12. cōnfúgere, -fúgiō, -fū́gī	sich flüchten	*Re-fugium*
13. cóngredī, -grédior, -gréssus sum	zusammenstoßen, kämpfen	*Kongress*

14.	cōnsectā́rī	verfolgen, erstreben	
15.	cōnservā́re	bewahren, retten	*konservieren, Konserve, Konservator(ium), konservativ*
16.	dēmigrā́re	auswandern, wegziehen	
17.	dēvíncere, -ō, -vī́cī, -victum	(völlig) besiegen	
18.	dominā́tiō, -ṓnis f.	(Allein-)Herrschaft	*dominant, dominieren; e. domination*
19.	ergā + Akk. ódium ergā Rōmā́nōs	gegen, im Hinblick auf der Hass gegen, auf die Römer	
20.	excúrsiō, -ṓnis f.	Ausfall, Angriff	*Exkursion; e. excursion*
21.	expéllere, -ō, éxpulī, -púlsum	vertreiben, verbannen	*e. to expel*
22.	explicā́re(éxplicō)	entfalten, erklären	*explizit; e. explicit*
23.	explōrā́re (explṓrō)	erkunden, erforschen	*e. to explore, explorer*
24.	dēvovḗre, -vóveō, -vṓvī, -vṓtum dēvṓtiō, -ṓnis f.	weihen, hingeben; verwünschen Gelübde, Verwünschung	*devot; Votum, Votiv-gabe; e. to devote, devout* *Devotion(alien); e. devotion*
25.	fíctile, -lis (vās)	Tongefäß	*fiktiv, Fiktion*
26.	largī́tiō, -ṓnis f.	Freigebigkeit, Bestechung	
27.	lígneus, -a, -um	hölzern, aus Holz	
28.	locuplētā́re	reichlich ausstatten	
29.	méntiō, -ṓnis f. méntiṓnem fácere huius reī	Erwähnung, Anregung diese Sache zur Sprache bringen, erwähnen	*Kom-mentar, kom-mentieren; e. (to) mention*
30.	miserā́rī	beklagen, bemitleiden	*miserabel, Misere*
31.	namque	freilich, nämlich	
32.	naufrágium, -ī naufrágium fácere	Schiffbruch, Unglück Schiffbruch erleiden	
33.	nāvā́lis, -le pūgna nāvā́lis	zu Schiff, zur See, Schiffs- Seeschlacht	*Navigation*
34.	occupā́tus, -a, -um mī́litēs occupā́tī in mūnītiṓne disiciéndā	beschäftigt; besetzt die Soldaten, die mit der Zerstörung der Befestigungsanlagen beschäftigt sind	*okkupieren, Okkupation*
35.	praeséntia, -ae in praeséntiā	Gegenwart, Anwesenheit für jetzt, augenblicklich	*Präsenz, (re-)präsent(ieren), Re-präsentant, Präsens*
36.	profitḗrī, -fíteor, -féssus sum	offen bekennen, angeben, versprechen	*Professor, Profession(al)*
37.	prōflīgā́re (prōflī́gō)	niederschlagen, überwältigen	
38.	removḗre, -móveō, -mṓvī, -mṓtum	wegschaffen, entfernen	*e. to remove*
39.	repentī́nus, -a, -um repente (Adv.)	plötzlich, unerwartet plötzlich, schnell	
40.	restitúere-stítuō, -uī, -ū́tum	wiederherstellen, zurückführen	*Restitutions-edikt*

41.	sḗtius (Adv.) haud sḗtius	anders, weniger nicht anders	
42.	taléntum, -ī	Talent *(Gewichts- u. Münzeinheit, große Geldsumme)*	*Talent, talentiert;* ***e.** talent*
43.	tótidem (indekl.)	ebenso viele	
44.	trirḗmis, -is f.	Dreiruderer	
45.	tyránnus, -ī tyránnis, -idis f.	(Allein-)Herrscher, Fürst (Gewalt-)Herrschaft	*Tyrannen-herrschaft;* ***e.** tyrant* *Tyrannei;* ***e.** tyranny*
46.	venḗnum, -ī	Zaubertrank, Gift	

Ovid

Metamorphosen in Auswahl (Proömium, I 1-4; Weltalter, I 89-150; Apoll und Daphne, I 452-567; Pyramus und Thisbe, IV 55-166; Niobe, VI 146-312; Die Lykischen Bauern, VI 313-381; Dädalus und Ikarus, VIII 157-235; Philemon und Baucis, VIII 616-724; Orpheus und Eurydike, X 1-77; Apotheose des Äneas, XIV 581-608; Nachwort des Dichters, XV 871-879)

1.	aevum, -ī	Leben(szeit), (Zeit-)Alter, Jugend	
2.	āla, -ae	Flügel	
3.	árduus, -a, -um Árdua mōlī́mur, sed nūlla nisī árdua virtūs.	steil, hoch aufragend; schwierig Wir unternehmen Schwieriges, aber es gibt keine Leistung, zu der der Weg nicht steil ist.	
4.	artus, -a, -um artus, -ūs	eng, beengt, misslich Gelenk, (Körper-)Glied	 *Artikel, Artikulation;* ***e.** article*
5.	arvum, -ī	Feld, Flur	
6.	cacū́men, -minis n.	Gipfel, Spitze	
7.	caeléstis, -te	göttlich, himmlisch; subst. Pl.: Götter	
8.	capíllus, -ī	(Haupt-)Haar	*Kapillar-Gefäß*
9.	cárpere, -ō, carpsī, carptum Mē duce carpe viam! aéthera cárpere Carpsḗre iecur volucrēs. caeléstia pābula cárpere	(zer)pflücken Unter meiner Führung lege den Weg zurück! durch den Äther fliegen Vögel zerhackten die Leber. himmlisches Futter verzehren	*ex-zerpieren, Ex-zerpt*
10.	cēra, -ae	Wachs(figur), Ahnenbild	
11.	cervīx, -vī́cis f. (meist Pl.)	Nacken, Genick; Kraft	*zervikal*
12.	clīvus, -ī	Abhang, Hügel	
13.	collum, -ī	Hals	*Kollier, De-kolleté, Kol-portage*
14.	convī́cium, -ī	Gezänk, Vorwurf; Lästermaul	
15.	cruor, cruṓris m.	(geronnenes) Blut	
16.	crūs, crūris n.	Bein, Unterschenkel	
17.	ēnsis, -is m.	Schwert	

18.	fax, facis f.	Fackel, Flamme	*„Fackel"*
19.	fētus, -ūs fētūs arbóreī	Geburt, Frucht; Kind, Spross Baumfrüchte	*Fötus*
20.	figū́ra, -ae	Gestalt; Aussehen, Schönheit	*Figur; e. figure*
21.	frēnum, -ī frēna dare	Zügel die Zügel locker, schießen lassen	
22.	frōns, frondis f.	Laub	
23.	gélidus, -a, -um nemus gélidum	eisig, kalt ein kühler Hain	*Gelee, Gelatine*
24.	gena, -ae	Wange, Backe	
25.	génitor, -ṓris m.	Vater, Schöpfer	
26.	gurges, gúrgitis m	Strudel; Schlund, Abgrund	*Gurgel, gurgeln; e. gorge*
27.	harúndō, -inis f.	Schilfrohr, Hirtenflöte	
28.	haustus, -ūs	(Wasser-)Schöpfen, Trunk	
29.	herba, -ae	Pflanze, Kraut, Gras	*Herbarium*
30.	īgnā́rus, -a, -um	unkundig, ohne Kenntnis	*Ignoranz, ignorieren*
31.	immḗnsus, -a, -um	unermesslich, unendlich	*immens, Di-mension*
32.	incúmbere, -cúmbō, -cúbuī	sich (ver)legen, sich stürzen auf	
33.	iuvenā́lis, -le	jugendlich	*juvenil, Junior; e. juvenile*
34.	lacértus, -ī	(Ober-)Arm; Kraft	
35.	laniā́re	zerfleischen, zerreißen	
36.	lētum, -ī	Tod, Vernichtung	*letal; e. lethal*
37.	líquidus, -a, -um caelum líquidum	flüssig, klar klarer Himmel	*Likör, liquidieren, Liquidation, Liquida; e. liquid*
38.	madḗre, mádeō, -uī	nass sein, triefen	
39.	mēnsa, -ae	Tisch, Mahlzeit	*Mensa*
40.	mollī́re	weich machen, mildern, besänftigen	*mollig, Moll(-Tonart)*
41.	mōnstrum, -ī	Wunderzeichen, Ungeheuer	*Monster, monströs; e. monster*
42.	murmur, múrmuris n. múrmure parvō	Murmeln, Geräusch mit leisem Geflüster	*e. (to) murmur*
43.	nectar, néctaris n.	Nektar, Göttertrank	*Nektar*
44.	nervus, -ī	Sehne, Kraft	*Nerv, nervig, entnervt, nervös, Nervosität; e. nerve*
45.	notā́re	kennzeichnen, (be)schreiben	*notieren, Note, Notar(iat)*
46.	nympha, -ae	Nymphe, Braut	*Nymphe*
47.	orbus, -a, -um	kinderlos, verwaist, beraubt	
48.	ṓsculum, -ī	Kuss	
49.	palma, -ae	(Hand-)Fläche; Palme, Siegespreis	*Palme, Palmette; e. palm*
50.	pā́scere, -scō, pāvī, pāstum flammās pā́scere	füttern, weiden (trans.), erfreuen die Flammen, das Feuer nähren	*Pastor*

51. pátulus, -a, -um pátula Iovis arbor	offen, weit (ausgebreitet) der weit ausladende Baum des Jupiter	
52. penna, -ae	Feder; Flügel; Pfeil	*Pennal, Pennäler*
53. percútere, -cútiō, -cússī, -cússum	erschüttern; durchstoßen, töten	*Perkussion*
54. pharétra (pháretra), -ae	Köcher	
55. prōlēs, -is f. prōlēs argéntea	Sprössling, Nachwuchs silbernes Geschlecht	*Prolet(arier), Proletariat*
56. prṓtinus (Adv.)	vorwärts, sogleich	
57. rādīx, rādī́cis f. rādīcēs ágere herbās rādī́ce revéllere	Wurzel, unterer Teil, Grund Wurzel(n) schlagen die Pflanzen mit der Wurzel ausreißen	*Rettich, Radi(eschen), radizieren, radikal, Radikalismus;* ***e.*** *radical*
58. sagítta, -ae Áltera per iúgulum sagítta ācta est.	Pfeil Ein zweiter Pfeil drang durch die Kehle.	
59. scelerā́tus, -a, -um sēdēs scelerā́ta	frevelhaft, verflucht Ort der Verdammten (in der Unterwelt)	
60. sérere, -ō, sēvī, satum satus, -a (+ Abl.) Áurea prīma sata est aetās.	säen, pflanzen entsprossen, Sohn/Tochter (der/s ...) Als erstes brach an (entstand, zog herauf) das goldene Zeitalter.	*„säen", Samen, Seminar(ist), Saison, Saturn(alien)*
61. silḗre, sileō, -uī	schweigen, still sein	*Silentium;* ***e.*** *(to) silence*
62. stāgnum, -ī	Gewässer, Teich, Wasserbecken	*Stagnation, stagnieren*
63. stríngere, -ō, strīnxī, strictum summās undās stríngere	streifen, berühren; (zusammen)schnüren die Wasseroberfläche berühren	*stringent, strikt, Di-strikt; Striegel, striegeln; „streichen, Strick";* ***e.*** *strict*
64. súperī, -ṓrum	(himmlische) Götter	*Super-*
65. tardus, -a, -um	langsam, spät	*re-tardieren(des Moment)*
66. ténuis, ténue ténuēs capíllī ténuis vestis	dünn, fein, schwach schütteres Haar das zarte Gewand	***e.*** *tenuous*
67. trémere, -ō, -uī Pátriae tremuḗre manūs.	zittern, beben Die Hände des Vaters zitterten.	*tremolieren, Tremolo;* ***e.*** *to tremble*
68. vīcī́nia, -ae	Nachbarschaft, Nähe	***e.*** *to vicinity*
69. víscera, -um n. Scelerāta ferō cōnsū́mite víscera morsū! víscera terrae	Eingeweide, Innerstes Zerfleischt mit wildem Biss die Eingeweide des Frevlers! das Innerste der Erde	

Phaedrus

Buch I

1. agnus, -ī	Lamm	*Agnus Dei*
2. aper, aprī	Eber, Wildschwein	
3. ásinus, -ī asellus, -ī	Esel Esel(chen)	*„Esel"*

4. cānus, -a, -um	grau, (alt)ehrwürdig	
5. capélla, -ae	(kleine) Ziege, Geiß	
6. carō, carnis f.	Fleisch(stück)	*In-karnation, Karni-voren, Karne-val (?)*
7. cā́seus, -ī	„Käse"	*Kasein*
8. cátulus, -ī	Tierjunges, junger Hund	
9. cervus, -ī	Hirsch	
10. cicṓnia, -ae	Storch	
11. collum, -ī	Hals	*Kollier, De-kolleté, Kol-portage*
12. colúmba, -ae	Taube	
13. comédere, cómedō, -ḗdī, -ḗsum	verzehren	
14. concípere, -cípiō, -cḗpī, -céptum	erfassen, empfangen	*konzipieren, Konzept(ion); e. conceive*
15. contumḗlia, -ae	Misshandlung, Beleidigung	
16. corcodī́lus, -ī	= *crocodī́lus:* Krokodil	*„Krokodil"; e. crocodile*
17. corrípere, -rípiō, -rípuī, -réptum	ergreifen, packen	
18. corvus, -ī	Rabe	
19. dēcípere, -iō, -cḗpī, -céptum	täuschen	*e. to deceive*
20. dein	= *deinde:* von dort, hierauf	
21. dēvorā́re (dḗvorō)	verschlingen	*Karni-voren*
22. ēvocā́re (ḗvocō)	herbeirufen, herausfordern	*evozieren*
23. extráhere, éxtrahō, extrā́xī, -tráctum	herausziehen, hervorlocken	*extrahieren, Extrakt(ion); e. to extract*
24. fābélla, -ae	(kleine) Geschichte, Fabel	*Fabel, fabulieren, fabelhaft*
25. famēs, -is f.	Hunger, heftiges Verlangen	*e. famine, to famish*
26. faux, faucis f.; meist Pl.: faucēs, -ium Os dēvorā́tum fauce lupī haerēbat	Rachen, Schlund Der verschlungene Knochen blieb im Rachen des Wolfes stecken.	
27. fidḗlis, -le	treu, zuverlässig	*fidel*
28. fūr, fūris m.	Dieb	*Furunkel*
29. grā́culus, -ī	Dohle, „Krähe"	
30. grū(i)s, gruis f. (m.)	„Kranich"	
31. imprū́dēns, -prūdéntis	ahnungslos, unabsichtlich, unvorsichtig	*e. imprudent*
32. impū́ne (Adv.)	ungestraft, ohne Gefahr	
33. incólumis, -me	unversehrt, wohlbehalten	
34. indīgnā́rī	sich empören, entrüstet sein	*indigniert*

35. īnflā́re	(hinein)blasen, aufblasen	*Inflation, souf-flieren, e. to inflate*
36. inquinā́re (ínquinō)	beschmutzen, beschimpfen	
37. īnstāns, -stántis	drohend; gegenwärtig	*e. instant*
38. īnsuḗtus, -a, -um	ungewohnt, ungewöhnlich	
39. lacerā́re	zerreißen, zerfleischen	
40. lámbere, -ō	(be)lecken	
41. lepus, léporis m.	Hase	
42. liquor, liquṓris m.	Flüssigkeit, Wasser	*Likör, liquidieren; e. liquor*
43. lūctus, -ūs	Trauer(kleidung)	
44. mercēs, -cḗdis f.	Lohn, Sold, Preis	*Kom-merz, kom-merziell*
45. mīlvus (mī́luus), -ī	Milan, Falke	
46. nex, necis f.	Tod, Mord	
47. onus, óneris n.	Last, Mühe	
48. ovis, -is f.	Schaf	
49. parturī́re	gebären (wollen)	
50. passer, -eris m.	Sperling, Spatz	
51. pāvō, -ṓnis m.	„Pfau"	
52. perníciēs, -ḗī	Verderben, Untergang	*perniziös*
53. persṓna, -ae persṓna trágica	Maske, Rolle; Person Tragödienmaske	*Person, Persönlichkeit, Per-sonal(ien), personi-fizieren, Personi-fikation; „persona non grata"; e. person*
54. pinna (penna), -ae	Feder; Flügel	*Pennal, Pennäler*
55. praeclū́dere vōcem alícui praeclū́dere	zuschließen, versperren jem. das Maul stopfen	*ex-, in-klusiv*
56. prātum, -ī	Wiese, Gras	*Prater, Prado, Prärie*
57. prī́stinus, -a, -um	früher, ehemalig	
58. quaesō	(ich) bitte	
59. querḗla, -ae	Klage, Beschwerde	*Querele, Querulant*
60. rāna, -ae	Frosch	
61. repéllere, -ō, réppulī, repúlsum	zurückstoßen, abweisen	*Pro-peller; e. to repel*
62. rōstrum, -ī	Schnabel	
63. sī́mius, -ī	Affe	
64. stāgnum, -ī	Gewässer, Teich, Wasserbecken	*Stagnation, stagnieren*
65. stupor, -pṓris m.	Starrheit, Lähmung, Staunen	*stupid(e), Stupidität*
66. thēsáurus, -ī	Schatz(kammer)	*Tresor; e. treasure*
67. trágicus, -a, -um	tragisch	*tragisch, Tragödie; e. tragic*
68. válidus, -a, -um	gesund, stark, kräftig	*In-valide, In-validität; e. valid*

69. vēnā́rī	jagen, zu fangen suchen	
70. vindícta, -ae	Befreiung; Strafe, Rache	
71. vulpēs, -is f.	Fuchs	
72. vultúrius, -ī	Geier	*e. vulture*

Plautus

Miles gloriosus

1. (h)au	ach geh! bewahre!	
2. adulēscéntulus, -a, -um	blutjung; subst.: junger Bursche	
3. amā́tor, -tṓris m.	Freund, Liebhaber	*Amateur*
4. argúere, árguō, -uī, -ū́tum argūméntum, -ī	beschuldigen, als falsch erweisen Geschichte; Theaterstück	*argumentieren; e. to argue* *Argument; e. argument*
5. astā́re, astō, ástitī	da(bei)stehen	
6. auscultā́re	(zu)hören, gehorchen	
7. commeā́tus, -ūs	Nachschub, freier Durchgang	
8. cōnsérvus, -ī	Mitsklave	
9. crepā́re, crépō, -uī, -itum concrepā́re, …	erschallen (lassen), krachen ertönen lassen, knarren	*krepieren, Dis-krepanz*
10. crux, crucis f. Abī in malam crucem!	Kreuz(igung), Marter Geh zum Henker!	*Kreuz, kreuzigen, Krux, Kruzifix, Kreuzer; e. cross, crucial*
11. cubā́re, cúbō, -uī, -itum cúbitum īre concubī́na, -ae	liegen, ruhen schlafen gehen „Konkubine", Geliebte	*In-kubation(s-zeit)*
12. decḗre, decet, décuit	es gehört sich, schickt sich	*dezent, dekorieren, Dekor(ation)*
13. dēvértī, -or, dēvértī	einkehren, verweilen	
14. édepol!	beim Pollux!	
15. égomet	ich selbst	*Egoist*
16. eu(ge)!	gut, schön, recht so!	
17. exprṓmere, -ō, -psī, -tum	hervorholen	*prompt; e. (to) prompt*
18. extémplō (Adv.)	sofort, augenblicklich	
19. fābulā́re/ -rī	plaudern, schwatzen	*fabulieren, Fabel*
20. forās (Adv.)	hinaus, heraus	
21. germā́na, -ae	(leibliche) Schwester	
22. (h)erus, -ī / (h)era, -ae (h)erī́lis, -le fīlia erī́lis	Herr / Herrin des Hausherrn, der Hausherrin Tochter des Hausherrn	
23. hóspitus, -a, -um	fremd, gastfreundlich	
24. īgnṓscere, īgnṓscō, īgnṓvī, īgnṓtum	verzeihen	
25. implúvium, -ī	Impluvium, Wasserbecken	

26. imprū́dēns, -prūdéntis	ahnungslos, unabsichtlich, unvorsichtig	*e. imprudent*
27. īnsimulā́re	beschuldigen, verdächtigen	
28. intrō (Adv.)	hinein, herein	*intro-vertiert*
29. istīc (Adv.) istōc (Adv.)	da, dort dahin, dorthin	
30. laevus, -a, -um	Links; ungeschickt	
31. lépidus, -a, -um	nett, gefällig, witzig	
32. lūdificā́re, -rī	necken, verspotten	
33. macháera, -ae	Schwert, Messer	
34. mā́china, -ae	List, Intrige	*Maschine(rie), maschinell*
35. obsecrā́re (óbsecrō)	beschwören, anflehen	
36. observā́re (obsérvō) virum observā́re	beobachten, aufpassen auf auf den Mann aufpassen	*observieren, Observation, Observatorium; e. to observe*
37. obsístere, -ō, óbstitī	sich entgegenstellen, widersetzen	
38. obsōnā́re (obsṓnō)	(als Zukost) einkaufen	
39. obtemperā́re (obtémperō)	gehorchen	
40. occípere, -iō, -cḗpī, -céptum	anfangen, unternehmen	
41. opīnā́rī (opī́nor)	meinen, glauben	
42. ōsculā́rī (ṓsculor)	küssen, liebkosen	
43. ōstium, -ī	Tür, Eingang	*Ostia*
44. palam (Adv.)	öffentlich, offen(kundig)	
45. potis, pote potis est	imstande, mächtig er vermag, kann	*potenzieren, potenziell, Potenz, Potenzial*
46. probrum, -ī	Schmähung, Schande	
47. proféctō (Adv.)	in der Tat, wirklich	
48. quaesō	(ich) bitte	
49. sápere, -iō, -ī́vī (-iī) Quid sápit? nūllam rem sápere	schmecken, Geschmack haben, verständig sein Wonach riecht er? nichts verstehen	
50. sectā́rī	(ver)folgen, streben nach	*Sekte, Sektierer(tum); e. sect*
51. sī́mius, -ī / sīmia, -ae	Affe	
52. somniā́re sómnium, -ī	träumen, faseln Traum	
53. stultítia, -ae	Dummheit, Torheit	
54. sublínere, súblinō, -lḗvī, súblitum	unten beschmieren; betrügen, täuschen	
55. tabélla, -ae	Täfelchen, Briefchen	*Tabelle, Tablett(e), Tafel; e. table*
56. tḗgula, -ae	(Dach-)"Ziegel"; Pl.: Dach	*Pro-tektor; e. tile*

Plinius

Epistulae II 14, II 17, II 20, V 8, VI 7, VI 16, VI 20, VI 25, X 33, X 34, X 37, X 96, X 97

1.	affirmāre	bekräftigen, behaupten, bestätigen	*affirmativ; e. to affirm*
2.	ārea, -ae Resēdimus in āreā domūs.	Fläche, freier Platz, Hof(raum) Wir setzten uns im Hof (Impluvium) des Hauses nieder.	*(Hekt-)Ar, Areal;* *e. area*
3.	avúnculus, -ī	„Onkel“	
4.	bál(i)neum, -ī	Bad(eanstalt)	
5.	cālīgō, cālīginis f. Crassiōre cālīgine spīritus obstrūctus est.	Finsternis; Qualm, Rauch Durch ziemlich dichten Qualm ist der Atem genommen.	
6.	Chrīstiānus, -a, -um	christlich; subst.: Christ	*christlich, Christ(entum);* *(e.) Christian*
7.	cinis, cíneris m.	Asche; Vernichtung	*e. to incinerate, incineration*
8.	cognítiō, -ōnis f.	Erkenntnis, Bekanntschaft, (gerichtliche) Untersuchung	*kognitiv*
9.	cubículum, -ī	Schlafzimmer, Kammer	*In-kubation; e. cubicle*
10.	dēnsus, -a, -um Dēnsa cālīgō tergīs imminēbat.	dicht (gedrängt) Dichter Qualm drohte (den) im Rücken.	*kon-densieren, Kon-densator;* *e. dense*
11.	dictāre dicāre	oft sagen, diktieren weihen, widmen	*diktieren, Diktat(or); e. dictate* *„dichten“*
12.	expértus, -a, -um	erfahren, erprobt	*Experte, Experiment; e. expert*
13.	exprímere, éxprimō, -préssī, -préssum	ausdrücken, darstellen	*express, Expressionismus, Espresso; e. to express*
14.	fenéstra, -ae	„Fenster“, (Mauer-)Öffnung	
15.	flāgítium, -ī	Schande, Schandtat	*e. flagitious*
16.	hílaris, -re	heiter, fröhlich	*e. hilarious*
17.	históriа, -ae	Forschung, Geschichte (Geschichtswerk, -schreibung)	*Historie, Historismus, Historiograph, historisch, Historiker(in);* *e. (hi)story*
18.	illūc (Adv.)	dahin, dorthin	
19.	intermíttere, -míttō, -mīsī, -míssum mōs diū intermíssus brevī témpore intermíssō	dazwischenschicken, unterbrechen eine lange unterlassene, aufgebene Sitte nach kurzer Zeit	*intermittierend; e. to intermit*
20.	ínvicem (Adv.)	wechselweise, gegenseitig	
21.	nūbēs, -is f.	Wolke	*Nuance*
22.	paeniténtia, -ae	Reue, Schamgefühl	
23.	plausus, -ūs	Klatschen, Beifall	*Ap-plaus*
24.	quīlibet/quīlubet	jeder Beliebige, der erste Beste	
25.	rōbústus, -a, -um	stark, kräftig	*robust*
26.	sufficere, -iō, -fēcī, -féctum	nachwählen, genügen	*In-suffizienz; e. to suffice*

27.	ténebrae, -ārum	Finsternis, Dunkelheit	
28.	testāméntum, -ī	letzter Wille, „Testament“	*Testat, At-test*
29.	tremor, -mṓris m.	Zittern, (Erd-)Beben	*Tremolo; e. tremor*
30.	triclī́nium, -ī	Speisesofa, Speisezimmer	
31.	vénia, -ae	Nachsicht, Verzeihung	

Sallust

Coniuratio Catilinae

1.	adulēscéntulus, -a, -um	blutjung; subst.: junger Bursche	
2.	ambítiō, -ṓnis f.	Ehrsucht, Popularitätshascherei	*Ambition, ambitioniert*
3.	antecápere, -cápiō, -cēpī, -céptum (-cáptum) famem luxū antecápere	vorwegnehmen, vorher besetzen Hunger durch Schlemmerei vorher erregen	*antizipieren; e. to anticipate*
4.	cadā́ver, -veris n.	Leichnam	*„Kadaver“*
5.	capitā́lis, -le hostis capitā́lis	Tod(es)-, todbringend der Todfeind	*kapital(er Fehler)*
6.	circumvenī́re, -véniō, -vēnī, -véntum mǿenia vallō fossā́que circumvenī́re innocéntēs circumvenī́re circumvéntus falsīs crīmínibus rem pūblicam circumvenī́re	umzingeln, bedrängen, gefährden die Stadtmauern mit Wall und Graben umgeben Unschuldige in Gefahr bringen ein Opfer falscher Vorwürfe den Staat gefährden	
7.	cliēns, -éntis m.	Abhängiger, Schützling	*Klient(el), e. client*
8.	cohortā́rī	anfeuern, auffordern, ermuntern	
9.	cōnflā́re aes aliēnum cōnflā́re	zusammenbringen, anstiften Schulden ansammeln	
10.	coniūrā́re	sich verschwören	
11.	cṓnscius, -a, -um cṓnscius scéleris cṓnscius coniūrātiṓnis cōnsciéntia, -ae	mitwissend, (sich) bewusst; subst.: Mitwisser, Vertrauter Mitwisser eines Verbrechens, an einem Verbrechen beteiligt Mitverschwörer Mitwissen, Bewusstsein; Gewissen	*e. conscious* *e. conscience*
12.	cōnsīderā́re	beobachten, überlegen	*e. to consider*
13.	cōnsultā́re	beraten, Sorge tragen für (Dat.)	*konsultieren, Konsultation*
14.	convocā́re (cónvocō)	zusammenrufen, versammeln	
15.	cunctā́rī	zögern	
16.	dēlíctum, -ī	Vergehen, Fehler	*Delikt*
17.	dēprehéndere, -ō, -héndī, -hēnsum	ertappen, (er)fassen, ergreifen	
18.	dēsīgnā́re cōnsul dēsīgnā́tus	bezeichnen, ernennen ein gewählter (designierter) Konsul	*signieren, designiert, Dessin; e. (to) design, (to) designate*

19.	déxt(e)ra, -ae déxt(e)rā	die Rechte (Hand), Ehrenwort; die rechte Seite (von) rechts, auf der rechten Seite	
20.	dissimulā́re dē coniūrātiṓne dissimulā́re	verbergen, verleugnen; sich verstellen von der Verschwörung sich nichts anmerken lassen	
21.	dominā́rī dominā́tiō, -ṓnis f.	herrschen Allein-, (Gewalt-)Herrschaft	*dominieren, dominant, Dominanz*
22.	ductā́re	(an)führen, befehligen	
23.	ēdocḗre, ēdóceō, ēdocuī, ēdóctum iuventū́tem facínora ēdocḗre	(gründlich) lehren, in Kenntnis setzen die Jugend Verbrechen lehren	
24.	egéstās, -tā́tis f.	Armut, Mangel	
25.	exagitā́re Eōs flāgítium, egéstās, cṓnscius ánimus exagitā́bat. rēs vulgī rūmṓribus exagitā́ta	hetzen, beunruhigen, aufregen Es ließ sie eine Schandtat, Armut, ein schlechtes Gewissen nicht zur Ruhe kommen. ein Thema, das durch die Gerüchte des Volkes in vieler Munde war	*agitieren, Agitation*
26.	exoptā́re	herbeiwünschen, ersehnen	
27.	fáctiō, -ṓnis f. Catō nōn factiṓne cum factiṓsō certā́bat. factiṓsus, -a, -um	Partei, verschworene Gemeinschaft Cato stritt nicht mit einem (fanatischen) Parteigänger um Parteiinteressen. parteiisch, herrschsüchtig; subst.: Parteiführer, -gänger	
28.	festīnā́re (festī́nō)	(sich be)eilen, ruhelos tätig sein	*„Festina lente!“*
29.	flāgítium, -ī facínora et flāgítia catérvās flāgitiṓrum circum sē habḗre	Schande, Schandtat; Bösewicht übelste Schandtaten und Verbrechen Scharen von Bösewichte(r)n, Schurken um sich haben	**e.** *flagitious*
30.	foedus, -a, -um	hässlich, schändlich	
31.	formīdolṓsus, -a, -um	Furcht erregend; ängstlich	
32.	īgnā́via, -ae	Trägheit, Feigheit	
33.	īgnṓscere, īgnṓscō, īgnṓvī, īgnṓtum	verzeihen, nachsichtig sein	
34.	immoderā́tus, -a, -um	unermesslich, unmäßig, zügellos	*moderat, Moderator;* **e.** *immoderate*
35.	indicā́re (índicō) indícium, -ī	anzeigen, ankündigen Anzeige, Kennzeichen	*Indikativ, -tor, -tion;* **e.** *indicate* *Indiz(ien), Index*
36.	īnésse, ī́nsum, ī́nfuī	darin sein, innewohnen	
37.	iugulā́re	abstechen, ermorden	
38.	Kaléndae, -ā́rum	Kalenden, erster Tag des Monats	*Kalender, Kalendarium*
39.	laetítia, -ae	Fröhlichkeit, Freude	*Lätizia*

40.	līberālis, -le pecū́niae līberālis	freigebig, großzügig freigebig, großzügig mit Geld	*liberal, Liberalität, -lismus;* ***e.*** *liberal*
	lībertus, -ī	Freigelassener	
41.	licéntia, -ae necis cī́vium et vītae licéntia licéntia iniū́riae In mā́xumā fortū́nā mínuma licéntia est.	Freiheit; Zügellosigkeit, Willkür Gewalt über Leben und Tod der Bürger Freiheit (Möglichkeit), Unrecht zu tun In der höchsten Stellung gibt es die geringste Freiheit (im Handeln).	*Lizenz;* ***e.*** *licence*
42.	lūctus, -ūs	Trauer(klage)	
43.	mānsuētū́dō, -inis f. mānsuētū́dō et misericórdia	Milde, Sanftmut Sanftmut und Mitleid	
44.	mātūrā́re	sich beeilen; beschleunigen	*Matura*
45.	miserḗrī, miséreor, -itus sum	sich erbarmen, Mitleid fühlen	*„Misereor", Misere, miserabel*
46.	moderā́rī Libī́dō fortū́nae moderā́tur géntibus.	mäßigen, lenken Die Willkür des Schicksals herrscht über die, lenkt die Völker.	*moderieren, Moderator;* ***e.*** *to moderate*
	modéstia, -ae Neque modum neque modéstiam victṓrēs habent.	Mäßigung, Anstand, Zurückhaltung Die Sieger kennen weder Maß noch Ziel.	***e.*** *modesty*
47.	mūnicípium, -ī	Landstadt, Kleinstadt	
48.	necessitū́dō, -inis f.	Not(wendigkeit), Bedrängnis	*Necessaire*
49.	neu / nēve (+ Konj.)	und nicht, oder nicht	
50.	obnóxius, -a, -um	schuldig; verfallen, hörig	***e.*** *obnoxious*
51.	obstā́re, óbstō, -stitī	im Wege stehen, hindern	
52.	occúltus, -a, -um	verborgen, versteckt	*okkult, Okkultismus*
53.	offícere, -iō, -fḗcī, -féctum	in den Weg treten, schaden	
54.	onus, óneris n.	Last, Mühe	
55.	opuléntia, -ae	Reichtum, Macht	*opulent*
56.	parricī́da, -ae m.	Mörder, (Hoch-)Verräter	
57.	patefácere, -fáciō, -fḗcī, -fáctum	(er)öffnen, aufdecken	
58.	patrā́re	zustande bringen, vollenden	
59.	páululum (Adv.)	ein wenig	
60.	petī́tiō, -ṓnis f.	Bitte, (Amts-)Bewerbung	*Petition, Ap-petit;* ***e.*** *petition*
61.	prī́stinus, -a, -um	früher, ehemalig	
62.	prīvā́tim (Adv.)	privat, als Privatmann	*privat, privatisieren, Privat-*
63.	probrum, -ī	Vorwurf, Schande, Schandtat	
64.	prōmptus, -a, -um	bereit, entschlosssen	***(e.)*** *prompt*
65.	próperus, -a, -um	schnell, eilig	
66.	prōrsus (Adv.)	geradezu, völlig, durchaus	

67.	pudor, pudṓris f. fāmam atque pudṓrem adtérere	Scham; Anstand, Ehrgefühl den ehrenhaften Ruf schädigen	
68.	quiḗtus, -a, -um	ruhig, untätig	*quitt(ieren); e. quiet*
69.	rēfert, rḗtulit	es ist wichtig, kommt darauf an	
70.	retráhere, rétrahō, retrā́xī, retráctum	zurückziehen, zurückholen	
71.	servítium, -ī servítia urbā́na sollicitā́re	Sklaverei, Knechtschaft; Pl.: Sklaven die Sklaven der Stadt (Roms) in Unruhe versetzen	*Servilität, servil, Service*
72.	socórdia, -ae	Trägheit, Sorglosigkeit	
73.	sollicitā́re	erregen, beunruhigen, aufwiegeln	*e. to solicit*
74.	strḗnuus, -a, -um	tätig, tüchtig; entschlossen	*e. strenuous*
75.	stuprum, -ī	Unzucht, Hurerei	
76.	sumptus, -ūs	Aufwand, Kosten	
77.	tamétsī	obwohl, obgleich	
78.	urbā́nus, -a, -um	städtisch, Stadt-, kultiviert	*urban, Urbanität, Urban*
79.	venter, -tris m. ventrī obóediens	Bauch, Magen dem Bauch hörig	
80.	vigília, -ae vigíliās circumī́re	(Nacht)Wache, Wachtposten die Wachen inspizieren	*Vigil*
81.	virī́lis, -le	Männlich; standhaft	*Virilität*
82.	vī́sere, -ō, vī́sī	besichtigen, besuchen	*an-visieren, Visier*
83.	vólvere, -ō, -vī, -volū́tum	wälzen, rollen, überlegen	*in-volvieren, Volute, Volumen, voluminös, Kon-volut, Re-volver, (R)E-volution; e. volume*

Seneca

De providentia, De vita beata

Epistulae ad Lucilium 1, 2, 3, 4, 5, 6, 7, 14, 15, 16, 18, 47, 50, 51, 53, 54, 57, 58, 61, 62, 73, 74, 75, 76

1.	abscóndere, -ō, -didī, -ditum	verbergen, verheimlichen	
2.	aeger, aegra, aegrum aegrē (Adv.) mēns aegra	krank, bekümmert mit Mühe, kaum, ungern ein angegriffener, bekümmerter Geist	
3.	afféctus, -ūs	(Gemüts)Verfassung, Leidenschaft	*Affekt, affektiert; e. affect*
4.	ambítiō, -ṓnis f.	Ehrgeiz, Popularitätshascherei	*Ambition, ambitioniert*
5.	ánimāns, -ántis animṓsus, -a, -um	beseelt, lebendig; subst.: Lebewesen beherzt, leidenschaftlich	*animalisch, Animalismus* *Animosität, animieren*
6.	antecḗdere, -cēdō, -céssī, -céssum	vorangehen, übertreffen	

7. árduus, -a, -um	steil, hoch aufragend; schwierig	
8. atténdere, -dō, -dī, -téntum	achtgeben, (auf)merken	*Attention!; e. to attend*
9. attóllere, -ō, áttulī	emporheben, aufrichten	
10. ávidus, -a, -um ávidus glṓriae	(be)gierig, habsüchtig begierig nach Ruhm	
11. carcer, cárceris m.	Gefängnis, Kerker	*Kerker, „Karzer"*
12. cervīx, -vī́cis f. (meist Pl.)	Nacken, Genick; Kraft	*zervikal*
13. circumspícere, -spiciō, -spéxī, -spéctum occāsiṓnem circumspícere sē circumspícere	sich umschauen, genau betrachten sich nach einer Gelegenheit umsehen sich prüfen	
14. concupī́scere, -ō, -īvī	begehren, verlangen	
15. cōnsummā́re	vollbringen, vervollkommnen	*summieren, summarisch*
16. convī́cium, -ī	Gezänk, Vorwurf	
17. dēlíciae, -ā́rum dēlicā́tus, -a, -um	Vergnügen, Lust; Liebling reizend, fein, verwöhnt	*deliziös* *delikat, Delikatesse; e. delicate*
18. dēméntia, -ae	Wahnsinn, Verrücktheit	*Demenz*
19. dēprehéndere, -héndō, -héndī, -hēnsum	ertappen, (er)fassen, ergreifen	
20. dīligéntia, -ae	Sorgfalt, Umsicht	*e. diligence*
21. disputā́re in contrā́riās partēs disputā́re	erörtern, diskutieren für und wider erörtern	*Disput(ation); e. (to) dispute*
22. dūrā́re labṓre dūrā́rī indūrā́re	härten, dauern, aushalten sich durch Arbeit abhärten härten, stählen	*Dur, „dauern, Dauer"*
23. egéstās, -tā́tis f.	Armut, Mangel	
24. ērubḗscere, -ō, ērúbuī	erröten, sich schämen	*Rubin, Rubrik*
25. ēscéndere, -dō, -dī, ēscēnsum	(empor)steigen, besteigen	
26. etiámnunc	auch jetzt noch, noch immer	
27. ēvā́dere, -ō, -vā́sī, -vā́sum ómnia vītae incómmoda ēvā́dere sī sómnium vērum ēvā́sit	herausgehen, entkommen, (zu etwas) werden allen Misslichkeiten des Lebens entfliehen wenn der Traum wahr geworden ist	*e. to evade*
28. ēvocā́re (ēvocō)	herbeirufen, herausfordern	*evozieren*
29. excélsus, -a, -um	aufragend, erhaben	*exzellent, Exzellenz*
30. excídere, éxcidō, -cidī mihi nōn éxcidit + AcI vītā excídere	herausfallen, entschwinden mir ist nicht entfallen, ich habe nicht vergessen, dass das Leben verlieren	
31. excī́dere, -ō, -cī́dī, -cī́sum īram ánimīs excī́dere	herausschneiden, vernichten den Zorn aus den Herzen tilgen	*Exzision*

32. exclū́dere, -ō, -clūsī, -clū́sum	ausschließen, (ver)hindern	*exklusiv; e. to exclude*
33. exémplar, -plā́ris n.	Vorbild, Muster	*Exempel, Exemplar, exemplarisch, exempli-fizieren*
34. exercitā́tiō, ṓnis f.	(Aus)Übung, Gewandtheit	*e. exercise*
35. extérnus, -a, -um	äußerlich, ausländisch, fremd	*extern*
36. extóllere, -ō, -éxtulī vōcem extóllere	emporheben, rühmen seine Stimme heben, verstärken	
37. extrī́nsecus (Adv.)	(von) außen	*extrinsisch*
38. famēs, -is f.	Hunger	*e. famine, to famish*
39. ferī́re, fériō	schlagen, töten, schlachten	
40. fīdū́cia, -ae fīdūcia suī	Vertrauen, Zuversicht Selbstvertrauen	
41. fōrmā́re fōrmṓsus, -a, -um	gestalten, bilden wohlgestaltet, schön	*Form, formen, formieren, formulieren, formell, Formel, Formular, Format(ion), Formalität, Formalismus*
42. fortásse (Adv.) fortuī́tus, -a, -um fortuīta	vielleicht zufällig, planlos Zufälligkeiten	
43. frūgā́litās, -tā́tis f.	Sparsamkeit, Genügsamkeit	*frugal*
44. fugāx, fugā́cis	flüchtig, fliehend; vergänglich	*zentri-fugal*
45. glōriā́rī vīta glōriánda	sich rühmen, prahlen ein rühmenswertes Leben	*glori-fizieren*
46. hodiérnus, -a, -um	heutig	
47. ídea, -ae īdos (indekl.) n.	Urbild, Idee Gestalt, Bild	*Idee, Ideal(ismus); e. idea; Idol*
48. imbēcíllus, -a, -um	hinfällig, schwach, haltlos	
49. impíngere, -píngō, -pḗgī, -pā́ctum benefícium impíngere	einschlagen, (auf)drängen eine Wohltat aufdrängen	*e. impact*
50. incómmodum, -ī	Schaden, Nachteil, Unglück	*inkommodieren*
51. indulgḗre, indúlgeō, -dúlsī, -dúltum	nachgeben, gewogen sein, gewähren	*e. to indulge*
52. íners, inértis	ungeschickt, träge	
53. intervállum, -ī	Zwischenraum, Entfernung	*Intervall, e. interval*
54. intervenī́re, -véniō, -vḗnī, -véntum	dazwischentreten, unterbrechen	*intervenieren, Intervention; e. to intervene*
55. intrṓrsus (-um) (Adv.)	nach innen, inwendig	*intro-vertiert*
56. laxus, -a, -um	schlaff, locker; geräumig	*lax*
57. libet / lubet, líbuit	es beliebt, gefällt, passt	*„ad libitum"*
58. liquḗre, líqueō	flüssig sein, klar sein	*Likör, liquidieren; e. liquid*

59. malī́gnus, -a, -um	böswillig, schlecht; schädlich	*maligne(r Tumor), maliziös*
60. marcḗre, márceō	matt sein, schlaff sein	
61. merus, -a, -um	ungemischt, rein	*e. mere*
62. modéstus, -a, -um	maßvoll, bescheiden	*e. modest*
63. multa, -ae	(Geld-)Strafe	
64. mūtā́tiō, -ṓnis f.	Veränderung, Wechsel	*Mutation, mutieren, Mauser, sich mausern*
65. mūtus, -a, -um	stumm, sprachlos	*e. mute*
66. nātūrā́lis, -le philosóphia nātūrā́lis	natürlich, Natur- Naturphilosophie, Physik	*natürlich, Natur(alien), Naturalismus, Naturell; e. natural*
67. observā́re (obsérvō)	beobachten, beachten	*observieren, Observation, Observatorium; e. to observe*
68. obsidḗre, -sídeō, -sḗdī, -séssum	belagern, bedrängen	
69. pā́scere, -scō, pāvī, pāstum	füttern, weiden (trans.)	*Pastor*
70. paulā́tim (Adv.)	allmählich, nach und nach	
71. persevērā́re (persevḗrō)	verharren, andauern, fortfahren	*e. to persevere*
72. pondus, pónderis n.	Gewicht, Masse; Ansehen	*Pfund, Im-ponderabilien, ponderieren; e. pound*
73. porrígere, pórrigō, -rḗxī, -rḗctum	hinstrecken, darreichen	
74. praeparā́re ex praeparā́tō	vorbereiten, rüsten vorbereitet, mit einem Konzept	*präparieren, Präparat(or); e. to prepare*
75. profitḗrī, -fíteor, -féssus sum sapiéntiam proféssī	offen bekennen, angeben, versprechen Weisheitslehrer, Philosophen	*Professor, Profession(al)*
76. prōícere, -iō, -iḗcī, -iéctum	vor-, weg-, hinwerfen	*projektieren, Projekt(or), projezieren; e. to project*
77. prṓtinus (Adv.)	Vorwärts; sogleich	
78. prōvidéntia, -ae prōvidéntia deṓrum	Fürsorge, Vorsehung göttliche Vorsehung	*provisorisch, Provisorium, im-provisieren, Im-provisation; e. providence*
79. quidnī	warum nicht; sicherlich	
80. quōcumque	wohin auch immer	
81. remédium, -ī	Heilmittel, Medizin	*Medikament; e. remedy*
82. salūtā́re	(be)grüßen	*salutieren, Salut*
83. sā́nitās, -tā́tis f. sā́nitās ánimī et córporis	Gesundheit; Besonnenheit geistige und körperliche Gesundheit	*sanieren, Sanatorium, sanitär, Sanitäter; e. sanity*
84. sciéntia, -ae tot artēs, tantae sciéntiae	Wissen, Kenntnis, Einsicht so viele Künste, so bedeutende Wissensgebiete	*Science-fiction*
85. sēcū́ritās, -tā́tis f.	Sorglosigkeit, Sicherheit	*sicher, Sekurit-Glas; e. security*

86. sēgnis, sēgne	träg, untätig	
87. sólidus, -a, -um mēns sólida	fest, ganz, echt unerschütterliche geistige Haltung	*solid, Solidität, Sold(at), Saldo, Solidarität, solidarisch, Konsole; e. solid*
88. sollícitus, -a, -um	(stark) erregt, unruhig, besorgt	*e. solicitous*
89. spléndidus, -a, -um	glänzend, prächtig	*(e.) splendid*
90. stábilis, -le senténtia stábilis	fest(stehend), dauerhaft eine unveränderliche Meinung	*stabil, Stabilität, stabilisieren; e. stable*
91. stultítia, -ae	Dummheit, Torheit	
92. suādḗre, suā́deō, suā́sī, -sum	raten, zureden	
93. subdū́cere, -dū́cō, -dū́xī, -dúctum Hic sē fēlīcitā́tī suae subdū́cere cupit.	hinaufziehen; entziehen, (heimlich) wegschaffen Dieser wünscht, sich seinem Glück zu entziehen.	
94. subínde (Adv.)	gleich danach; wiederholt	
95. súbitus, -a, -um	plötzlich, unerwartet	
96. succúrrere, -cúrrō, -cúrrī, -cúrsum	zu Hilfe eilen; in den Sinn kommen	
97. suffícere, -fíciō, -fḗcī, -féctum nūbēs sōle suffécta Vīrēs labṓribus sufficiunt. súfficit	den Grund legen, nachwählen; zur Verfügung stehen / stellen, ausreichen die von der Sonne durchstrahlte Wolke Die Kräfte reichen für die Mühen aus. es genügt, reicht aus	*In-suffizienz; e. to suffice*
98. suspḗnsus, -a, -um ex aliḗnīs iūdíciīs suspḗnsus	schwebend, ungewiss von fremden Urteilen abhängig	*suspendieren, Suspension*
99. suspícere, -iō, -spéxī, -spéctum	aufblicken, emporblicken zu	*suspekt; e. (to) suspect*
100. temperántia, -ae temperántia et moderā́tiō nātū́rae tuae	Mäßigung, Selbstbeherrschung die Selbstbeherrschung und Mäßigung deines Wesens	*Tempera(ment), temperamentvoll*
101. ténuis, ténue	dünn, fein, schwach	*e. tenuous*
102. torméntum, -ī	Wurfgeschütz; Folter, Qual	*e. torment*
103. tūtḗla, -ae tūtḗla virtū́tum	Bewahrung, Schutz, Vormundschaft Bewahrung, Erhaltung der Tugenden	*Tutor*
104. útique	jedenfalls; besonders	
105. vēlṓcitās, -tā́tis f.	Schnelligkeit, Geschwindigkeit	*Velo(ziped), Velodrom; e. velocity*
106. venter, -tris m.	Bauch, Magen	
107. vīrus, -ī n.	Schleim, Gift	*Virus, -ren, virulent, Virulenz*
108. víscera, -um n. víscera causae	Eingeweide, Innerstes das Wesentliche in der Sache	
109. volēns, -éntis	willig, gern, gewogen	*Volontär, „nolens volens“*

Tacitus

Agricola, Germania

1. advérsum / -us + Akk.	gegenüber, gegen	*adversativ*
2. aemulā́tiō, -ṓnis f. aemulā́tiō poténtiae	Wetteifer, Rivalität ehrgeiziges Streben nach Macht	
3. affirmā́re	bekräftigen, behaupten, bestätigen	*affirmativ, Kon-firmation*
4. ambī́re, ámbiō, -ī́vī, -ī́tum	(her)umgehen, umwerben	*ambitioniert, Ambition, Ambiente*
5. argūméntum, -ī	Beweis; Geschichte, Stoff	*argumentieren, Argument*
6. artus, -a, -um	eng, dicht; misslich	*Artikel, Artikulation*
7. attóllere, -ō, áttulī cūncta in māius attóllere	emporheben, auszeichnen alles vergrößern	
8. auspícium, -ī cōnsulis auspíciīs	Vogelschau, Vorzeichen; (oft Pl.:) Oberbefehl unter Leitung des Konsuls	*Auspizien*
9. captī́vus, -a, -um	(kriegs)gefangen, erbeutet; subst.: (Kriegs-)Gefangener	*„Kabel"; **e.** captive*
10. castéllum, -ī castélla mūnī́re	kleines Lager, befestigter Platz befestigte Plätze anlegen	*Kastell(an), Kastilien; **e.** castle*
11. citrā + Akk.	diesseits; außer; ohne	
12. comitā́tus, -ūs comitā́tus prī́ncipis	Gefolge, Geleit Hof(staat) des Kaisers	
13. commércium, -ī commércium loquéndī et audiéndī	Handel, Verkehr der Umgang im Reden und Hören	*kommerziell, Kommerzien-rat, Kommers; **e.** commerce, commercial*
14. concupī́scere, -ō, -ī́vī, -ī́tum	begehren, verlangen	
15. cōnsciéntia, -ae	Mitwissen, Bewusstsein, Gewissen	***e.** conscience*
16. cōnstántia, -ae cōnstántia mōrum	Beständigkeit, Charakterfestigkeit feste sittliche Grundsätze	*Konstanz(e), konstant, Konstante, Konstantin(o-pel)*
17. damnum, -ī	Verlust, Schaden, Niederlage	*verdammen, In-demnität*
18. decṓrus, -a, -um fācúndia decṓra	schicklich, anständig; schön glänzende Beredsamkeit	*Dekor, dekorieren, Dekoration*
19. dēlíctum, -ī	Vergehen, Fehler	*Delikt*
20. dēprehéndere, -héndō, -héndī, -hēnsum	ertappen, (er)fassen, ergreifen	
21. dūrā́re ad nostram aetā́tem dūrā́re	härten, dauern, aushalten bis in unsere Zeit leben	*Dur, „dauern, Dauer"*
22. ergā + Akk.	gegen(über)	
23. expedī́tiō, -ṓnis f.	Feldzug; Unternehmen	*Expedition, S-pedition*
24. experīméntum, -ī experīméntum ingéniī	Versuch, Probe; Beweis Beweis für die Begabung	*Experiment, experimentieren, experimentell, Experte*
25. facílitās, -ā́tis f.	Gewandtheit, Freundlichkeit	***e.** facility*

26. fīdū́cia, -ae	Vertrauen, Zuversicht	
27. firmā́re	stärken, (ver)sichern, ermutigen	*Firmung, Konfirmation, Firma(ment), Fermate*
28. formī́dō, -inis f.	Entsetzen, Furcht	
29. fortuī́tus, -a, -um fortuī́ta, -ṓrum	zufällig, planlos Zufälligkeiten	
30. frámea, -ae	Wurfspieß *(der Germanen)*	
31. fulgor, fulgṓris m.	Glanz, Schimmer; Ruhm	
32. gestā́re	tragen, herbeischaffen	*Geste, gestikulieren*
33. haurī́re, háuriō, hausī, haustum sua háuriunt	(er)schöpfen, trinken, verschlingen sie vertun, verschleudern ihr Geld	
34. hībérna, -ṓrum	Winterlager	
35. immḗnsus, -a, -um	unermesslich, unendlich	*immens; **e.** immense*
36. incohā́re	anfangen, beginnen	*verba incohativa*
37. indulgḗre, indúlgeō, -dúlsī, -dúltum luxúriae indulgḗre	nachgeben, sich ergeben; gewogen sein, gewähren sich der Verschwendungssucht hingeben, der V. ergeben sein	***e.** to indulge*
38. inértia,-ae	Trägheit, Verdrossenheit	
39. ingénuus, -a, -um	frei geboren, edel	*Ingenieur, genial*
40. ī́nsuper (Adv.)	darüber, oben darauf, überdies	
41. inténdere, inténdō, inténdī, inténtum sē inténdere aliḗnīs negṓtiīs hūc inténdere	anspannen, richten auf seine Aufmerksamkeit auf fremde Angelegenheiten richten danach streben	*intendieren, Intention, Intendant, Intensität, intensiv; **e.** to intend*
42. intercípere, -cípiō, -cḗpī, -céptum hostēs in fugā intercípere	abfangen, entwenden, töten die Feinde auf der Flucht abfangen	***e.** to intercept*
43. iuvénta, -ae	Jugend(zeit)	*juvenil, Junior*
44. lēgā́tiō, -ṓnis f.	Gesandtschaft	*(De-)Legat(ion), Kol-legium*
45. lībértus, -ī	Freigelassener	*Liberia, liberal*
46. licéntia, -ae licéntia mīlitāris ef-fū́sa licéntia	Freiheit, Zügellosigkeit, Willkür die Zügellosigkeit der Soldaten außerordentliche Willkür	*Lizenz; **e.** licence*
47. lūcus, -ī	Hain, Wald(lichtung)	
48. marī́tus, -ī	Ehemann, Gatte	
49. mātrimṓnium, -ī	Ehe	*Matrone, Matri-archat*
50. modéstia, -ae módicus, -a, -um senātṓrēs módicī vir orī́ginis módicae módicus voluptā́tum	Mäßigung, Anstand, Zurückhaltung mäßig, angemessen; besonnen Senatoren von geringem Einfluss ein Mann von unbedeutender Herkunft maßvoll im Genuss von Vergnügen	*Modus; **e.** modesty*

51. mulíebris, -bre	weiblich, Frauen-	
52. nemus, némoris n.	(lichter) Wald, Hain	
53. obséquium, -ī	Gehorsam, Unterwürfigkeit, Hingabe	*e. obsequious*
54. óbvius, -a, -um	begegnend, in der Nähe	*e. obvious*
55. óccidēns, -éntis	Westen, Abendland	*Okzident*
56. óleum, -ī	(Oliven-)"Öl"	*Olive, Lin-, Petr-oleum; e. oil*
57. paeniténtia, -ae	Reue, reumütige Unterwerfung	
58. paulā́tim (Adv.)	allmählich, nach und nach	
59. pénitus (Adv.) penā́tēs, -ium m.	tief hinein, im Innersten, völlig Penaten; Haus, Hof	*penetrant* *Penaten*
60. períndе (Adv.) perinde atque (ac)	ebenso, auf gleiche Weise in gleichem Maße wie	
61. populā́rī	verwüsten, plündern	*popularisieren, Pöbel*
62. praepṓnere, -pōnō, -pósuī, -pósitum	voransetzen, an die Spitze stellen	
63. prīdem (Adv.)	Längst; vor, seit langer Zeit	
64. prōmptus, -a, -um	bereit, entschlosssen	*(e.) prompt*
65. prōnus, -a, -um	(vorwärts) geneigt, gewogen	*e. prone*
66. prout	je nachdem	
67. saltus, -ūs	Schlucht, (Eng-)Pass, Gebirge	
68. satiā́re	sättigen, befriedigen	*satt, Satis-faktion, Satire*
69. scūtum, -ī	(Lang-)Schild	
70. sēcrḗtus, -a, -um sēcrḗta nōn timḗre	abgesondert, entlegen, geheim Geheimnisse (geheimes Treiben) nicht fürchten	*Sekret(är); e. secret*
71. succéssor, -sṓris m.	Nachfolger	*sukzessiv; e. successor*
72. suffícere, -fíciō, -fḗcī, -féctum Fīlius patrī suffectus est. Vīrēs labṓribus sufficiunt. súfficit, ut + Konj.	den Grund legen, nachwählen, zur Verfügung stehen / stellen, ausreichen Der Sohn folgte dem Vater nach. Die Kräfte reichen für die Mühen aus. es genügt, reicht aus, dass ...	*In-suffizienz; e. to suffice*
73. supérstes, -stitis nostrī supérstitēs sumus superstítiō, -ṓnis f. superstitiṓnēs	überlebend wir haben uns selbst überlebt Aberglaube abergläubische Gebräuche	 *e. superstitio*
74. tardus, -a, -um	langsam, hemmend	*re-tardieren(des Moment)*
75. términus, -ī	Grenze, Grenzstein	*Termin, Terminologie, Terminus technicus, terminieren; e. term*
76. trānsígere, trā́nsigō, -ēgī, -āctum	durchbohren, fertig machen; verbringen	*Transaktion; e. in-transigent*
77. tribū́tum, -ī	Abgabe, Steuer	*Tribut, Kon-tributionen*

78.	válidus, -a, -um	gesund, stark, kräftig	*In-valide, In-validität; e. valid*
79.	venerā́rī vénia, -ae	verehren Gunst; Nachsicht, Verzeihung	
80.	vicis f. (Gen. Sg.), vicem, vice	Wechsel, Stelle	*Vize-, Vikar; e. vice-*
81.	vocā́bulum, -ī vēra vocā́bula rḗrum	Benennung, Bezeichnung, Name die wahren Bezeichnungen für die Dinge, für den Sachverhalt	*Vokabel*

Terenz

Adelphoe

1.	adoptā́re	erwählen, adoptieren	*adoptieren, Adoption, Adoptiv-*
2.	age	wohlan, los	
3.	anus, -ūs f.	alte Frau	
4.	attinḗre, -tíneō, -tínuī, -téntum quod / nihil ad me áttinet	festhalten, sich beziehen (auf), betreffen soweit es / es ist keineswegs für mich von Belang	
5.	auscultā́re	zuhören, lauschen	
6.	certō	sicher, gewiss	
7.	cessā́re	säumen, rasten	
8.	dūdum	längst; jüngst	
9.	édepol!	beim Pollux!	
10.	ehem!	ha, siehe da!	
11.	eho!	he(da), hör mal!	
12.	era, -ae	Herrin, Gebieterin	
13.	flāgítium, -ī per flāgítium patrem ad inópiam redígere	Schande, Schandtat auf schändliche Weise den Vater in Not stürzen	*e. flagitious*
14.	forās (Adv.)	hinaus, heraus	
15.	gnātus, -a cognā́tus, -a, -um	≈ *natus, -a:* geboren, alt (bluts)verwandt	*Natur, Nation, Re-nate, Natalie, naiv, Naivität*
16.	īlicō (Adv.)	auf der Stelle, sofort	
17.	illūc (Adv.)	dahin, dorthin	
18.	inéptus, -a, -um	unpassend, albern	
19.	īnsānī́re, īnsāniō, -ī́vī Īnsānīs! īnsānī́re cum ratiṓne	wahnsinnig sein, rasen Du bist nicht gescheit! bei vollem Verstand verrückt sein	
20.	intrō (Adv.)	hinein, herein	*intro-vertiert*
21.	īrācúndia, -ae	Jähzorn	
22.	istīc (Adv.) istōc (Adv.)	da, dort dahin, dorthin	

23. lacrumā́re	weinen	
24. lēnō, -ṓnis m.	Kuppler, Zuhälter	
25. lépidus, -a, -um	nett, gefällig, witzig	
26. libet / lubet, líbuit	es beliebt, gefällt, passt	*„ad libitum"*
27. līs, lītis f.	(Rechts-)Streit, Prozess	
28. méretrīx, -trī́cis f.	Hetäre (~ Dirne)	
29. minae, -ā́rum	Minen *(1 Mine = 1/60 Talent)*	
30. nū́bere, -ō, -psī, núptum fīliam nuptum dare	heiraten, sich vermählen die Tochter zur Ehe geben, verheiraten	
31. numquid?	(ob) etwa? etwa etwas?	
32. obsecrā́re (óbsecrō)	beschwören, anflehen	
33. óbsequī, -sequor, -secū́tus sum	nachgeben, gehorchen	*e. obsequious*
34. occípere, -iō, -cḗpī, -céptum	anfangen, unternehmen	
35. pactum, -ī áliquō pactō	Vertrag; Art und Weise auf irgendeine Art, irgendwie	*Pakt, paktieren, Pacht, Pächter, (ver)pachten*
36. postrḗmō (Adv.)	zuletzt, schließlich	
37. pōtā́re	trinken, zechen	*„Pott"*
38. potis, pote potis est	imstande, mächtig er vermag, kann	*potenzieren, potenziell, Potenz, Potenzial*
39. proféctō (Adv.)	in der Tat, wirklich	
40. prōrsus (Adv.)	geradezu, völlig, durchaus	
41. prōspícere, -spíciō, -spéxī, -spéctum	in die Ferne schauen, Vorsorge treffen, voraussehen	*Prospekt; e. (to) prospect*
42. psáltria, -ae	Zitherspielerin	
43. pudet, púduit (mē) mē pudet tuī Mē pudet húius factī.	es beschämt (ich schäme mich) ich schäme mich vor dir Ich schäme mich wegen dieser Tat.	
44. pūrgā́re	reinigen, rechtfertigen	*pur, Purismus, Purgatorium*
45. quaesō	(ich) bitte	
46. quidnam?	was denn?	
47. quīre, queō	können, imstande sein	
48. rescī́scere, -scī́scō, -scī́vī, -scītum	erfahren, entdecken	
49. sḕdulō (Adv.)	eifrig, nach Kräften	
50. sūmptus, -ūs	Aufwand, Kosten	
51. vah!	au, ach!	
52. vénia, -ae	Gunst; Nachsicht, Verzeihung	
53. vitiā́re	verderben, schänden, fälschen	

Vergil

Aeneis, Buch I, IV u. VI

1.	accíngere, -ō, -cīnxī, -ctum ēnse (ferrō), armīs accīnctus	umgürten, ausrüsten mit dem Schwert, mit Waffen umgürtet	*um-„zingeln“*
2.	adstā́re, ádstō, -stitī	da(bei)stehen	
3.	advértere, -ō, -vértī, -vérsum mentem hūc advértere nāvēs terrae advértere	hinwenden, hinlenken den Sinn dahin wenden mit den Schiffen auf das Land zusteuern	*adversativ; **e.** advertise*
4.	aḗneus, -a, -um	„ehern“, kupfern, aus Bronze	
5.	aequā́re áliquem láudibus caelō aequā́re	gleichmachen; erreichen jmd. mit Lob in den Himmel erheben	*Äquator, ad-äquat, äquivalent, eichen*
6.	aethēr, áetheris m. aethérius, -a, -um	Himmel(sraum), Oberwelt himmlisch, zur Oberwelt gehörig	*„Äther“* *ätherisch*
7.	agnṓscere, -scō, -nṓvī, ágnitum	(wieder)erkennen, anerkennen	
8.	āla, -ae	Achsel, Flügel	
9.	álloquī, -loquor, -locū́tus sum	anreden, ansprechen	
10.	almus, -a, -um	nährend, fruchtbar, Segen spendend	*Alumnat*
11.	amnis, -is m.	Strom, Wildbach	
12.	antrum, -ī Cérberus tōtō exténditur antrō.	Höhle, Grotte Zerberus liegt in der ganzen Höhle lang hingestreckt da.	
13.	artus, -a, -um artus, -ūs	eng, beengt; misslich Gelenk, (Körper-)Glied	 *Artikel, Artikulation*
14.	arvum, -ī arva Neptū́nia	Feld, Flur neptunische Gefilde, Meer	
15.	ast	aber, jedoch	
16.	attóllere, -ō	emporheben	
17.	āvérsus, -a, -um Illa solō fīxōs óculōs āvérsa tenḗbat.	abgewandt, rücklings, feindlich Jene wandte sich ab und blickte starr auf den Boden.	*Aversion; **e.** averse*
18.	axis, -is m. sub áetheris axe	(Erd-)Achse; Himmelsgewölbe unter freiem Himmel	*„Achse“*
19.	caeléstis, -te	göttlich, himmlisch; subst. Pl.: Götter	
20.	carī́na, -ae	Schiff(skiel)	
21.	cárpere, -ō, carpsī, carptum prāta fugā cárpere viam cárpere vīrēs cárpere	pflücken, genießen, verzehren die Wiesen auf der Flucht durcheilen den Weg zurücklegen, gehen die Kräfte erschöpfen	*ex-zerpieren, Ex-zerpt*

22. cavus, -a, -um	hohl, gewölbt	*kon-kav, Kaverne, Käfig, Koje*
23. celsus, -a, -um	hoch, erhaben	*ex-zellent, Ex-zellenz*
24. chorus, -ī	Reigen, „Chor“	*Chor(raum)*
25. cinis, cíneris m. Īlíacī cinerēs	Asche; Vernichtung, Trümmer die Tümmer Trojas	
26. collum, -ī collō dare brácchia circum	Hals die Arme um den Hals legen	*Kollier, De-kolleté, Kol-portage; e. collar*
27. coma, -ae	Haar, Laub	
28. compellā́re	ansprechen	
29. cṓnscius, -a, -um cṓnscius aethēr cōnū́biīs	mitwissend, schuldbewusst der Äther, der um den Ehebund weiß	*e. conscious*
30. convéxus, -a, -um	gerundet, gewölbt	*konvex*
31. cōram (Adv.)	vor aller Augen, persönlich	*„coram publico“*
32. corrípere, -rípiō, -rípuī, -réptum Tandem corrípuit sēsē.	ergreifen, aufraffen, packen Endlich raffte sie sich auf.	
33. cróceus, -a, -um	Safran-, safrangelb	*Krokus*
34. cruor, cruṓris m. cruéntus, -a, -um	(geronnenes) Blut blutig, blutbefleckt	
35. cūnctā́rī	zögern, zaudern	
36. decṓrus, -a, -um	schicklich, anständig; schön	*Dekor(ation), dekorieren*
37. dēfī́gere, -ō, -fīxī, -fīxum lū́mina rēgnīs dēfī́gere	hineinschlagen, richten auf die Augen auf die (König-)Reiche richten	
38. dēmēns, dēméntis	wahnsinnig, verrückt	*Demenz*
39. dḗsuper	von oben, oberhalb	
40. dēvenī́re, -véniō, -vēnī, -véntum	(herunter)kommen, (hin)gelangen	
41. dīrus, -a, -um	unheilvoll, schrecklich	*e. dire*
42. dīscrī́bere, -ō, -scrīpsī, -scrī́ptum	einteilen, vorschreiben	
43. ductor, ductṓris m.	(An-)Führer, Fürst	*Doge, Dukaten*
44. effúndere, -ō, -fūdī, -fūsum habḗnās effúndere	aus-, vergießen, loslassen die Zügel loslassen, schießen lassen	
45. ēn! / ?	siehe (da)! / wohl, etwa?	
46. ēnsis, -is m.	Schwert	
47. epulae, -ā́rum	Speisen, Mahl(zeit)	
48. exánimis, -me	leblos, tot; atemlos	
49. excídere, éxcidō, -cidī	herausfallen, entschwinden	
50. excī́dere, -ō, -cīdī, -cīsum	herausschneiden, vernichten	*Exzision*
51. exterrḗre, -térreō, -uī, -itum	(jem.) erschrecken, aufscheuchen	

52.	fārī īnfándus, -a, -um effārī fās (indekl.) ius fāsque	(weis)sagen, sprechen unsagbar, abscheulich aussprechen, bestimmen (göttliches) Recht, Schicksal göttliches und menschliches Recht	*fatal, Fatalismus, Fatalist, Fee*
53.	fatīgāre (fatīgō)	ermüden, hart mitnehmen	
54.	faucēs, -ium f. Vōx fáucibus haesit.	Schlund, Schlucht; Meerenge Die Stimme blieb im Halse stecken.	
55.	fax, facis f.	„Fackel", Feuer	*„fackeln"*
56.	fera, -ae	(wildes) Tier	
57.	ferīre, fériō	stoßen, schlagen, töten	
58.	fervēre, férveō opus fervet	sieden, glühen, brausen das Werk wird eifrig betrieben	*fermentieren, Ferment;* ***e.*** *fervent*
59.	fessus, -a, -um	müde, erschöpft	
60.	flētus, -ūs	Weinen, Tränen	*flennen*
61.	fólium, -ī	Blatt; Plur.: Laub	*Foliant, Folie, Feuilleton;* ***e.*** *foil*
62.	forēs, -ium f.	Türflügel, Tür(en)	
63.	fovēre, fóveō, fōvī, fōtum Hoc dea tendit fovétque.	warm halten, pflegen; begünstigen Danach trachtet die Göttin und hegt es bei sich.	
64.	frémere, -ō, -uī, -itum Ūnō omnēs éadem ōre fremēbant.	murren, lärmen, laut klagen Alle stießen wie aus einem Munde dieselbe Klage laut hervor.	
65.	frētus, -a, -um + Abl.	vertrauend, im Vertrauen auf	
66.	frōns, frondis f.	Laub	
67.	fulgēre, fúlgeō, fulsī	blitzen, strahlen	
68.	fulmen, fúlminis n.	Blitz(schlag)	*fulminant*
69.	fulvus, -a, -um	rotgelb, bräunlich	
70.	fundāre	(be)gründen, (be)festigen	*funda-mental, fundiert, Fond, Fundus, pro-fund;* ***e.*** *to found*
71.	fúrere, furō Dīdō tōtā urbe vagātur furēns. fúria, -ae	rasen, toben, wüten Dido eilt rasend in der ganzen Stadt umher. Rachegöttin; Pl.:Raserei, Verzückung	*Furie;* ***e.*** *fury*
72.	gémere, -ō, -uī gémitus, -ūs Gémitum dat péctore ab īmō.	stöhnen, seufzen Stöhnen, Seufzen, Klage Er stöhnt aus immerstem Herzen.	
73.	génitor, -ōris m.	Vater, Schöpfer	*Genitiv*
74.	germānus, -a, -um	leiblich, echt	
75.	grémium, -ī	Schoß	*Gremium*
76.	gressus, -ūs Gressum ad mǿenia tendit.	Schritt, Gang Er lenkt den Schritt zu den Mauern.	

77. gurges, gúrgitis m. Túrbidus gurges aestuat. in gúrgite vāstō	Strudel, Tiefe, Abgrund Der schäumende Strudel braust. auf dem weiten , tiefen Meer	*Gurgel, gurgeln;* ***e.*** *gorge*
78. hasta, -ae	Lanze, Speer	
79. haurīre, háuriō, háusī, háustum ignem óculīs haurīre	schöpfen, (aus)trinken, gierig aufnehmen Feuer mit den Augen (in sich) aufnehmen	
80. herba, -ae	Pflanze, Kraut, Gras	*Herbarium;* ***e.*** *herb*
81. herus,-i / hera, -ae	Herr, Gebieter / Herrin	
82. horrēre, hórreō, -uī horrendus, -a, -um	schaudern, starren schrecklich	*Horror* *horrend*
83. īgnārus, -a, -um (+ Gen.)	unkundig, unwissend	*Ignoranz, ignorieren*
84. immānis, -ne	ungeheuer, entsetzlich, riesig	
85. immíttere, -ō, -mīsī, -míssum frēna immíttere	hineinschicken, zufügen, loslassen die Zügel schießen lassen	*Immission*
86. immōtus, -a, -um	unbewegt, unveränderlich	*Immobilien*
87. īmus, -a, -um in īmō marī	unterster, tiefster (Teil) in der Tiefe des Meeres	
88. incúmbere, -cúmbō, -cúbuī Ventī incubuērunt marī.	sich legen auf, sich stürzen (auf); sich widmen Die Winde stürzten auf das Meer.	
89. īnfúndere, -ō, -fūdī, -fūsum	(hin)eingießen	*Infusion;* ***e.*** *to infuse*
90. ingemīscere, -ō, -gémuī	(auf)seufzen, beklagen	
91. invīsus, -a, -um	verhasst, feindlich	
92. laetārī	sich freuen	
93. laevus, -a, -um	links, ungünstig	
94. lēnīre	mildern, lindern	
95. lībāre ōscula fīliae lībāre	ein Trankopfer darbringen, weihen; (leicht) berühren den Mund der Tochter leicht küssen	
96. liquēns, -éntis	flüssig, klar	*Likör, liquidieren;* ***e.*** *liquid*
97. locāre	(auf)stellen, legen	*lokalisieren;* ***e.*** *to locate*
98. lūcus, -ī	Hain, Wald(lichtung)	
99. lūstrāre nāvibus aequor lūstrāre áliquid lūmine lūstrāre	reinigen; mustern; durchwandern das Meer mit Schiffen befahren etwas mit dem Auge betrachten	
100. maestus, -a, -um	traurig, unheilvoll	
101. mānēs, mānium m.	Seelen der Verstorbenen	
102. mel, mellis n.	Honig	*Melasse, Melisse*
103. mēnsa, -ae	Tisch	*Mensa*
104. mérgere, -ō, mersī, mersum	eintauchen, versenken	***e.*** *to merge*

105. miserārī	beklagen; bemitleiden	
106. mōlīrī, mōlior, mōlītus sum	bewegen, zustande bringen; unternehmen	*de-molieren*
fúlmina mōlīrī	Blitze schleudern	
labōrem mōlīrī	eine mühevolle Arbeit vollbringen	
mōlēs, -is f.	Last, Masse; Mühe	*Mole, Molekül, molekular*
tantae mōlis erat + Inf.	so große Mühe kostete es, ...	
107. murmur, múrmuris n.	Geräusch: Summen, Tosen, Brausen	*Murmeln, Gemurmel; e. murmur*
māgnō cum múrmure montis	unter großem Getöse des Berges	
108. nefās n. (indekl.)	Unrecht, Frevel	
nefās est	es ist nicht erlaubt, man darf nicht	
109. nemus, némoris n.	(lichter) Wald, Hain	
110. nimbus, -ī	Wolke	
111. nūbēs, -is f.	Wolke	*Nuance*
nūbilus, -a, -um	wolkig, umwölkt	
112. nympha, -ae	„Nymphe“	
113. onerāre	belasten, beladen	
114. opācus, -a, -um	Schatten spendend, dunkel	*e. opaque*
115. os, ossis n.	Knochen; Pl.: Gebeine	*Ossi-fikation*
per īma cucúrrit ossa tremor	der Schrecken drang durch Mark und Bein	
116. pallēre, pálleō, -uī	blaß sein, sich ängstigen	*e. to pale*
117. pāscere, -scō, pāvī, pāstum	füttern, weiden (trans.), erfreuen	*Pastor*
118. pecus, pécudis f.	(Stück) Vieh, Schaf, (Haus-)Tier	
119. pélagus, -ī n.	Meer, Wogen	
120. pénitus (Adv.)	tief hinein, im Innersten, völlig	*penetrant*
penātēs, -ium m.	Penaten; Haus, Herd	*Penaten*
121. penna, -ae	Feder; Flügel	*Pennal, Pennäler*
122. pharétra (phháretra), -ae	Köcher	
123. píngere, -ō, pīnxī, pictum	malen, färben, anstreichen; sticken	*Pig-ment, pitto-resk*
pictae vólucrēs	bunte Vögel	
124. pinguis, -gue	fett(ig), fruchtbar, ergiebig	
125. polus, -ī	Pol, Himmel(sgewölbe)	*e. pole*
126. pontus, -ī	Meer, Woge	
gurges pontī	die Flut des Meeres, die hohe See	
127. prōlēs, -is f.	Sprössling, Nachwuchs	*Prolet(arier), Proletariat*
128. prōspícere, -spíciō, -spéxī, -spéctum	(hin)ausschauen, (von fern, in der Ferne) erblicken	*Prospekt; e. to prospect*
altō prōspícere	aufs hohe Meer hinausschauen	
129. purpúreus, -a, -um	purpurn	*Purpur; e. purple*
130. quiētus, -a, -um	ruhig, friedlich	*quitt; e. quiet*
131. rāmus, -í	Zweig	

132	rápidus, -a, -um Iovis rápidum ignem iaculāri	reißend, schnell Juppiters Blitz schleudern	*rapid, usu-rpieren;* *e. rapid*
133	ratis, -is m.	Floß, Schiff	
134	relíquiae, -ārum	(Über-)Rest(e), Asche	*Reliquie, Relikt; e. relics*
135	rēmus, -ī rēmīs incúmbere	Ruder sich in die Riemen legen, schnell rudern	*Riemen*
136	repōnere, -ō, -pósuī, -itum altā mente repóstum manēre	zurücklegen, hinstellen tief in der Seele verwahrt, haften bleiben	
137	resīdere, resīdō, -sēdī, -sessum	sich setzen, sich senken, nachlassen	
138	resólvere, -ō, -vī, -solūtum Dáedalus dolōs tēctī resólvit.	(auf)lösen, öffnen, aufheben Dädalus löst, öffnet die Irrgänge des Hauses.	*resolut, Resolution; e. to resolve*
139	revéllere, -ō, -véllī, -vúlsum	wegreißen	
140	revīsere, -ō, -vīsī, -vīsum	wieder sehen, besuchen	*revidieren, Revision(ismus), revisionistisch, Revisor*
141	rogus, -ī	Scheiterhaufen	
142	rūpēs, -is f.	Fels(wand), Klippe	
143	sacrāre lēctōs virōs sacrāre	widmen, weihen erlesene Männer zu Priestern weihen	*sakral, Sakristei, Sakri-leg*
144	saltem (Adv.)	wenigstens, jedenfalls	
145	scēptrum, -ī Sīc nōs in scēptra repōnis?	Zepter; Herrschaft, Reich Bringst du uns so wieder zur Herrschaft?	*Zepter; e. sceptre*
146	scópulus, -ī	Felsen, Klippe	
147	sēcrētus, -a, -um	(ab)gesondert, abgelegen, einsam	*Sekret(är); e. secret*
148	silēre, sileō, -uī	schweigen, still sein	*Silentium; e. to silence*
149	silex, sílicis f.	Kiesel, Feuerstein	
150	spēlúnca, -ae	Höhle, Grotte	*Spelunke*
151	spīrāre spīrántia exta cōnsúlere	(aus)atmen, hauchen, schnauben die atmenden Eingeweide erforschen	*in-, tran-spirieren, In-, Tran-spiration, A-spirant, A-spirata*
152	spólia, -ōrum	(erbeutete) Rüstung, Beute	*Spolien; e. spoil(s)*
153	spūmāre	schäumen	
154	stérnere, -ō, strāvī, strātum	hinbreiten, niederstrecken, beruhigen	*Straße, Straß-burg, Strato-sphäre, Sub-strat*
155	stīpāre	zusammendrängen, begleiten	
156	strépitus, -ūs	Geräusch, Lärm	
157	strīdere, -ō portae strīdunt cárdine strīdēns aquilōne procélla	zischen, pfeifen, knirschen die Tor knarrten in der Angel ein von Norden her pfeifender Sturm	
158	strúere, -ō, strūxī, strūctum	aufschichten, (er)bauen	*Struktur, strukturell, Re-konstruktion, in-, kon-struktiv;* *e. structure*

159	sublī́mis, -me	(in der Luft) schwebend, hoch	*sublim(ieren); e. sublime*
160	súperus, -a, -um súperās ēvā́dere ad aurās súperī, -ōrum	der obere, Ober- zu den oberen Lüften hinaufsteigen die Götter des Himmels	*Super-lativ, Super-nova, super-, Souverän(ität)*
161	súrgere, -ō, surrḗxī, surrḗctum	sich erheben, emporsteigen; wachsen	*e. to surge*
162	suspéndere, -péndō, -péndī, -pēnsum	aufhängen, in der Schwebe lassen	*e. to suspend*
163	tácitus, -a, -um	verschwiegen, still, lautlos	*e. tacit*
164	testā́rī	als Zeugen anrufen, bezeugen	*testieren, Testat, Testament, At-, Pro-test*
165	thálamus, -ī	(Schlaf-)Zimmer; Ehe(bett)	
166	torus, -ī	Bett, Lager	
167	tótidem (indekl.)	ebenso viele	
168	trabs, trabis f.	Balken, Baum(stamm); Schiff	
169	trépidus, -a, -um	unruhig, aufgeregt	
170	turbā́re túrbidus, -a, -um turbō, túrbinis f.	verwiren, in Unruhe bringen, aufwühlen, stören getrübt, stürmisch, verwirrt Wirbel(wind), Kreisel	*Turbulenz, turbulent* *Turbine, Turbo-, Trubel*
171	ultrīx, ultrī́cis f.	Rächerin; adj.: rächend	
172	vadum, -ī	Furt, seichtes Wasser	
173	véhere, -ō, vēxī, vectum	(etwas) fortbewegen, fahren	*Vehikel, Vektor*
174	vēlum, -ī vēla ventīs dare	Segel in See stechen, absegeln	*Velar-laut*
175	versā́re	hin- und her wenden, wälzen; überlegen	*versiert; e. versed*
176	vī́scera, -um n. vī́scera montis	Eingeweide, Innerstes das Innere des Berges	
177	vólvere, -ō, -vī, -volū́tum óculōs hūc illūc vólvere mēnsibus volvéndīs volūtā́re (volū́to) vōcem volūtā́re per ātria Haec trīstī cum corde volū́tat.	wälzen, rollen; überlegen die Augen hin- und herschweifen lassen im Umlauf der Monate herumwälzen; erwägen; ertönen lassen die Stimme rings im Saal ertönen lassen Dies überlegt er mit traurigem Herzen.	*in-volvieren, Volute, Volumen, vo-luminös, Kon-volut, Re-volver, (R)E-volution; e. volume*

RHETORISCHE STILMITTEL

Antike Literatur erhebt den Anspruch einer anspruchsvollen stilistischen Gestaltung. Dies betrifft sowohl Prosa (Geschichtswerke, Reden ...) als auch Poesie. Die folgende Zusammenstellung enthält Stilmittel, wie sie schon die antike Rhetorik (Redelehre) herausgearbeitet hat.

1. Kompositionsfiguren

Wort-Anordnungen, mit denen eine besondere Wirkung (Gefallen, Hervorhebung, Eindringlichkeit) erzielt werden soll, heißen in der Rhetorik Kompositionsfiguren.

1.1	**Alliteration** Gleicher Anlaut aufeinander folgender oder zusammen gehörender Wörter	*In tanta tamque conrupta civitate Catilina ...*
1.2	**Anapher** Wiederholung desselben Wortes am Anfang von Sätzen oder Satzteilen	*Nos pro patria, pro libertate, pro vita certamus.*
1.3	**Antithese** Aneinanderreihung zweier gegensätzlicher Wörter, Wendungen oder Gedanken	*Verba docent, exempla trahunt.*
1.4	**Asyndeton** Aneinanderreihung von Wörtern, Sätzen oder Satzgliedern ohne verbindende Konjunktionen	*..., quae homines arant, navigant, aedificant, ...*
1.5	**Chiasmus** Überkreuzstellung entsprechender Wörter oder Wortgruppen. (vgl. den gr. Buchstaben X = Chi)	*Concordia maxima,* *minima avaritia* *erat.*
1.6	**Ellipse** Auslassung eines leicht ergänzbaren Wortes	*Summum ius summa iniuria [est].*
1.7	**Enallage** Beziehung des Adjektivs auf ein unpassendes Bezugswort im Satz	*Ibant obscuri per umbram (statt obscuram per umbram).*
1.8	**Epanalepse** bzw. **Geminatio** Wiederholung eines Wortes oder einer Wortgruppe (unmittelbar oder nach einem kleinen Einschub)	*Crux, crux infelici et miserrimo comparabatur.*
1.9	**Epipher** Wiederholung desselben Wortes am Ende von Sätzen oder Satzteilen	*Poenos populus Romanus iustitia vicit, armis vicit, liberalitate vicit.*
1.10	**Hendiadyoin** Wiedergabe eines als **Ein**heit empfundenen Ausdrucks durch **zwei** Teilbegriffe	*furor ac tela; consilium ratioque*

1.11 Homoioteleuton
Gleichklang der Endsilben einander entsprechender Wörter oder Satzteile
Alia fuére, quae illos magnos fecére.

1.12 Hyperbaton
Trennung syntaktisch zusammengehörender Wörter
Iuno aeternum servans sub pectore vulnus ...

1.13 Isokolon
Gleiche Wort- oder sogar Silbenzahl mehrerer Glieder einer Satzperiode
A deo petatur, in deo quaeratur, ad deum pulsetur.

1.14 Klimax
Steigernde Aufzählung
Vos divitias, decus, gloriam,
praeterea libertatem atque patriam
in manibus vestris portatis.

1.15 Oxymoron
Verbindung zweier sich widersprechender Begriffe
Cum tacent, clamant.
docta ignorantia

1.16 Parallelismus
gleiche (parallele) Anordnung von Wörtern in aufeinander folgenden Sätzen oder Satzteilen
Numquam Catilinam pudor a turpitudine
aut metus a periculo
aut ratio a furore revocavit.

1.17 Polyptoton
Wiederholung eines Wortes in einer anderen Flexionsform
ad lumina lumen tollens
(siehe auch Beispiel bei 1.13)

1.18 Polysyndeton
Aneinanderreihung von Wörtern und Wortgruppen, die alle durch die gleiche Konjunktion verbunden sind
opus, quod nec Iovis ira nec ignis nec ferrum nec vetustas exstinguere poterit

1.19 Zeugma
Verbindung eines Verbums mit zwei Substantiven, von denen eines unpassend wirkt
Oculos dextramque precantem protendit.

2. Tropen oder Wortfiguren

Zu den Besonderheiten der Literatusprache gehört es, dass das Gemeinte nicht direkt, sondern durch übertragene oder durch bildliche Ausdrücke formuliert wird.

Solche „Rede-Wendungen" bezeichnet man als Tropen (gr. tropos: die Wendung, die Art und Weise) oder als Wortfiguren.

2.1 Allegorie
Bildhafte Darstellung eines umfassenden, meist abstrakten Sachverhaltes
Sedebamus in puppi et gubernaculum (Steuerruder) *tenebamus.* (Cicero über seine politische Tätigkeit: Schiff als Staat)

2.2 Euphemismus
Beschönigende Veränderung eines Ausdruckes
omni Gallia pacata (pacata: befriedet statt: *subiecta:* unterworfen*)*

2.3	**Hyperbel** Übertreibung (positiv oder negativ)	*Tempestas fluctus ad sidera tollit.*
2.4	**Ironie** Ausdruck einer Sache durch deren Gegenteil	*Verres, praetor urbanus, homo sanctus et diligens* (Cicero über den niederträchtigen Provinzstatthalter Verres)
2.5	**Litotes** Ersatz eines Ausdruckes durch dessen verneintes Gegenteil	*Nec erit difficile ...*
2.6	**Metapher** Bildhafter Ausdruck in übertragener Bedeutung, verkürzter Vergleich	*homines, qui ad gubernacula* (Steuerruder) *rei publicae sedent* (= Politiker)
2.7	**Metonymie** Ersatz eines Wortes durch ein anderes, welches mit jenem in einer gedanklichen Beziehung steht.	*Cedant arma togae* (statt *otio* bzw. *paci*)! *Ceres* statt *frumentum*, *Neptunus* statt *mare*
2.8	**Personifikation** Darstellung von Gegenständen oder abstrakten Begriffen als lebendige und handelnde Wesen.	*Nunc te patria, quae communis est parens omnium nostrum, odit ac metuit.*
2.9	**Synekdoche** Wahl eines engeren (Teil-) Begriffes statt des umfassenden (oder umgekehrt)	*tectum* statt *domus*

3. Gedankenfiguren

Nicht zur Gestaltung der Worte und ihrer Anordnung, sondern zur Hervorhebung des Inhalts (oder seines Verschweigens) dienen Gedankenfiguren.

3.1	**Praeteritio** Ankündigung, einen Sachverhalt zu übergehen, um ihn dadurch doch zu erwähnen	*Primum illud tempus istius vitae turpissimum praetermittam, ... omnia praeteribo, quae mihi turpia videbuntur.*
3.2	**Interrogatio (rhetorische Frage)** Frage, auf die keine Antwort erwartet wird, da sie einer Aussage entspricht.	*Quae oratio potest par inveniri virtuti Cn. Pompei?*
3.3	**Occupatio** Vorwegnahme einses möglichen Einwandes eines Gegners	*Dicat aliquis: ...*

Suchliste zum Grundwortschatz

Die Suchliste enthält die Wörter, die nicht alphabetisch eingereiht sind oder deren Zugehörigkeit durch etymologische Herleitung oder als Kompositum nicht ohne weiteres ersichtlich ist. Angegeben ist die Nummer, unter der das jeweilige Wort zu finden ist.

Abkürzungsverzeichnis

Abl.	Ablativ
AcI	Akkusativ mit Infinitiv
adj.	adjektivisch
Adj.	Adjektiv
Adv.	Adverb
Akk.	Akkusativ
Dat.	Dativ
dir.	direkt(e/n)
e.	englisch
f.	Femininum
fr.	französisch
Fut.	Futur
Gen.	Genitiv
Ind.	Indikativ
indekl.	indeklinabel, nicht veränderlich
indir.	indirekt(e/n)
Inf.	Infinitiv
it.	italienisch
Konj.	Konjunktiv
m.	Maskulinum
n.	Neutrum
NcI	Nominativ mit Infinitiv
Pass.	Passiv
P(er)f.	Perfekt
phil.	philosophisch(e)
Pl.	Plural
Plqupf.	Plusquamperfekt
Präp.	Präposition
subst.	substantivisch
Subst.	Substantiv
Subj.	Subjunktion, unterordnendes Bindewort
Superl.	Superlativ
trans.	transitiv
vergl.	vergleiche
vorausg.	vorausgehend(em)
Zus.	Zusammenhang